U0952348

欠发达地区社会治理创新理论与实践

任纲建　主　编

知识产权出版社
全国百佳图书出版单位

图书在版编目(CIP)数据

欠发达地区社会治理创新理论与实践 / 任钢建主编.—北京:知识产权出版社,2016.10
ISBN 978-7-5130-4537-7
Ⅰ.①欠… Ⅱ.①任… Ⅲ.①社会管理—研究—贵州 Ⅳ.①D677.3

中国版本图书馆 CIP 数据核字(2016)第 256384 号

责任编辑:王 辉 **责任出版:**孙婷婷

欠发达地区社会治理创新理论与实践
QIAN FADA DIQU SHEHUI ZHILI CHUANGXIN LILUN YU SHIJIAN
任钢建 主编

出版发行: 知识产权出版社有限责任公司
网 址: http://www. ipph. cn
http://www.laichushu.com
电 话: 010-82004826
社 址: 北京市海淀区西外太平庄 55 号
邮 编: 100081
责编电话: 010-82000860 转 8381
责编邮箱: wanghui@ cnipr.com
发行电话: 010-82000860 转 8101/8029
发行传真: 010-82000893/82003279
印 刷: 北京中献拓方科技发展有限公司
经 销: 新华书店及相关销售网点
开 本: 720 mm×1000 mm 1/16
印 张: 17.25
版 次: 2016 年 10 月第 1 版
印 次: 2016 年 10 月第 1 次印刷
字 数: 300 千字
定 价: 56.00 元
ISBN 978-7-5130-4537-7

出版权专有 侵权必究
如有印装质量问题,本社负责调换。

目　　录

第一部分　大数据时代的公共治理与社会治理体制机制创新

第二部分　基层社会治理能力建设

第三部分　社会政策与创新创业

第四部分　社会治理创新案例研究

第一部分

大数据时代的公共治理与社会治理体制机制创新

大数据背景下的治理现代化：何以可能与何以可为？*

刘强强　石乾新[1]

贵州大学　公共管理学院　贵州，贵阳　550025

【摘　要】大数据是后工业社会中信息爆炸式增长和网络计算技术迅速发展的结果。大数据时代深刻地改变着现代社会的生活方式和治理理念。我们需要思考的是大数据在推进国家治理现代化中起着什么作用，本文首先分析了治理语境下大数据的三种属性：数据—信息—资源属性，公平和民主属性，包容、公共和共享属性。基于此，大数据使治理现代化成为可能，主要表现在它对治理体系和治理能力的重塑、三种政府形态的塑造、公共服务和公共政策的创新。同时，实现大数据背景下治理现代化的可为方面表现在树立大数据治理理念、提升数据质量与保护数据隐私防止数据暴力和缩小数字鸿沟、完善支持大数据发展的支持环境。

【关键词】大数据　治理现代化　理念　变革

一、引言：大数据时代的战略回应和学术因应

2008 年以来，“大数据”成为一个风靡全球的词汇，在互联网领域和信息技术行业得到广泛应用。2011 年 6 月，美国麦肯锡研究所发布的《大数据：下一个创新、竞争和生产力的前沿》中指出了大数据是新时期的基本生活资料和市场要素，重要程度不亚于人力资本和物质资本，它将成为企业提高生产力与竞争力

* 课题来源：2015 年贵州大学文科重点学科及特色学科重大科研项目《地方治理中的学习型政策变迁范式研究》（编号：GDZT201505）；2015 年国家社科基金青年项目《环境抗争产生非常规政策变迁的生成机理及优化策略研究》（编号：15CZZ034）。上面两项课题均为贵州大学公共管理学院杨志军副教授主持，第一作者参与上面课题，本文为上述课题的阶段性研究成果。

[1] 刘强强（1992—），男，甘肃岷县人，硕士研究生，现就读于贵州大学公共管理学院社会保障专业，主要研究方向为社会政策和社会治理。石乾新（1989—），男，贵州安顺人，硕士研究生，现就读于贵州大学公共管理学院社会保障专业，主要研究方向为社会保障和地方治理。

的重要方式和关键因素。2012 年 5 月联合国“全球脉冲”计划发布的《大数据：机遇与挑战》报告阐释了大数据带来的机遇、挑战和应用领域。总之，大数据是继云计算、物联网之后涌起的一股革命性浪潮，它深刻影响和改变着人们生活的方方面面。展现在我们面前的大数据时代是“一个将数据当作核心资产的时代，其数呈现战略化、资产化和社会化等特征”。[1]

同时，世界各国对大数据时代的因应也做出了战略性思考和回应。奥巴马政府于 2009 年发布的《开放政府指令》中提出了“Data.gov”公众数据网站。2013 年发布的《大数据研究和发展倡议》启动了“大数据发展计划”；同年 5 月，联邦政府发布了《数字政府战略》，致力于提供更好的“数字化”服务。澳大利亚政府于 2012 年发布了《澳大利亚公共服务信息与通信技术战略 2012—2015》，强调公共机构应增强数据分析能力以便为提供更好服务和进行科学决策，2013 年政府信息管理办事处成立了“大数据工作组”并启动了《公共服务大数据战略》制定工作。英国政府于 2013 年发布了《把握数据带来的机遇：英国数据能力战略》，目的在于促进英国在数据挖掘和骄傲、价值萃取中的世界领先地位，为英国公民、企业、学校和公共部门在信息经济中创造更多的受益。

上面国家对大数据战略回应的共同点在于：战略目标基本相同，通过战略规划推动本国大数据产业的发展；都具有明确的行动计划和重点扶持项目；都划定了明确的管理机构和执行机构[2]。中国的大数据发展也引起了广泛重视，中研普华撰写的《2013—2018 年大数据行业深度分析及“十二五”发展规划指导报告》分析了大数据行业的市场规模、发展现状和投资前景。《国家中长期科技发展规划纲要 2006—2020》和《“十二五”国家战略性新兴产业发展规划》中提出了支持海量数据存储、处理技术的研发和产业化。在 2015 年贵阳举办的“贵阳国际大数据产业博览会暨全球大数据时代贵阳峰会”上，组委会发表了《大数据贵阳宣言》，并进行了创时代的“互联网+”、数据开放与隐私保护、大数据与政府职能转型等主题论坛。

与此同时，大数据也不断影响着人们的生活方式和管理理念。尤其是在公共管理领域，它“有效集成信息资源的能力，将会为政府管理理念和治理模式的转变，提供强大的技术支撑”[3]。反映到学术界，大数据对社会科学具有深刻的影响力，王法辉通过地理信息系统（GIS）分析各种空间数据，并列举演示了在经济学、语言历史、社会犯罪学、公共卫生等方面的应用，旨在说明空间数据在社会科学和公共政策研究中的价值。[4]孟天广人分析了大数据对政治学方法创新和学科发展领域内至少有五大方面的独特价值：更便利、更廉价、更大规模的数据收集；数据分析学新方法的引入；定量与定性方法的整合；政治学与计算科学、信息科学等跨学科研究;数据民主化所推进的政治知识平民化的传播与普及。[5]

我们发现,大数据促使了一大批以"计算社会科学"为主的新型学科的兴起,它们都强调庞大的数据搜集处理、量化分析、科学决策等,但需要思考的是大数据对具体的地方公共治理带来什么变革性的影响?治理的语境下,大数据的内涵和属性是什么?大数据给国家治理现代带来什么样的机遇,使之成为可能?同时,大数据给国家治理现代化带来什么挑战,我们应对何以可为?

二、公共治理语境下的大数据:概念与属性

(一)治理与治理现代化

20 世纪 80 年代以来,随着经济全球化和后现代社会哲学的提出,"治理"一词的内涵发生着巨大的变化,学界对其基本上达成的共识是它是一种区别传统政府统治的新型社会管理模式。迄今为止,学术界对治理理论的争论至今方兴未艾,但正如孙柏瑛所列举的一些核心要件得到了认同:第一,治理意味着政府组织不是唯一的治理主体,治理承担者扩展到政府以外的公私机构;第二,治理的权力运行方向发生变化,从单一向度自上而下的统治,转向上下互动、彼此协商的多元关系;第三,形成了多样化的社会网络组织,从事公共事务的共同治理;第四,政府治理策略和工具向适应治理模式要求的方向改变。[6]

党的十八届三中全会上明确将"完善和发展中国特色社会主义制度、推进国家治理体系和治理能力现代化"作为全面深化改革的总目标。反映到学术层面,对治理现代化的理解,可以着眼于以下三个方面:第一,国家治理体系。国家治理体系是涵盖政治、经济、社会、文化、生态和政党等多个领域以及基层、地方、国家乃至全球的多个层次,用以解决公共问题和进行公共服务的一套制度体系。第二,国家治理能力。国家治理能力是国家运用相关制度管理社会公共事务,使之相互协调、共同发展、促进进步的力量,是为实现国家治理的战略目标,分配社会价值并实现对社会有效控制和调节的能量及其作用的总称。第三,现代化。"现代化"一词从用来描述现代发生的社会和文化变迁现象,如 R.Inlehart 指出,现代化的进程与工业社会的进步带来了社会文化转型,即从物质主义的价值观转向后物质主义的价值观,这种转型会使民众越发渴求民主制度并在民主制度建立时予以支持。[7]俞可平认为改革开放就是一个现代化转型的过程,是整体性的社会变迁过程,经济上追求工业文明与市场经济、政治上实现民主政治,文化上倡导的核心价值观是自由、平等和人的主

体假设。[8]总之,向现代化转型的核心就是追求人的解放、人权实现和人民福祉。

治理体系和治理能力是一个国家制度和制度执行能力的集中体现,两者是一个紧密联系的整体。治理体系是治理能力得以实施的制度平台;治理能力是治理体系具体执行的体现。治理现代化是作为治理体系和治理能力的现代政治要素,不断的、连续的由低级向高级嬗变的过程,表现在一是国家治理体系更加完备、成熟和定性,包括一套系统的政治、经济、文化、社会、生态和政党治理体系;二是在这一体系之下,治理能力运用得更加有效、公平和透明。

(二)大数据的内涵与治理属性

大数据最早应用于 Apache org 的开源项目 Nutch,用来表大批量处理或分析网络产生的大量数据集。高德纳咨询公司认为大数据是大容量、高速度和形式化的信息资产,它需要低成本的、形式创新的信息处理和辅助决策。Gartner 发布的大数据白皮书认为大数据不是一项单一技术,而是一个概念,一套技术。META Group 分析员 Doug Laney 在一篇研究报告中提出了大数据“3V”特征,分别是反映量级巨大的规模属性(Volumn);反映大数据内容的多样性(Variety);体现大数据生产和增长速度的高速性(Velocity)。[9]在此基础上,有的学者加入了两个“V”,即价值性(Value)和真实性(Veracity)。总之,大数据是在后工业化进程中出现的一种新的社会现象,也是信息技术快速发展的必然结果,它不仅是各种海量数据获取、存储、分析、利用过程,更是对人们生活和思维方式、管理理念和的变革和重塑。

在治理语境下,大数据的治理属性表现在以下几方面:

首先,数据—信息—资源属性。第一,从数据方面来看,它在形式上包括了文本、图片、视频、音频、社交网络信息等结构化、非结构化数据;在存储单位上经历了比特、字节、千字节、兆、吉、太、拍、艾、佑、诺、刀的转变。第二,从信息方面来看,它包含了信息管理的各个环节,即信息的采集与预处理、存储与管理、分析与挖掘、数据的可视化分析等。第三,从资源方面来看,“大数据是一类能反映物质世界和精神世界运动状态和状态变化的信息资源”[10],它是一种重要的战略资源。总之,从“数据本位”到“信息管理”再到“管理资源”的连贯性视角分析,它是蕴藏巨大收益的战略性资本和可投资资源。

其次,公平和民主属性。大数据首先塑造着新信息时代的政治现象和治理活动,它将政治现象和治理活动场域拓展到虚拟空间,同时也改造着政府、公民、政党等政治行为主体的行为模式及其关系。第一,从公平性方面看,每个政治主体和治理主体都是数据的发生源和联系纽带,“它们都在特定的数据空间内赋予一定的数字身份，有独一无二的数据信息”。[11]网络与数据的深度融合给行动者提供也一个公平的舞台，它们可以自由公平的以数据化的方式表达自身利益、行为、思想、情感需求。第二，从民主性方面看，德克尔（Paul T.Decker）将之视为“颠覆性创新”，认为它带来了“数据的民主化”，为研究者提供了新的机会，有助于推动更高效、更具创新性和更透明的政府建设。[12]数据、信息和技术的变革与创新重新塑造着当今公共部门，使政府职能转型和组织重组具有现代化和人性化，使政府与社会、政府与市场的关系更加紧密化和民主化，使公共决策和公共服务供给更加科学化和民主化。

最后，社会价值属性。对海量数据的生成、分析、存储、检索和消费构成了大数据生态系统，在系统内的每一环节通过大数据技术融合社会应用，正在催生着多种社会价值的形成。一是包容性。表现为大数据给弱势群体提供数据平台和安全网络，最大限度的让经济社会福利实现普通民众共享，从而减轻政治冲突和降低社会制度的脆弱性。二是公共性和共享性。从某种程度上而言，大数据具有公共性，其本质上是一种公共价值的以数据资源的形式生成、分析、分配和消费的过程，同时这也是一种公共性和建立在其基础上的共享性叠加的过程。

总之，在公共治理语境下，从数据本身来看具有数据—信息—资源属性，从政治空间来看具有公平性和民主属性，从社会价值层面来看具有包容性、公共性和共享性（见图 1）。

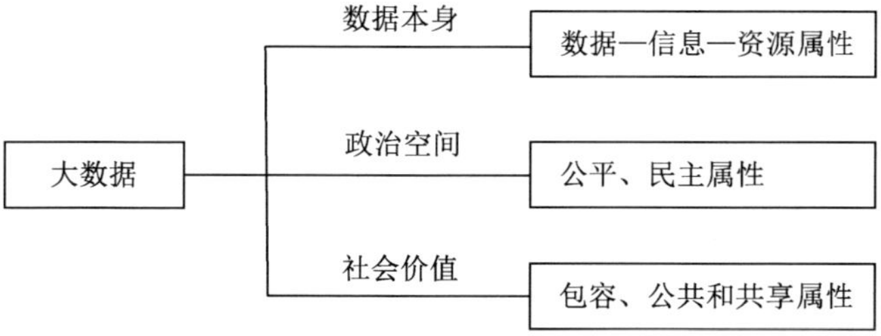

图 1　治理语境下的大数据属性

三、大数据时代治理现代化：何以可能

在传统向现代再向后现代转变过程中，公共领域和私人领域的界限逐渐模糊，大数据成为人们获得新的认识、创造新的价值源泉，是改变市场、组织结构，以及政府与公民关系的方法。大数据提供了许多机遇，使国家治理现代化成为

可能,主要表现在以下几方面:重塑政府治理和治理体系、重塑政府形态、公共服务和公共政策优化等方面。

(一)治理体系与治理能力的重塑

首先,大数据对国家治理体系的塑造主要表现在:第一,每个治理主体在数据环境中享有平等的机会,它们在价值表达和工具使用上实现了话语权的平等。每个主体的“数据身份”使之有开放的意识、包容的心态、科学的态度、关联的思考和深度的分析等理念,[1]同时也使它们紧密地联系在一起,打破了传统的“中心——边缘”主体结构和“控制——命令”关系,实现治理体系中“去中心化”的效果。第二,大数据环境下动态化的信息数据来源于政治、经济、社会、文化、生态和政党等领域的各项事务,这些数据以结构化或非结构化的方式精确的、动态的反映客观现实,并且大样本的数据信息使事物之间的相关关系呈现出“规律化”态势,有利于更加精确的分析和预测。第三,治理体系和制度的安排来源于政府、社会、市场和民众的理性选择,是它们进行复杂交易和动态博弈的结果。源于治理场域的大数据能反映出各主体的利益、信仰和价值的偏好,在数据生成、交易和消费过程中促使治理制度走向理性规范化,并与治理生态相互协调。

其次,大数据对治理能力现代化的重塑主要表现在:第一,从治理能力系统方面来看,大数据语境下国家治理能力的形成由被动式的单一权威和自上而下结构转向自由平等和参与协商的主动式;国家治理能力结构因公民重构的市场能力和社会能力而得到优化;国家治理能力的效用得到最佳提升和发挥;国家治理能力发展得到有效拓展并以价值和资源支持。[13]第二,从国家治理能力的内容上看,大数据提升国家的指挥决策水平、提升国家公共服务能力、提升国家腐败防止水平、提升国家风险治理能力。[14]大数据技术的应用,使国家治理能力的内容更为具象化和精细化,社会数据的差异需要政府从中挖掘复杂的公共需求、发现公共问题,使治理能力的内容呈现出越来越细化具体的趋势。第三,从治理能力创新上来看,作为技术、工具和理念的大数据通过信息网络技术使治理能力趋于现代化,如云计算和 GIS 空间数据分析使城市治理形态发生巨大变化,诞生了智慧城市。总之,大数据以全新的方式和理念塑造着国家治理能力体系(图2),使之成为可能。

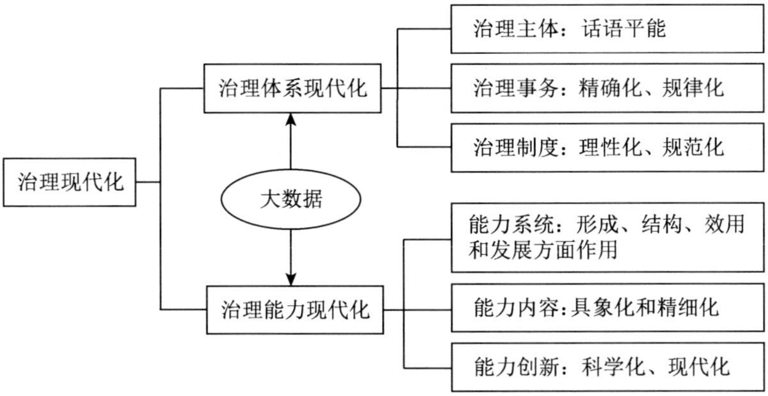

图2　大数据在治理能力现代化方面的作用

（二）政府形态的重塑

政府是社会治理的核心，大数据作为一种新的工具和理念，对建构面向现代化治理的政府形态具有至关重要的作用，其中新的政府形态包括服务型政府、智慧政府和无缝隙政府（见图3）。

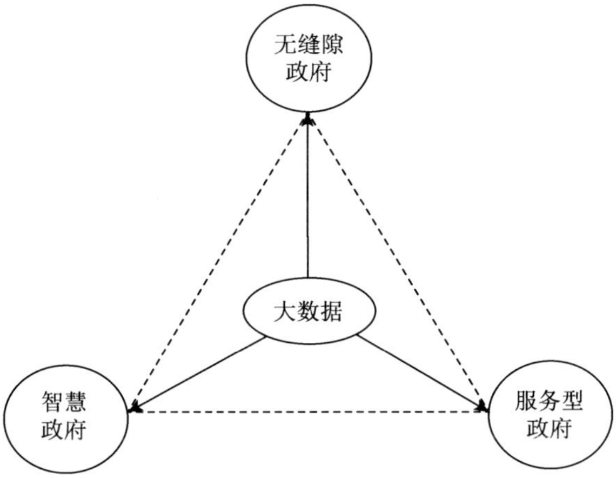

图3　大数据重塑的三种政府形态

1.服务型政府

从国家与社会关系演变的历时性维度可以将政府形态梳理为“统治型政府”“管理型政府”和“服务型政府”。服务型政府是新公共行政和新公共服务理念下的一种以公民需求为导向、强调社会正义公平、关注公民权利的政府形态。服务型政府职能结构的重心在于社会服务、关键在于提倡公民参与，以及政府于公民的平等合作关系等。大数据对服务型政府建构表现在:第一,大数据及社会化媒体工具推动政府与公众对话,并为社会各方参与政府制定和实施提供机会,以实现民主参与。第二,大数据采用集体智慧提升公共服务质量、交付和响应能力,由政府与公民公共共同开发、设计、提升公共服务,推动公共服务的供给者和使用者形成合作伙伴关系。第三,数据驱动与技术支持形成的公共关系,能使政府公共服务供给更具透明性、回应性和适应性。

2.无缝隙政府

20 世纪 80 年代以来,西方国家兴起的新公共管理运动所倡导的企业化、部门化管理造成了碎片化、“鸽笼”式割裂的行政问题。[15] 在此背景下,林登在“无界限组织”理论基础上提出了“无缝隙政府”概念。无缝隙政府的使命是“打破传统部门界限和功能分割的局面,整合政府所有的部门、人员和其他资源,以单一界面为公众提供优质高效的信息和服务”。[16] 大数据对无缝隙政府形态的塑造表现在:第一,作为“公共部门再造指南”的“无缝隙政府”改革领域和实践逐渐扩展和深化,其中大数据推动的电子政务建设将各部门、各行业根据不同需求的、各自为政的分散工作状态,发展到跨部门、跨业务的应用系统、跨领域的数据集合,再发展以数据为中心和是实现数据分享的无缝隙政府状态。第二,大数据作为有用的资源,在组织形式和组织流程再造中发挥着重要作用,它可以打破“条块分割”和“工序分割”的碎片化状态,有效弥合组之间、业务间和行业间的“缝隙”。

3.智慧政府

智慧政府是通过植入城市物体的智能化传感器形成物联网,实现对物理城市的全面感知;利用云计算,对感知技术进行智能处理和分析,实现对城市需求的智能化支持;通过人与物的智慧链接,实现城市“智商”和“情商”的同步提高。[17]“智慧”代表对政府对公共事务的迅速、灵活、正确的理解和处理能力,智慧政府的建构应以用户需求为导向,通过实时透彻感知社会需求,做出迅速反应,及时改进服务短板,主动为社会提供便捷、精确、高效的服务,提升公共服务的能力和水平。大数据对智慧政府的塑造表现在:第一,大数据是智慧政府门户建设的基础,通过对社会数据的深度挖掘与多维剖析,使政府网上公共服务更加精确、便捷和贴近公众需要,使政府服务能力得到有效提升,形成政民融合、互动的互联网治理新格局。第二,大数据在智慧政府建设内容方面主要表现为以精确感知用户需求来创建智慧感知;以有效组织服务供给创建智慧网站;以提高网上响应能力形成智慧推送;以动态管理服务绩效创建智慧测评;以支持可视化的决策形成智慧决策。

（三）公共服务体制的创新

公共服务是现代政府的核心职能，广义上的公共服务与私人服务相对应，即在市场失灵的领域，政府为满足社会需要而提供的公共产品和服务的总称；狭义上的公共服务包括公共卫生、公共教育、环境保护、科学研究、就业服务、社会保障等方面。公共服务体制是公共服务的主体关系、组织建构、权责配置和运行机制，即解决公共服务的供给主体、供给方式和各级政府权责分工等问题。[18]

但目前公共服务的体制机制不健全是中国公共服务面临的主要困境，表现在：一是公共服务供需矛盾凸显，表现为供不应求、供非所求、供不合求等现象，由于公共需求差异性的存在，在现有政府供给导向型的基本供给模式下，政府供给与公众需求的结构失衡问题日益凸显。二是公共服务发展不均衡。目前公共服务的不均衡主要集中在供需不均等、城乡不均等、区域不均等和群体间不均等。三是基层公共服务出现空心化、碎片化和内卷化现象，空心化是基层公共服务供给匮缺或根本没有供给；碎片化是公共服务供给条块分割、缺乏整体性和连贯性等；内卷化是外部公共资源输入的过程中被地方利益集团“捕获”，有失公平和正义的价值追求。

大数据使以上问题有效解决成为可能，在公共服务体制的创新方面主要表现在：第一，大数据帮助建立公共服务的信息共享机制和服务平台，解决供需矛盾和公共服务发展不均衡问题。它是在一定网络组织基础上，依靠数据信息和媒体网络将资源集成一体形成综合服务平台，作用主要表现为增进信息沟通、提供技术支持、提供管理咨询和政策法律服务等。第二，大数据等有效发现公众需求与偏好，同时大数据的信息、内容和情感分析能获知公众对公共服务的感知和态度，为公共决策提供参考。如郑瑞强等认为大数据对扶贫工作带来了创新：精准扶贫、供需对接、整合扶贫资源，普惠式扶贫向适度竞争式扶贫转变。[19]第三，大数据进一步推进公共服务社会化和市场化；吸引多元化主体，提高社会组织和市场组织的公共服务参与能力；并形成开放透明的监督体系和问责机制。

（四）政策过程与政策分析的创新

公共政策活动伴随着人类社会发展的始终，但作为一门独立的学科才是20世纪50年代的事。拉斯威尔于1951年主编的《政策科学》一书建构一门强调“问题导向、情景关系、方法多元”的以实现人类尊严为追求的新兴学科，[20]他认为公共政策是包含目标、价值与实践的计划方案。总之，公共政策是“国家机关、政党和其他政治团体在特定时期为实现或服务于一定社会政治、经济、文化目标所采取的政治行为或规定的行为准则，是一系列谋略、法令、措施、办法、方法、条例等的总称”。[21]

政策过程(Policy Process)理论是拉斯威尔——德洛尔研究传统中的主要内容,它关注于政策过程的知识。拉斯威尔将政策过程划分为7个阶段:情报、建议、制定、试用、行使、评价和终止;安德森简化为5个阶段:政策议程、政策制定、政策选择、政策执行和政策评估。尽管政策过程理论被以后的学者揶揄为“教科书式的政策过程”和“启发性的阶段过程论”[22],但它帮我们理解政策过程提供了一个有益视角。政策分析(Policy Analysis)是20世纪80年代以来对“政策科学”范式反思和批判的基础上提出的一种新范式,其实质是“强调知识的应用性,通过各种研究方法和论证方法产生并转换政策相关信息,以便政治组织解决政治问题”,[23]即是分析以政策问题为中心,以政策过程为线索,以民主为依归,以倡导交流为目的的质疑性的、能动性的政策知识和主张的创造活动。[24]

大数据之于政策过程和政策分析的作用表现在:第一,公共政策是对社会价值的权威性分配,大数据能有效捕捉社会对政策的需求偏好和民意信息,从而使“价值”的分配更具有针对性和有效性。第二,大数据在提高政策描述和强化政策预测能力方面具有强大潜力,借助于大数据技术,个体、城市、国家层面以及群体数据,尤其是大规模的时间序列数据的实时捕获成为可能,会使研究者对公共政策的描述和评估在时间和空间上变得更为丰富。第三,大数据在政策过程的每一个环节都发挥着重要作用,政策情报的收集更加丰富有效、政府能够有效识别社会问题并使之转化为政策问题、制定过程更加透明和民主、政策方案多元使执行更具有选择性、政策实行更加彻底有效、政策评估更加全面科学。第四,对于公共政策的学科发展而言,大数据可能会有效弥合“政策科学”和“政策分析”两大范式之间的张力,结合各种政策框架和理论,完善和发展拉斯威尔强调的“问题导向、情景关系、方法多元”的以实现人类尊严和提高人类福祉的伟大政策学科体系。

四、大数据时代治理现代化:何以可为

直面大数据,它确实给国际治理现代化带来了诸多机遇,同时,大数据也带来了诸多挑战,比如数据暴力和数据鸿沟、数据隐私的泄漏、数据质量难以保证等。在大数据带来挑战同时,我们需要思考的是推进治理现代化应何以可为?

(一)树立大数据治理理念

大数据时代的到来及其对国家治理能力建设的影响决定了国家治理主体必须在思想观念上跟上时代的步伐,积极树立以大数据治理理念。第一,治理主体对大数据要有全面的认识清和晰的定位,大数据不是简单的大数据集中,而是依

托“数据库群”进行大量小信息的获取、加工、整合、存储、使用的价值资源。基于此，大数据治理理念主要表现在工具应用和价值共享层面。大数据的应用理念主要表现在“采、用、享、碰、推、嵌”“六字诀”，“采、用、享”是第一次信息革命时期的数据应用和系统建设，“碰、推、嵌”是第二次信息革命时期的数据智能应用。[25]第二，推进各级政府机构的大数据理念更新工作和提升多元参与主体的信息素养水平。政府应增强大数据意识，并以此为契机推进政府机构和行政体制改革，在推进信息公开的过程中盘活对自身治理实践有参考价值的各类数据资源，形成以数据为支撑的国家和地方治理决策导向；加强对多元参与主体的数据素养教育工作、增强其数据意识和信息处理能力，和政府一道做好国家治理进程中的数据管理和信息分析工作。

（二）提升数据质量与保护数据隐私

没有高质量和价值的“真数据”，任何形式的数据汇集和分析都没有意义，也无法得到成功决策。在治理视域下，提升大数据治理的可为途径表现为：第一，通过数据来源跟踪其发出者，并结合发出者所处的经济社会环境对其进行初步分析，形成初步的数据预期。第二，利用网络技术和信息工具对大数据进行预处理，进行多层次的自动化处理和分批次的比较分析，从而过滤掉虚假数据。第三，完善大数据的计算环境和通道网络环境，降低在计算过程中出现的计算障碍、语言障碍和物理障碍等。第四，数据管理机构应制定专门的数据标准和数据管理制度，规范数据管理流程、清理网格数据、去除重复数据、删除无效数据、核实缺失数据，建立数据救助机制，从制度层面保证数据质量。

数据隐私泄漏问题广泛存在于个人、企业和政府等主体层面。提高数据忧患意识、确保数据安全可以通过以下做法实现：第一，政府是应用公共数据的治理主体，必须建立“数据清单”制度，比如对涉及解决公共问题和制定公共政策的相关数据要列出详细清单，规范数据的收集渠道和方式。第二，建立认证和授权机制，在数据消费过程中认证可以包括消息认证、身份认证和认证协议等，或通过授权的方式授予某认证主体获得使用数据的许可和权利；进行数据加密和建立网络数据信誉机制。第三，清晰的界定好数据产权和完善法律制度，建立完善的数据市场交易体制；将数据保护纳入到国家战略资源的保护和规划范畴，并完善隐私保护的相关立法；加强对个人隐私的技术保护和完善数据信息行业的自律和监督机制。

（三）防止数据暴力和缩小数字鸿沟

人们对大数据时代的一个感性描述是：在大数据时代，人类第一次从技术上实现了话语权的平等，由于这一革命性的跨越，以往被限制、曲解和埋没的人民群众的意见和认识突然迸发出来。但我们需要对大数据时代的冷静思考的是，在全球化背景下它能否打破“中心—边缘”的治理格局，相反，在“中心—边缘”格局未打破的条件下，大数据会成为控制民意、控制边缘国家的新技术，让集权获得更大的社会控制量，从而形成数据暴力。对于数据暴力和数据霸权的防止，我们寄希望于两点：一是打破工业革命以来建立的以信息加工和数据统计为核心的线性思维模式，以及打破在这种思维模式下的“中心—边缘”结构中的控制思路和体系。二是政府应该转变观念，促进大数据时代权力的多元化发展，向社会、市场和下级政府下放相应的权力；普通网民和社会主体应该有数据权利意识，积极地投身于对公共数据的监督过程中。

数字鸿沟是一个近几年来人们普遍关注的公共问题，即先进技术成果不为社会公众公平的分享，造成了“富者越富、贫者越贫”的差异现象。数字鸿沟其实质是社会中“某些群体在信息可及性方面遭到不合伦理和得不到辩护的排除”，[26]它涉及信息技术及其数据服务、通讯和信息可及性方面的失衡关系，在全球或各国贫富之间、男女之间信息可及的不平等与不公正。缩小数字鸿沟对于治理现代具有重要作用，可以通过以下措施来实现：树立正确的大数据观念，理性消除数据鸿沟，做到加强核心数据的技术研发和科研支持、加强信息化和数据化的推进制度建设、调整数据产业结构和提高信息化程度。此外，还要鼓励企业积极参与，发挥企业在消除数字鸿沟中的积极作用，加强数据人才的培养和计算机网络知识的普及。

（四）完善支持大数据发展的支持环境

舍恩伯格在《大数据时代：生活、工作与思维的大革命》一书中把大数据看作是思维革命和社会革命的标志，并认为“如果不认可或者抗拒大数据时代，一个人可能会失去生命，一个国家可能会失去未来”。[27]尽管舍恩伯格的话语有点夸张，但大数据已经有意无意地改变着我们的生活方式和重新塑造着社会治理理念。基于此，世界许多发达国家将之视为一项新型的资源、信息、工具和理念，并做好了国家长期的政策准备和战略回应，将大数据发展上升到国家战略高度。作为正在向现代化转型的中国，大数据带来的影响无疑是深刻的，对此，我们需要期待着国家在推动大数据发展过程的作用，并予以切实的政策关怀。第一，政府必须定位清楚自身在大数据发展过程中扮演的角色和职责，需要设置顶层机构进行全方位的组织资源统筹；完善大数据立法，规范数据捕获、采用、存储、分析、交换和消费等行为；建立大数据的信息支持和服务体系；政府开放共享数据并重视文化资源管理等。第二，对发展大数据予以的政策关怀是：进入产业价值链高端，实现企业和公共部门核心技术创新；根据社会需求和市场环境，进行统筹规划，推进“数据强国”战略的形成。第三，完善大数据发展的相关支持环境，加快高端人才的培养和支撑硬件的建设，加大电子政务的开放力度。

五、结语：一项新的治理愿景

大数据是近几年来伴随着信息数据爆炸式增长和网络计算技术迅速发展而兴起的一个新型概念。把视角聚焦于工业化向后工业化、传统向现代转型的这一历史过程中，大数据从人们的生活观念、生产方式、思维方式和管理观念等方面瓦解和形塑着这一过程。大数据使治理现代成为可能，展现在我们面前的一项新的治理愿景是政府与社会、市场的关系在大数据环境中表现得更加和谐；网络关系中的大数据信息能够精确反映出民众的利益诉求和价值偏好，有利于公共部门的政策制定；大数据催生出适应治理现代化的政府形态，如服务型政府、无缝隙政府、数字政府、智能政府等；作为社会价值分配的公共政策和公共服务更加科学化、精准化和理性化；大数据治理的领域不断扩展，并产生新的智慧领域和状态，如智慧城市、智慧交通、网络教育和数据办公等。

我们需要客观的审视大数据本身，它带来的挑战同样存在于当今社会的各个方面，如数据暴力、数据鸿沟、数据泄密等问题会影响着未来治理的成败。但无论如何，大数据时代已经到来，我们必须正确地使用大数据的资源、工具、思维和理念来提高人民福祉和实现人类尊严。同时，我们还应对大数据背景下社会学科的发展寄予深切的学术关怀，它催生出了以“计算社会科学”为主的许多学科分支，其核心是大样本的数据采集和分析，如政策预算更加准确、社会问题研究更加实证等，许多学者也希望大数据能对社会科学带来革命性的变化，使实证和规范相统一，产生一种新的学科范式。总之，大数据面向未来的社会科学的作用和影响，我们拭目以待。

参考文献

[1]刘叶婷，唐斯斯.大数据对政府治理的影响及其挑战[J].电子政务，2014(6).

[2]张勇进，王璟璇.主要发达国家大数据政策比较研究[J].中国行政管理，2014(12).

[3]九三学社中央大数据课题组.大数据，给政府治理带来什么？——九三

学社"利用大数据技术提升政府治理能力"调研侧记[J].中国统一战线,2014(6).

[4]王法辉.社会科学和公共政策的空间化和GIS的应用[J].地理学报,2011(8).

[5]孟天广,郭凤林.大数据政治学:新信息时代的政治现象及其探析路径[J].国外理论动态,2015(1).

[6]孙柏瑛.当代地方治理——面向21世纪的挑战[M].北京:中国人民大学出版社,2004.

[7]R.Inlehart.现代化与后现代化[M].北京:社会科学文献出版社,2013.

[8]俞可平.现代化和全球化双重变奏下的中国文化发展逻辑[J].学术月刊,2006(4).

[9]Laney,Douglas.3D Data Management: controlling Data Volumn, Velocity and Variety[J].Meta Group,2001(6).

[10]杨善林,周开乐.大数据的管理问题:基于大数据的资源管[J].管理科学学报,2015(5).

[11]邱仁宗,黄雯,翟晓梅.大数据技术的伦理问题[J].科学与社会,2014(3).

[12]Paul T.Decker.Presidential Address: False Choices, Policy Framing, and the Promise of "Big Data"[J].Journal of Policy Analysis and Management .2014(2).

[13]梁芷铭.大叔据治理:国家治理能力现代化的应有之义[J].吉首大学学报(社会科学版),2015(3).

[14]郭建锦,郭建平.大数据背景下的国家治理能力建设研究[J].中国行政管理,2015(6).

[15]孙志坚."模糊性治理"的理论系谱及其诠释:一种崭新的公共管理叙事[J].甘肃行政学院学报,2012(3).

[16]蒋丽.基于电子政务的无缝隙政府理论分析[J].黑龙江社会科学,2008(6).

[17]张陶新,杨英,喻理.智慧城市的理论与实践研究[J].湖南工业大学学报(社会科学版),2012(2).

[18]郁建兴,吴玉霞.公共服务供给机制创新——一个新的分析框架[J].学术月刊,2009.

[19]郑瑞强,曹国庆.基于大数据思维的精准扶贫机制研究[J].贵州社会科学,2015(8).

[20]张敏.拉斯威尔的路线:政策科学传统及其历史演进评述[J].政治学研究,2010(3).

[21]陈振明.公共政策分析[M].北京:中国人民大学出版社,2003.

[22]保罗·A萨巴蒂尔.政策过程理论[M].北京:三联书店,2004.

[23]威廉·N邓恩.公共政策分析导论[M].(第四版).北京:中国人民大学出版社,2011.

[24]严强.公共政策分析的实质、特点和内容[J].南京社会科学,2010(1).

[25]乔智.树立大数据理念　推动智慧社区建设[N].深圳特区报,2014(1).

[26]邱仁宗,黄雯,翟晓梅.大数据技术的伦理问题[J].社会与科学,2014(1).

[27]舍恩伯格,库克耶.大数据时代:生活、工作与思维的大革命[M].杭州:浙江人民出版社,2013.

大数据在国家治理中的作用探究

南豪峰❶

贵阳学院 社会管理学院 贵州,贵阳 550000

【摘 要】国家治理是十八大确立的重要议题,十八大五中全会又提出实施网络强国战略,实施"互联网+"行动计划,发展分享经济,实施国家大数据战略。本研究在对大数据的发展历程进行陈述,对治理、国家治理、国家治理体系和国家治理能力等概念辨析之后,提出大数据能够通过开放数据和数据整合、建立以数据驱动为基础的决策体系和提高公共服务的效率三个方面在国家治理中起到作用。

【关键词】大数据 国家治理 作用

一、大数据的概念及其发展历程

(一)大数据的定义

迄今为止有关大数据的定义还处于争论之中,维基百科给出的定义是,"大数据(Big data 或 Megadata),或称巨量数据、海量数据,指的是所涉及的数据量规模巨大到无法通过人工,在合理时间内达到截取、管理、处理、并整理成为人类所能解读的信息"。这是从数量的级别(PB 或 ZB)来定义大数据,主要讲的是数据量之大使得用常规的数据分析技术无法处理。另外一种讲法是从数据的特性来定义大数据,埃德·顿姆比尔(Edd Dumbill)认为:大数据有大量(Volume)、高速(Velocity)与多样(Variety)的特征。[1]后来又加了一个特征,国际数据公司(International Data Corporation, IDC)认为:大数据应当具有价值性(Value),而 IBM 等认为大数据必然具有真实性(Veracity),这样 IDC 和 IBM 的说法选择 1 个 V 加上前面的 3V,合起来就被称为 4V,这是学术界广泛采用的说法。

(二)大数据的发展历程

最早运用大数据这一术语的是著名未来学家阿尔文·托夫勒,在其 20 世纪

❶ 南豪峰(1983-)男,河南汝州人,讲师,硕士,主要从事社会研究方法研究。

80年代出版的《第三次浪潮》一书中称赞大数据是“第三次浪潮的华彩乐章”。英国著名的大数据研究学者维克托·迈尔-舍恩伯格(Viktor Mayer-Schönberger)及肯尼斯·库克耶(Kenneth Cukier)在其合著的《大数据时代:生活、工作与思维的大变革》一书中开篇讲到了Google用搜索记录预测流感爆发的经典案例,并评论说这是“以一种前所未有的方式,通过对海量数据进行分析获得由巨大价值的产品和服务,或深刻的洞见。”[2]这一流感预测案例和沃尔玛的“啤酒+尿不湿”的组合营销案例成为大数据传播的最为广知的两个案例。2008年Nature也出了大数据专刊[3]。2010年英国《经济学家》(*The Economist*)看“The data deluge”一文,分析了健康管理、在线广告和政府管理带来的数据剧增,以及面临的风险[4]。大数据日益引起人们的关注。《科学》(*Science*)于2011年也推出了“Dealing data online”专刊,说明大数据对于科学研究的重要性[5]。麦肯锡全球研究院(MGI)2011年5月发表“*Big data:The next frontier for innovation,competition and producticity*”[6]。2012年3月美国国家科学基金会发布报告“Big data research and development initiative”,涉及环境、健康、应急管理、研究范式转变、大数据研究和发展的管理等方面的内容[7]。2012年世界经济论坛发布了“*Big data,big impact:New possibilities for international development*”,从金融服务、健康、教育、农业等领域分析了大数据给世界经济带来的发展机会。

国内关于大数据的概念大多引用美国学者的观点,徐子沛的《大数据:正在到来的数据革命》一书最先对美国数据运用的历史进行解读,对国民进行了大数据方面知识的普及,其最近出版了《数据之巅》一书,着重强调数据文化。随后国内出版并翻译了一批大数据方面的著作,比如埃里克·托普(Eric Topol)的《颠覆医疗:大数据时代的个人健康革命》、李军的《大数据:从海量到精准》、阿里巴巴副总裁车品觉的《决战大数据:驾驭未来商业的利器》等几十本图书。

这些国内外的开创性研究,通过互联网和传统媒体传播开来,使得学术界和普通民众日益认识到大数据的重要性。

二、国家治理的概念及其主要内容

(一)治理的概念

唐亚林在《国家治理在中国的登场及其方法论价值》一文中,比较详细阐述了“治理”这一概念的流变[8]。“治理”这个词汇“governance”来源于拉丁文的“gouvernail”,原意是掌舵、引导和操纵[9]。“gouverne”(指导、指引)、“gouvernement”(统治、政府)、“gouvernance”(治理)这三个词有同样的词源,表示主导、驾驭某事物。"gouvernail"的意思是船舵,后来引申出"选择航向,以及根据不断变化的自然环境持续调整修正"等意思。后来"gouvernement"的意思逐渐确定了下来,它的含义"统治的思想与等级化的权力、垂直和自上而下的指挥关系,以及以整齐划一的方式推行的意志等,与对国家整体性的思考紧密相关。"[10]

治理概念在20世纪八九十年代之后,逐渐流行了起来,不同的学者和机构具有不同的解释。世界银行给出的定义是,"治理是利用机构资源和政治权威管理社会问题与事务的实践。"[11]联合国发展计划署认为"治理是基于法律规则和正义、平等的高效系统的公共管理框架,贯穿于管理和被管理的整个过程,它要求建立可持续的体系,赋权于人民,使其成为整个过程的支配者。"[12]全球治理委员会对治理的界定是"各种公共的或私人的个人和机构管理其共同事务的诸多方式的总和。"[13]美国学者麦科迪(McCurdy)曾在著作中把公共管理等同为治理,是一门致力于寻找管理政府和公共事务之最佳途径的学问。按照韦氏百科对治理的定义,治理指的就是统治与控制(Governance Broadly Refers to Rule and Control)。

无论学者们对于治理的定义有何不同,关于"治理"相对于"统治"和"管理"的特征的认识还是比较一致的。比如治理的主体从一元走向多元;治理的结构从垂直型走向扁平化,即从科层制的垂直治理结构向扁平化的网络治理结构转型;治理的运作机制从垄断走向竞争,即在公共产品与公共服务的提供方面,打破政府一家垄断的局面,引入竞争机制,实行社会化与市场化改革[14]。

(二)国家治理体系和国家治理能力

习近平总书记曾经在一次讲话中阐述了国家治理体系和国家治理能力,他说"国家治理体系是在党领导下管理国家的制度体系,包括经济、政治、文化、社会、生态文明和党的建设等各领域体制机制、法律法规安排,也就是一整套紧密相连、相互协调的国家制度。""国家治理能力则是运用国家制度管理社会各方面事务的能力,包括改革发展稳定、内政外交国防、治党治国治军等各个方面。""国家治理体系和治理能力是一个有机整体,相辅相成,有了好的国家治理体系才能提高治理能力,提高国家治理能力才能充分发挥国家治理体系的效能"。[15]习近平总书记这三句话的表述非常清晰,特别是讲到了国家治理体系和国家治理能力之间的关系是相辅相成的,是一个有机整体。

学术界也对国家治理体系和国家治理能力进行了一系列的研究和阐述。比如胡鞍钢在《中国国家治理现代化的特征与方向》一文中指出[16],国家治理体系是国家实施国家治理目标的基本制度体系。具体到中国实际而言,它包括三个方面的制度体系:一是国家法律制度体系,这是国家和社会根本的制度,主要包括宪法、法律、行政法规、地方法规、行政规章等。二是党的制度体系。三是社会的制度体系。这包括政治协商制度和基层自治制度体系。国家治理能力就是国家实现国家治理目标的实际能力,是国家制度执行能力的集中体现。具体到中国实际而言,它应当包括三方面的能力:一是国家机构履职能力。这主要是指国家政权的机构履行自己的法定职责能力,实现国家目标的能力。二是人民群众依法管理国家事务、经济社会文化事务、自身事务的能力。三是国家制度的建构和自我更新能力。这主要是指国家对于国家治理制度的建设与变革的能力。

王绍光教授则重点探讨了研究国家治理能力[17],他援引政治学家迈克尔·曼在20世纪八九十年代出版的《社会权力的来源》两卷著作,将权力分为“专断性国家权力”和“基础性国家权力”两种类型,王绍光教授将基础性国家权力视为基础性国家能力,并提出了八种基础性国家能力——强制能力、汲取能力、濡化能力、国家认证能力、管制能力、统领能力、再分配能力、吸纳和整合的能力。对于这八种能力,王绍光教授做了总结,“这八项基础能力又可以进一步分类,前三项是近代国家的基本能力(强制、汲取、濡化),近代国家笔者指的是20世纪50年代以前的国家,他们都必须具备这三项能力,少一个就是一个失效、失败的国家;中间四项(认证、规管、统领和再分配),笔者把它叫作现代国家的基础能力。20世纪50年代以后的政府,如果在这四方面能力不足,治国理政就会困难重重。最后一项(吸纳与整合),笔者把它叫作民主国家的基础。”“没有必要的国家基本制度建设,就没有基础性的国家能力,就谈不上国家治理,而这八项是非常重要的,是最基础的。”王绍光教授的国家基础能力说可谓切中肯綮,没有工具怎能达到目的。

张长东在《国家治理能力现代化研究——基于国家能力理论视角》一文中,从国家能力的角度来分析国家治理能力,[18]在援引了阿尔蒙德和鲍威尔、亨廷顿、西达·斯考切波、国家社会关系理论的代表人物米格代尔等人的观点之后,认为现代化的治理能力至少包含以下四个特征:①能力强大(以税收提取能力为代表但不局限于此的);②国家、市场、社会共治且相互赋权,这是现代治理能力的本质属性;③能力的多元化及各种能力间的协调发展而非相互冲突;④基于制度化和法治化,这是实现前面二者的前提。

学术界对于国家治理体系和国家治理能力的探讨,极大地丰富了人们的认识,毫无疑问,国家治理体系建设成为我国实现两个一百年目标的重要保证。

三、大数据在国家治理中的作用

加州伯克利统计系教授,美国国家科学院院士 Leo Breiman 在1994年加州伯克利统计系毕业典礼上的讲话《25 年后的统计系会是什么样?》中说,“要知道何去何从,我们必须清楚自己真正所擅长的是什么。统计的核心是什么? 需要我们是一流的数学家吗? 几乎不用。那是什么呢? 成为收集信息,分析信息,并得出结论的专家! 这才是我们真正所擅长的。所以我认为,这正是我们统计学家应有的定位,我们的身份危机才会到解决。”那么大数据的本质是什么? 是数据量大吗? 本研究认为大数据方法本质上是一种数据收集、数据分析、并以之为基础进行决策的技术。大数据在国家治理中的应用,也主要体现在这种方法的应用。概括起来,有如下几个方面的应用。

(一)数据开放和数据整合

最近十几年英美和西欧国家,兴起了一股数据开放的热潮,更多的政府部门的数据被公布出来,进而挖掘其价值。我国当下的交通、医疗、卫生、就业、社保、地理、文化、教育、科技、资源、农业、环境、金融、质量、统计、气象、海洋、企业登记监管等民生保障服务相关领域都有各自的数据,形成了信息孤岛(是指由于数据标准等原因,造成不同信息系统之间的数据无法兼容,从而形成了一个个的“孤岛”),这些孤岛之间有必要进行开放和整合。如果有可能的话,进一步和百度、阿里、京东和腾讯等互联网巨头的数据和平台进行整合。国务院下发的《关于印发促进大数据发展行动纲要的通知》也提出“加强顶层设计和统筹规划,明确各部门数据共享的范围边界和使用方式,厘清各部门数据管理及共享的义务和权利,依托政府数据统一共享交换平台,大力推进国家人口基础信息库、法人单位信息资源库、自然资源和空间地理基础信息库等国家基础数据资源,以及金税、金关、金财、金盾、金宏、金保、金土、金农、金水、金质等信息系统跨部门、跨区域共享。加快各地区、各部门、各有关企事业单位及社会组织信用信息系统的互联互通和信息共享。”

(二)建立以数据驱动为基础的决策体系

没有调查就没有发言权,很大程度上讲的就是正确的决策是以调查研究为基础的。政策科学讲政策的制定,也特别强调调查。而大数据方法就能使得决策的基础更为牢固。

欧阳康教授指出,将多种来源的数据按照统一的定义和格式整合起来,以主题(如政治、社会、法制、行政等)为目标,建立以分析为主要功能的数据仓库,是让各种数据转化为有利于治理决策和战略规划知识的最基础也最关键的一步。只有建立统一的数据仓库,才便于对不同地区、不同部门的治理能力进行横向比较以及沿时间轴进行纵向深入研究,让连续检测、分析、计划、决策成为可能,使得数据的潜在价值得到最大限度发挥。[19]

除了这些之外，还有很多可用于政府决策的大数据方法和技术。依据互联网上的文本做出大数据分析是当下舆情监督机构广泛采用的技术。比如人民网舆情检测室就通过爬虫软件对传统媒体网络版、网站新闻、BBS、博客、微博等内容进行抓取，进而进行统计和分析，形成舆情监测分析报告。这已经形成了一个产业，国内就有十几种网络舆情分析软件。通过这些舆情的分析，能够很好地把握民众的诉求和反应，为决策制定确定依据。

（三）提高公共服务的效率

浙江大学学生因火车票丢失被要求补全票而起诉昆明铁路局的事件被炒得沸沸扬扬的，也不能完全怪铁路部门不作为，很大程度上是缺乏基于大数据的管理模式。如果列车乘务员有一个移动终端能够和铁路总公司12306购票的数据库相关联，就能够解决这一问题。再比如当下的办证难问题，社会管理的很多问题，都可以通过大数据，将诸多的信息孤岛关联起来，进一步提高公共服务的效率。

国务院下发的《关于印发促进大数据发展行动纲要的通知》也提出“加快建立公民、法人和其他组织统一社会信用代码制度，依托全国统一的信用信息共享交换平台，建设企业信用信息公示系统和‘信用中国’网站，共享整合各地区、各领域信用信息，为社会公众提供查询注册登记、行政许可、行政处罚等各类信用信息的一站式服务。在全面实行工商营业执照、组织机构代码证和税务登记证‘三证合一’‘一照一码’登记制度改革中，积极运用大数据手段，简化办理程序。建立项目并联审批平台，形成网上审批大数据资源库，实现跨部门、跨层级项目审批、核准、备案的统一受理、同步审查、信息共享、透明公开。”可以看出，通过大数据技术，实现诸多的信息共享，进而提升公共服务的水平，这是大数据在国家治理中运用的重要体现。

参考文献

[1]Edd Dumbil. What is big data? An introduction to the big data landscape [EB/OL].[2015-08-26].https://beta.oreilly.com/ideas/what-is-big-data.

[2](英)维克托·迈尔-舍恩伯格，肯尼斯·库克耶.大数据时代:生活、工作与思维的大变革[M].盛杨燕，周涛，译.杭州:浙江人民出版社，2012:2-4.

[3]Nature.BigData[EB/OL].[2015-03-05].http://www.nature.com/news/specials/bigdata/index.html

[4]The Economist.The data deluge[EB/OL].[2015-03-24].http://www.economist.com/node/15579717

[5]Science.Special online collection:Dealing with data[EB/OL].[2015-03-20].http://www.sciencemag.org/site/special/data/

[6][日]城田真琴.大数据的冲击[M].周自恒,译.北京:人民邮电出版社,2013:2-3.

[7]National Science Foundation,USA.Big Data R&D Initiative[EB/OL].2015-3-9.

http://www.nist.gov/itl/ssd/is/upload/NIST-BD-Platforms-05-Big-Data-Wactlar-slides.pdf

[8]唐亚林.国家治理在中国的登场及其方法论价值[J].复旦学报(社会科学版),2014 (2):42-56.

[9][法]皮埃尔·卡蓝默,等.破碎的民主——试论治理的革命[M].高凌瀚,译.北京:生活·读书·新知三联书店,2005 :4-5.

[10][法]让-皮埃尔·戈丹.何谓治理[M].钟震宇,译.北京:社会科学文献出版社,2010 :14 .

[11] World Bank. Managing Development: The GovernanceDimension [M]. Washington D.C,1994,5.http://wbi.worldbank.org/wbi/topic/governance

[12]UNDP.Public Sector Management,Governance,andSustainable Human Developmen[tM].New York,1995,9.

[13]俞可平.治理与善治[M].北京:社会科学文献出版社,2000.

[14]唐亚林.社会资本与治理[J].探索与争鸣, 2003(8) .

[15]习近平.切实把思想统一到党的十八届三中全会精神上来[EB/OL].[2014-1-5].http://news.xinhuanet.com /fortune /2013-12 /31 /c_118787463.htm.

[16]胡鞍钢.中国国家治理现代化的特征与方向[J].国家行政学院学报,2014(3):4-10.

[17]王绍光.国家治理与基础性国家能力[J].华中科技大学学报(社会科学版),2014,28(4):8-10.

[18]张长东.国家治理能力现代化研究——基于国家能力理论视角[J].法学评论(双月刊),2014(3):25-33.

[19]欧阳康.推进国家治理体系和治理能力现代化[J].华中科技大学学报(社会科学版),2015,29(1):1-9.

现实与虚拟:大数据条件下群体性事件的治理*

史　军　廖小东❶

贵州财经大学　贵州,贵阳　550025

【摘　要】转型社会矛盾和冲突不断增多,因而极具不稳定性,并且受到多方因素的影响,处于群体性事件高发期。大数据时代,民众的生活方式呈现出新的特征,群体性事件通常在现实世界与虚拟空间中转换、扩大。“J 曲线理论”为分析社会转型时期的群体性事件提供了理论工具。在透析群体性事件发生机理的基础上,从治理理念、治理路径,以及治理方式等角度对现存的群体性事件治理的困境进行分析,并立足于现实进行深刻反思,避免陷入政府对网络空间进行强制规范的窠臼之中,最终提出旨在对现实社会重构的治理群体性事件的新思路。大数据条件下,群体性事件的治理的关键在于社会自治与政府强制协调发挥作用,而发掘社会自治功能则是重中之重。

【关键词】大数据　群体性事件　治理

现代化转型进程中,呈现出高度复杂性和高度不确定性的社会结构,社会矛盾和问题集中爆发,严重威胁着社会公共安全,尤其是近年来不断增多的突发性群体事件越来越受到理论界和实务界的高度关注。信息技术的飞速发展,改变了人们的生产方式和生活方式,随着大数据时代的到来,甚至影响到了人们的思维方式和行为方式。大数据是人们获得新的认知、创造新的价值的源泉;大数据还是改变市场、组织机构,以及政府与公民关系的方法。[1]大数据时代,构建了一个虚拟空间,这个虚拟空间与现实世界相对应而存在,并深刻地影响着人们的行为。虚拟空间中人与人之间的关系发生了重大改变,并且反过来影响现实世界

* 本文为国家社会科学基金项目“国家治理视角下的民族地区宗教信仰问题研究”(15BZZ017)的阶段性研究成果。

❶ 史军(1988-),男,汉族,重庆巫山人,贵州财经大学公共管理学院,硕士研究生。研究方向:公共行政与地方政府管理。廖小东(1972-),男,汉族,湖南洞口人,贵州财经大学公共管理学院教授,博士,硕士研究生导师。研究方向:公共行政与地方政府管理。

的人际关系,因而群体性事件往往游离于现实与虚拟之间,由于对虚拟空间的行为进行规制的难度较大,这为群体性事件的治理增添了新的不确定因素。大数据背景下,需要运用"J 曲线理论"在对群体性事件的演进逻辑与行为机理进行透析的基础上,明晰群体性事件存在的治理困境,并借此对现实进行深刻反思,从而重构大数据时代群体性事件治理的策略,从根源上探寻群体性事件的化解之道。

一、大数据背景下群体性事件的演进逻辑

大数据背景下,群体性事件是一种偶发性的集体行为,但细究其行为仍然有章可循,对整个行为的演进逻辑可借助戴维斯的"J 曲线理论"。如图 1 所示,[2]该理论认为,社会转型时期,随着时间的推移,人们的期望值持续不断地上升,面对突然的经济社会发展速度下滑,政府回应民众需求的能力不得不下降,而此时则是群体性事件的高发期。根据这一理论分析框架,则可以对当前我国群体性事件频发做出合理的解释,并能够从群体性事件的发生、扩大,以及大数据时代在现实与虚拟之间的转换机理进行深入剖析,明确大数据背景下群体性事件的演进逻辑。

(一)群体性事件的发生

改革开放以来,我国经济社会取得了长足发展,民众生活水平得到了极大改善。经过数十年的社会主义市场经济建设,经济得到了快速发展,现阶段正面临传统社会向现代社会的过渡。如图 1,国际金融危机的影响深远,我国经济发展步入"新常态",经济发展速度开始放缓,经济结构面临优化升级,但公众快速增长的期望值并未因此而放缓。另外,社会转型时期,城乡差距、贫富差距、地区差距的矛盾愈来愈凸显,加上现代性对传统观念的冲击,民众的诉求便越来越多,而现有的机制无法做出及时有效地回应。因此,期望与现实之间的差距越来越大,而因此产生的不平衡心理也就越积越深,社会心理严重失衡,一旦遇有突破口便会被放大从而引发大规模的群体性事件。最初的提示,通过相互传染的过程,会很快进入群体中所有人的头脑,群体感情的一致倾向会立刻变成一个既定事实。[3]大数据背景下,公众的不满情绪通过网络得以扩散并将具有相同或相近诉求的人群紧密地联系在一起,在对某一具体事情的情绪化评价过程中,实质上是形成集体意识的过程。将这种偏激的集体意识转化为集体行为,便产生了脱离社会正轨的群体性事件。

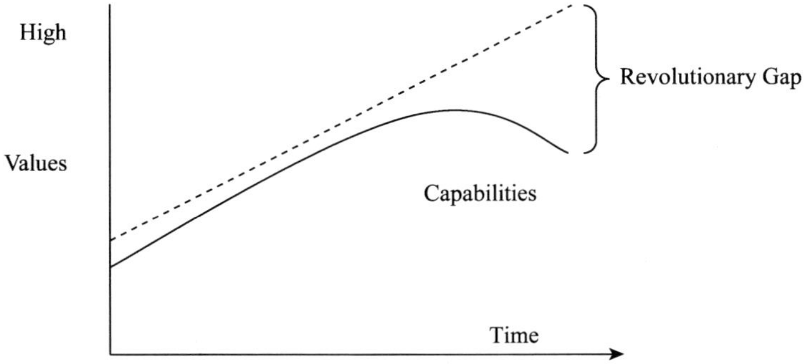

图1　J曲线理论示意图

（二）群体性事件的扩大

经济社会发展出现短暂的逆转，民众在与之前相比较的过程中会存在一定的落差，再与其他人相比较时，这种现实的差距所导致的不平衡心理会得到强化，并逐渐形成对抗性社会心理。人们的精神结构中包含了多种可能性的趋向，长期浸染于怨恨的环境之中，将民众表现出来的精神状态引向了与社会对立的一面，固化了集体行为的基础。有一种激情渊源更远更深，这就是对不平等的猛烈而无法遏制的仇恨。[4]在遭受了不平等的感知之后经过不平等心理的强化，大数据将这种观念广泛散布于网络，形成了集体意识而吞没和销蚀了个体意识，因而集体处于非完全理性状态。大数据背景下，信息得以高速传播并能够迅速整合，信息源极度不确定，从而将各个信息源结合起来形成一股强劲的势头，在大数据的支持下滚雪球式席卷整个网络。伴随着集体行为在现实世界的扩大，网络空间的舆论也随之而无限扩张，这种“闹大”的潜意识牵引着具有正当诉求的行为，而还有一部分行为是被集体行为所鼓舞参与其中。另外，当出现群体性事件的时候，政府采取了不当的处理方式，反而将民众心中的积怨引出来了，加剧了松散群体的团结，最终将事件影响范围扩大化。

（三）现实与虚拟的转换

反观近几年的群体性事件的演进逻辑有一个突出的特点，先是对现实世界存有不满情绪，之后由于某一件事引发而公众将此发布于网络上，通过网络放大和激化冲突的性质，并获得广泛的同情，在网络空间中掀起议论的热潮，唤醒了潜藏于内心的不满并逐渐形成集体意识，而后政府不当作为比如不公开录音录像、没及时发布事态经过等导致事件全面升级，出现舆论绑架政府等网络群体性事件，再从网络空间引入现实世界从而爆发大规模的群体性事件。数字化世界是一片崭新的疆土，可以释放出难以形容的生产能量，但它也可能成为恐怖主义和江湖巨骗的工具，或是弥天大谎和恶意中伤的大本营。[5]网络虚拟空间的无限性是容纳大规模群体性事件的一个重要因素，在虚拟空间挣脱了规则的束缚而不需要承担责任，而且政府权力无法有效地涉及，公众情绪相互感染，因而群体性事件在网络中得到升级。

二、大数据背景下群体性事件的治理困境

大数据背景下，群体性事件的演进逻辑关键点在于民众的诉求得不到及时有效地回应，因此演化为民众借助网络形成临时性利益结合体与政府进行对抗的行为。在经济社会发展的强大惯性作用影响之下，政府的治理理念、治理路径与治理方式与现实社会存在较大误差，因而在群体性事件发生之时，政府不当行为反而加剧了群体性事件的扩散，政府公信力受到严重挑战。大数据背景下，群体性事件呈现出新的特征，传统的治理模式面临严重的困境，深入分析治理的困境是对群体性事件进行深刻反思的关键。

（一）治理理念为稳定压倒一切

改革开放以来，我国经济快速增长，在“以经济建设为中心”的思想指导之下，长期以来形成了高速前进的惯性，政府社会治理也逐渐形成“稳定压倒一切”的观念，为保持经济飞速发展保驾护航。在此观念的指引之下，面对民众的正当诉求救济途径容易以大局为借口而推脱，民众的诉求却在不断地增长，日积月累当超过社会承载能力的时候，最终爆发大规模群体性事件。群体性事件爆发以后，政府采取强制方式力图缩小影响，在大数据的催化之下往往导致局面失控。然而，这与现代社会治理思维大相径庭，也不符合转型时期社会的特征。治理意味着参与者最终将形成一个自主的网络。[6]大数据时代，民众作为利益诉求者，本质上是对个人主体性的认同的强烈愿望，其根本的要求在于参与到对自己诉求的事务的治理中，并非一定要政府立刻满足其表面诉求的利益。因此，现有的社会治理方式与民众的诉求之间存在较大偏差，民众无法与政府共同参与治理时便自己组织起来与政府对抗，大数据为此提供了空间和可能。

（二）治理路径为严控网络舆论

治理理念往往决定着治理路径，在“维稳”的治理思维的主导之下，政府对群体性事件选择了对网络舆论进行严格控制的治理路径。大数据背景下，如同公众表达诉求习惯性路径选择一般，对于群体性事件的治理也形成了行政惯性，从而出现“大闹大解决，小闹小解决，不闹不解决”的局面。对群体性事件的处理思路都是先进行严格管制，公众在网络中占据了舆论的先机便对所谓“首要

分子"进行行政处罚,由于网络空间的开放性和模糊性等特征,往往引起新一轮舆论风波,更多的人群参与到群体性事件中,反而加剧了事件的激烈程度。最后,在网络舆论失控的情形下,采取领导出面平息事态的策略,并固化下来成为处理群体性事件的模式。受此风气的影响,民众表达诉求的方式也随之而改变,故而群体性事件在全国范围内呈多发态势,无疑加大了对类似事件治理的难度,降低行政成本从而提高行政效率,成为处理群体性事件的又一困境。

(三)治理方式为管制多于疏导

受行政惯性的影响,对群体性事件的治理采取的方式是管制而不是疏导,可以归结为一种"行政傲慢",是凌驾于社会各个主体之上的观念,这加深了对群体性事件治理的困境。由于"官"掌握着各种各样的社会资源,或者说,能够实现对几乎所有社会资源的支配,生成行政傲慢也就是必然的了。[7]基于对社会资源的支配地位,以及对社会管理的权限,无形中滋生了以我为主的思维,因而发生群体性事件时,毫不犹豫地对其进行管控,尽管对漫无边际的网络空间也毫不谦抑,然而却时常在虚拟的空间中政府的强制力显得捉襟见肘。法治建设过程中,政府的不当作为将会加剧群体激愤感,将原本分散的个体在网络空间中以仇恨为情感基础重新结合起来,刺激群体性过激行为,对社会秩序造成重大不良影响。由此可见,政府的不当作为在群体性事件演进过程中扮演了催化剂的作用,在面对治理困境时应主要从政府行为开始反思。

三、大数据背景下群体性事件的现实反思

大数据条件下,群体性事件有其独特的发生机理,根据已有的行政思维也就无法进行有效治理。网络虚拟空间仍然只是群体性事件发生过程中发泄不满的渠道,根源在于现实社会可活动空间的狭小,因此,在对其进行反思的时候需要以现实世界的体制机制为基础,而对于网络空间的过度关注往往是舍本逐末了。群体性事件的发生是从微小的不满逐渐走向扩大化的过程,其中任何一个环节处置不当都会起到催化剂的作用。根本而言,群体性事件爆发有其深刻的社会根源,包括权利表达机制的缺失、社会维权组织的缺席,以及政府治理能力的缺位等因素,对这些因素准确认知是提出有效治理策略的前提。

(一)权利表达机制缺失

转型时期,由于旧有的观念已经被要求放弃而新的适应现代社会的思维仍未确立,因而民众心里存在部分空白区域,社会整体环境随时都准备为该区域着色。在空白区接受刺激的时候由于没有可对比的参照物存在便会朝着该刺激想

要的方向发展。就人的行为而言，更重要的部分是获得的反应或有条件的反应。[8]随着印记的增强，便产生了行为的要求，大数据背景下群体性事件能够顺利推进首要的在于现实世界缺乏权利表达机制，当民众产生了权利无法通过现实途径来实现认识的时候，那么心中的空白区域将被愤怒填塞，进而做出不留退路的举动。经济社会转轨的时代条件下，民众对自我存在的认知程度越来越深刻，对自我价值的实现愿望越来越强烈，现实缺乏应有的反应机制对这种诉求做出回应，或者现有的机制在自我束缚之中无法发挥其功能，而且现实社会空间被道德滑坡等各种社会乱象充斥着，在高压态势下最终诱发群体性事件。

（二）社会维权组织缺席

社会根基发生剧烈变化，为了消除对未来不确定性的恐惧和不安心理，民众开始寻求自己的“同盟”，企图以现世安稳应对多变时势。尤其是在遭受不公正对待以后，希望参与关乎切身利益的公共事务治理的愿望空前强化。如果想要保持政治稳定，当政治参与提高时，社会政治制度的复杂性、自治性、适应性和内聚力也必须随之提高。[9]然而，由于公民社会仍不成熟，现实中能够与之共进退的“组织”并不健全，显然无法感知尘世“集体”的温情，因此，转入网络发泄不满，诱导潜在的“盟友”重新组合。大数据背景下，在虚拟空间中结成的团体动员能力远胜于现实社会，产生的能量也就不可同日而语。相反，如果现实社会中具有完备的民众维权组织，介于公民个人与国家政府之间，必然是一个重要的缓冲地带，能够将群体激愤情绪消融在这之间，维持社会的稳定平和。然而在这个缓冲机制缺乏的情况下，民众将希望转向无限的网络空间之中因而迅速组织起来并发动群体性事件。

（三）政府治理能力缺位

在推进国家治理体系和治理能力现代化的时代下，政府治理能力是包括应对社会剧变以及回应民众诉求的能力，本质上包括政府治理理念、治理路径、治理手段的革新。现实社会活动中，政府权力与公民权利是动态的此消彼长的关系。在法制不健全的条件下，政府治理习惯性地采取传统的管控模式，政府公权力无法得到有效约束，因而个人私权利不得不让步，政府本身无法主动调解二者的矛盾。纯粹的“公私界限”分立的“治理模式”，尽管在逻辑上成立，但在“云治理”的视野下，将遭遇共治、共享的新价值观念和庞大社会需求的冲击。[10]对公共事务管得太多则难以达到理想的效果甚至连职责范围内的事务都无法完成，民众对政府信任必然大打折扣。人们对权威的服从不在于权威的不可抗拒而在于服从所带来的好处，当一种强制力让人们感受不到服从所带来的现实利益时，那么这种强制力必然遭受激烈反抗和拒斥。然而，在大数据提供的空间中摆脱了习以为常的强制力时,不是对自由的热切拥抱而是对原来限制其自由的反攻和清算,因此,群体性事件在现实与虚拟之间愈演愈烈。

四、大数据背景下群体性事件的治理策略

大数据时代,群体性事件产生的根基在于现实社会,因而对其进行治理的有效策略也应针对现实世界的缺陷进行弥补和重构,以现实世界的温情感召脱离虚拟空间的孤苦冰冷。在思索治理策略的时候应换一个角度进行考察,首先将存在于公民个人与国家政府之间的夹缝拓展为足以容纳人们巨大想象力的广阔空间,而这个限度就是能够清楚地听到对民众呼声的回音,在全面推进依法治国的背景下,政府与民众之间需要以法治社会为总体框架,而在这个框架内则由遵从民众意愿的“软法”来调整相互之间的关系。其次,政府并非不作为,而是革新治理理念以职责为限度,采取必要的手段提供优质高效的公共服务。一方面,将民众的诉求局限在现实世界中予以回应,并获得参与公共事务治理的满足感;另一方面,规范网络空间公众参与的秩序,大数据是提供信息和服务的平台而非情绪发泄的基地。

(一)拓展社会活动空间

社会活动空间是民众展现自我的活动范围,也是民众自由追求愿望实现的疆域,而任何外力的侵扰就是对民众生存空间的干涉和挤压,将会遭到强烈反抗。这个活动空间的维护仅仅靠民众个体的力量无法企及,因此,民间组织应运而生,民众因此而联合起来有更大的力量实现愿望,更重要的是能够对抗任何试图剥削其权益的不当干扰。民间组织是横亘在国家与社会中间的堤坝,其既能够抵御公权力的扩张,又能抑制私权利的滥用,进而构筑民主参与、多元互动、自律管理的自生自发秩序,促进民主化、法治化治理机制的生成。[11] 在民间组织的合力之下,民众获得了新的动力,并能够为维护这个组织而保持理性态度,之所以能够心平气和地表达自己的愿望,最为关键的是他的表达能够被包容并能够得到反馈。因此,民众具备了与政府进行谈判的基础条件,甚至可以通过民间组织形成对政府行为的监督和制约,排除公权力“任性”的可能性,获得安定的生活。在追求愿望能够受到公正对待的基础上,民众更能够接受现实的差距,消除不平等心理滋生的土壤。而且,对于大数据提供的方便能够有效地利用,对其中的海量信息能够理性辨别,原因不在其他,就在于那份根植于尘世的执念和信任,广阔的社会空间能够包容其对于生活的热情和勇敢。

(二)法治保障社会秩序

当民众决心立足于现实社会时,便对安稳产生了急切地渴求,能够对此呼应的便是法治。法治是民众共同遵守的准则,并在相互之间形成一种默契和信任,也因此将松散的个体有机结合起来。存在着一个初元理性,法就是初元理性和各种存在物之间的关系,也是各种存在物之间的相互关系。[12]民众将对法这个联系纽带的认同转化为对共同规则的遵守,因此而显得并不那么孤独和无助,法治社会便呼之欲出。法治在保证社会有序运转的基础上,以具体明确的规则告诫民众行为的尺度,民众因此可以更好地安排自己的生活并为其预期而做出正当的行为,能够避免其他个体对此行为做出否定评价而被排斥在群体之外。更为重要的是,法治不在于限制民众的活力,它反而是唤醒个人主体性激发强藏于民众心中的社会活力的助推器,重新获得参与社会治理的勇气,将行政权力进行不当干预的借口清理殆尽,当然只是行政权力发生作用的依据和限度。大数据时代,出于对共同规则的信服,民众亦能够将此精神延伸至网络虚拟空间之中,保持恰当的"度",并能够主动净化隐匿于无限领域中的污垢。

(三)构建社会自律机制

法治必然带有国家强制力,而且其刚性规定所表现出的力量在普罗大众看来难免有几分不近人情,因此,在法治框架范围内构建社会自律机制显得十分重要。社会自律机制是建立在民众合意基础之上的表现为传统习惯或者村规民约等不具有国家强制力的规则体系,是对民众社会活动比较细致的安排,在民众中具有很高的认同感,并直接勾勒出政府权力能够发生效用的边界。软法机制是通过自律和他律相结合的规制方式而不是通过国家强制力而规范人们行为,调整社会关系的现代社会公共治理创新。[13]软法机制就是社会自律机制,允许社会道德发挥作用,因而将民众从烦琐的程序化的生活中解脱出来,根据内心的准则便可对其行为做出自由选择,截断了民众因情急之下而发起群体性事件的心理根基。此外,在软法发生作用的领域内,弥补了"硬法"难以企及的空白区域,将社会转型带来的冲击波消解在这个具有弹性的维度里,降低了行政不当干预发生的概率。大数据背景下,网络虚拟空间具有一定的吸引力,软法的存在和践行能够有效消除无边空间所创造的实施越轨行为的意识,始终保持在现实社会形成的活力与约束的平衡点。

(四)增强政府治理能力

通过构建各种具体的社会自我维持机制,能够保障一定限度内的安定与自由,但这并不会也不可能排除政府正当行为,尤其是在社会无力的区域急需政府增强治理能力。在规则平等的活动框架内对未来生活的追求和安排时,不可避免的是由于民众能力的差距而存在结果上的不同,尽管社会具有自我调整功能,但并不能完全自动发挥作用。恰恰相反,政府治理能力因此而具有施展的正当性,那就是通过宏观调控保障利益分配的公平性。转型意味着无组织能量的释放,政府能力之提升意味着对秩序和规范的重新建构。[14]转型时期增强政府治理能力,主要在于政府治理的理念的革新、治理路径的确立、治理方式的转变,从而提高政府回应力和公信力。大数据背景下,以建设服务型政府为导向,旨在确立政府提供公共服务的观念,积极回应民众诉求,而不是以消极方式守住稳定的底线。治理路径选择上以现实世界民众的诉求和愿望为基础,并力求通过有效渠道在现实社会予以回应,并以开放包容的态度接纳民众参与对公共事务的治理过程中来,完成向现代社会的转型。最后,在治理方式上,将政府行为纳入法治框架之下,法治成为政府与民众共同遵守的行为准则,政府官员能够自觉运用法治思维和法治方式依法履行职责,重塑政府公信力。此外,政府应主动适应大数据的思维方式,并制定先关政策将大数据作为民众参与治理的重要渠道,缓解社会压力。

经济社会转轨时期,群体性事件呈现出高发态势。大数据背景下,群体性事件在现实与虚拟之间相互促进和转换,因而其行为机理具有独特性,在运用"J曲线理论"对群体性事件行为进行深入剖析的基础上,明晰群体性事件演进逻辑。从而明确大数据时代群体性事件治理的困境,主要在于政府治理的理念、路径、方式,并且以独特的视角将治理的重点放在对现实社会积极治理,而不是将政府权力转向对虚拟空间的无效管控。因此,从权利表达机制、社会组织、政府治理能力等现实领域对群体性事件进行深刻批判和反思,并最终提出根植于现实的可行的治理策略,借助大数据建立由内而外的防控体系并进行有效沟通和疏导,是大数据背景下群体性事件得到有效治理的必然选择。此外,大数据条件下群体性事件的有效治理,需要在提高政府治理能力的同时,发挥社会自治的功能,维持政府强制与社会自治的平衡,构建和谐有序的社会。

参考文献

[1][英]维克托·迈尔-舍恩伯格,肯尼思·库克耶.大数据时代[M].盛杨燕,等,译.杭州:浙江人民出版社,2012:5.

[2]Rod Hague, Martin Harrop, Shaun Breslin, Political Science: A Comparative Introduction, New York: St Martin's Press, 1992,p.73.

[3][法]古斯塔夫·勒庞.乌合之众[M].冯克利,译.北京:中央编译出版社,2004:24.

[4][法]托克维尔.旧制度与大革命[M].冯棠,译.北京:商务印书馆,1992:243.

[5][美]埃瑟·戴森.2.0版数字化时代的生活设计[M].海口:海南出版社,1998:17.

[6]俞可平.治理和善治引论[J].马克思主义与现实,1999(5):37-41.

[7]张康之.论主体多元化条件下的社会治理[J].中国人民大学学报,2014(2):2-13.

[8][奥]路德维希·冯·贝塔兰菲.一般系统论[M].秋同,等,译.北京:社会科学文献出版社,1987:158.

[9][美]塞缪尔·P亨廷顿.变化社会中的政治秩序[M].王冠华,等,译.上海:上海世纪出版集团,2008.

[10]李振,鲍宗豪.大数据时代的"云治理":社会治理的一"种"新模式[J].红旗文稿,2015(8):30-34.

[11]马长山.当下中国的公共领域重建与治理法治化变革[J].法制与社会发展,2015(3):57-77.

[12][法]孟德斯鸠.论法的精神[M].许明龙,译.北京:商务印书馆,2012.

[13]姜明安.完善软法机制,推进社会公共治理创新[J].中国法学,2010(5):16-24.

[14]沈亚平,王骚.社会转型与行政发展[M].天津:南开大学出版社,2005:335.

基层组织服务体系助推地方治理创新实践

——以毕节市整乡推进农村基层组织服务体系建设为例

魏　鸿[1]

毕节市委党校　贵州,毕节　551700

【摘　要】随着我国改革开放的不断深入,经济高速发展。随之而来的各种社会问题也应运而生。创新社会治理的提出,无疑为地方治理提出了新的目标。随着毕节试验区经济社会跨越发展,各方面矛盾纠纷也越发凸显。

【关键词】基层组织　服务体系　助推　地方治理

党的十八届三中全会提出"创新社会治理,必须着眼于维护最广大人民根本利益,最大限度增加和谐因素,增强社会发展活力,提高社会治理水平,维护国家安全,确保人民安居乐业、社会安定有序。"随着我国改革开放的不断深入,经济高速发展。随之而来的各种社会问题也应运而生。传统的社会管理已经不能适应新形势的发展,不能适应新时代的挑战,在发展的关键节点,党中央提出创新社会治理。随着毕节试验区经济社会跨越发展,新型工业化、信息化、城镇化、农业现代化进程逐步加快,各方面矛盾纠纷凸显,给群众工作带来了新的挑战,给社会管理工作带来了新的挑战。围绕解决社会治理"治什么""谁来治"和"怎么治"的问题,毕节市一直在探索既适应新形势的发展又适合毕节试验区跨越发展的实际的社会治理模式。如何带领八百多万毕节人民决战贫困、提速赶超、同步小康,如何保证公平正义,毕节市探索了一条治理路径,即整乡推进农村基层组织服务体系建设助推地方治理创新。为欠发达地区着力破解制约经济社会发展的瓶颈着力提升在服务发展、服务群众、服务基层方面的能力和水平方面,提供了可借鉴的做法。

---

[1] 魏鸿,1971 年出生,女,毕节市委党校公共管理教研部主任,副教授。

一、基层组织服务体系助推地方治理创新的意义

(一)是为民务实、实现同步小康的现实需要

要真正实现小康,切入点就是要为民务实,所以落脚点仍然在基层组织。上级从宏观及战略层面制定好政策,把握好方向后,最终还是要靠基层组织去抓落实。所以基层组织的强弱,关系着社会治理基础的稳固,关系着小康社会建设的速度。对于毕节试验区来说,农村贫困面还比较宽、贫困程度还比较深,要全面建成小康社会光喊口号不行,必须一件一件去抓、一步一步去走,必须紧紧依靠基层组织服务体系建设,依靠广大群众的力量。基层组织的强弱,对于一个地方发展快慢至关重要。所以,通过整乡推进农村基层服务体系建设,切实将基层组织这个核心作用发挥起来,着力打造一支素质高、作风好的基层服务队伍,健全完善联系服务群众机制,寓管理于服务中,以服务促发展,切实发挥好基层党组织在服务发展、服务改革、服务民生、服务群众、服务党员中的“生力军”作用愈发凸显。

(二)是密切党群关系、构建和谐社会的本质需要

党同人民群众的血肉联系是我们党最本质的特征和最大的政治优势,脱离群众是我们党长期执政的最大危险。随着市场经济的发展,人的价值观的变化,当前有个别地方的党群关系正在慢慢变质。党和人民曾经的鱼水关系变成了蛙水关系、油水关系、水火关系。曾经是鱼儿离不开水,现在却是青蛙有需要了才跳进水里游一游,党员就像油一样漂在水面上做一些表面工作,甚至变成了丝毫不能相容的水火关系,影响地方的和谐。地方社会治理创新中推进农村基层组织服务体系建设其根本意义在于赋予基层党组织一种特质、一种架构、更凸显其服务功能,使服务成为党组织的一种本能和自觉行为,避免使其停留在一般号召上,从而把党的宗旨和执政为民的理念真正落到实处,实现服务功能的稳固化、长效化,从而在制度上、机制上保证党能够密切联系群众。事实证明,整乡推进农村基层组织服务体系建设是检验基层组织建设强弱的“试金石”。当前,有的干部认为抓基层组织是空的,找不准经脉,于是将基层组织“马放南山”。其实不然,基层组织虚不得、更空不得,如果基层组织抓不好,一切发展都好似“空中楼阁”,存在巨大的隐患,社会治理创新也只是一句空话,对于一个地方长期的可持续发展没有好处。事实证明,凡是放松或忽视基层组织工作的地方,经济发展就很被动,干群关系就会紧张,社会矛盾容易激化;凡是基层组织工作抓得扎实的地方,发展就有力,干群就融洽,社会就和谐。所以,赢得了人心,聚拢了人

气，才能使地方经济可持续发展，才能最大限度地减少不稳定因素、增加和谐因素，才能构建和谐社会。

（三）是夯实基础，增强党的战斗力的需要

当前，毕节试验区正大踏步迈进科学发展、后发赶超、同步小康的关键节点。基层组织承担农村改革发展的任务比较繁重，直接面对千家万户，组织群众、团结群众、服务群众的责任重大，老百姓对党的工作拥护不拥护，直接取决于基层党组织和党员干部联系服务群众的态度、方式、途径、质量和水平。所以，通过整合人力、物力和财力资源，切实为各级党组织和广大党员联系服务群众搭建平台、创造条件，使建设服务型、发展型党组织更加有形化和具体化，更能发挥好基层党组织的战斗堡垒作用。

二、基层组织服务体系助推地方治理创新过程中面临的困难

基层组织服务体系建设助推地方治理创新是建设服务型党组织的必然要求。极大地调动农村群众的积极性、创造力，使农村社会经济得到较快的发展。可以说，抓基层组织服务体系建设就是激发社会活力，就是发展社会生产力。当然作为新生事物，在发展的过程中也面临很多的困难与不足，值得进一步规范、研究、做好经验总结。

（一）有的基层组织结构性失衡，服务瓶颈突出

一是村级党员队伍年龄结构、素质结构、性别结构失衡。通过调研、走访，我们发现大多数村都存在着党员老龄化严重、文化层次低、观念意识跟不上社会发展，创新乏力、男性占大多数的情况。由于年轻人多外出务工，很多村找不到40岁以下的年轻人来担任村支书（主任），在任的村支两委成员主要是老党员等，以毕节市为例，在对所有问卷进行抽样调查的结果显示，其中50岁以上的党员在每个村平均占到了65%，有的村比例甚至占到了80%；初中以下下学历的村干、党员占到60%左右，高中、中专学历的占35%左右，大专以上学历的占5%左右。村级班子老龄化与发展农村经济市场化极不对称，大多数村干部都是接近“船到码头，车到站”的人了，思想、文化、身体素质日益退化，缺乏工作激情、敬业奉献精神和开拓创新意识，习惯于用命令的办法推动工作，在发展产业、致富奔小康方面无思路、无建树，在依法治村、村民自治方面显得束手无策，安于现状，当维持会长。有的村支书还抱有“筑墙有泥巴、盖房有稻草、病了有米吃、闲来有火烤”小富即安的思想。

在村干部中，女性干部就更少。农村常住村民大多是妇女、儿童、老弱病残者，使村级组织选人用人的视野和空间狭窄。受城乡差别、传统观念、地理环境等因素的影响，部分农村青年不愿选择在农村创业，可选择的范围缩小，村干部人才匮乏，青黄不接现象严重。

二是村干部薪酬结构失衡。即工作量与薪酬不成正比，由于社会的不断发展，基层事务日益繁重、工作量大，各种事务均最终落到村干头上，使现在的民选村干部基本上是全职工作。就毕节市来看，村干部每月1000余元的工资本来就难以维持一家人的基本生活开支，还与绩效挂钩，村干部实际所得常常是不足1000元，而组干部更是只有10~20元每月的标准（大多数村组只有10元，少部分经济条件好的村为20元），村支两委成员的工作专职化与财政性工资收入的差距使部分在家的能人不愿意、不热心基层村务事务。村干部待遇上，村支两委正职每月1200~1500元，副职1000~1200元，每天值班，从上午9时到下午5时，经常自己打摩托或骑摩托上班，开会常常自己出电话费，倒贴油钱、打车钱。村干部干的是“硬活路”，端的却是“泥饭碗”。这些现象都严重影响了村级组织服务体系持续发展的后劲。导致村干部工作积极性低，村干部职位缺乏“吸引力”，由于村干部薪酬结构失衡，部分村干部、干事从岗位上退下来没有好的保障，所以工作的积极性不高。

（二）有的村级集体经济薄弱，服务基础不牢

集体经济是发展农村的基础，也是解决“钱从哪里来”的重要来源。但基层大多数村的经济现状不容乐观，导致村级集体积累薄弱，无钱办事，无力办事，已成为当前农村发展的突出难题。近年来，虽然村级经济有所发展，但是仍然存在村集体经济发展不平衡，村级集体经济薄弱的现状，大部分村集体经济发展乏力，成为发展的瓶颈，乡村两级来自农业的收入不多，有限的村级收入不仅要维持机构的正常运转，而且还要支持民政事业、基层建设等，用于改善群众物质和文化生活条件的资金缺乏，无法满足群众日益增长的物质文化需要，使得为民办实事力不从心。尤其是在发展村级集体经济、集中力量办大事上，也还没有摆脱“空壳”。这种现象严重制约了地方公共服务能力，形成公共服务的短板。

（三）有的服务与群众需求脱节，服务目标错位

不少农村基层服务组织不能把自身工作与广大群众在经济社会发展中的实际需求相结合，找不到自身工作着力点，不能从群众最需要的服务入手，组织处于“被动”的服务格局，仍处于“上面怎么要求，自己怎么落实”的现状，服务缺乏能动性、积极性，也因此不能帮助群众解决真正的难题，无法发挥自己应有的作用，也有悖于服务组织的设置初衷。在争取项目、发展农村经济方面存在着与群众需求差距大,达不到群众的真切期盼。群众最渴望的是发展农村经济,拥有产生经济效益的实体经济和项目,但是,目前实体经济空壳化、名存实亡现象严重,辜负群众期望。农村基层组织服务体系建设上对如何更好更快地解决农村经济发展、争取项目上依然不足。

三、基层组织服务体系助推地方治理创新的做法

基层组织服务体系建设如何助推地方社会治理创新,如何解决基层治理难的问题,毕节市各县(区)、乡、村都在锐意创新如何解决服务群众“最后一公里”问题,都在大胆探索如何实现逐乡逐村全覆盖的服务体系,探索出不少成功的、可借鉴、可复制的经验和做法。毕节市通过构筑三大体系,搭建了农村基层组织服务体系建设运行框架,诠释了基层组织服务体系建设助推地方治理创新的理念。

一是构筑基层微观治理体系。毕节市经过不断的探索实践,在地方社会治理创新中在基层微观治理体系构筑上取得了较好的社会效果。如七星关区朱昌镇,在原有工作模式基础上,本着“民生优先、服务为先、基层在先”原则,针对朱昌镇基础薄弱、群众参与率低、矛盾纠纷突出、社会治安隐患等问题的突出,进一步探索出社会治理集成创新“六零六好”经验。即:零距离解决群众诉求,把困难问题处理好;零回避化解矛盾纠纷,把和谐社会构建好;零干预引导村民自治,把民主法治建设好;零缝隙织牢基层网底,把服务基础夯实好;零延迟服务群众,把民生事项落实好;零缺位破解发展难题,把美丽乡村创建好。朱昌镇的经验多次在全国、省、市有关媒体进行报道。

二是构筑基层互帮互助体系。要让群众切实感受到社会治理的好处,就需要把这一无形的看不见的事情变得有形化、具体化、和可操作。做到这一点,一个重要的办法就是结合群众想发展、盼发展、求发展的强烈愿望,以促进发展为目标,以为群众谋利益为切入点,用服务型、发展型党组织这一农村基层服务体系的龙头,采取一定的载体和方式去推动当地经济发展,在整乡推进基层组织服务体系建设中,有的通过整合资源,构筑精准扶贫体系,通过互帮互助体系搭建,使群众切身感受到农村基层服务体系带来的好处。如:金沙县通过整合同步小康驻村、精准扶贫、通村水泥路建设等工作力量和资源,大力抓好农村基础设施建设,着力调整农村产业结构,积极开展招商引资,对人均年收入在7000元以下有劳动力的群体分户制定增收计划并抓好落实。赫章县以河镇乡海雀村为示范,把“六个到村到户”作为实施精准扶贫的主要抓手,建立精准扶贫“十项机

制”。整合全县各部门资源,全面推进组织建设、村务公开、农民新风,教育培训、道德讲堂、矛盾纠纷化解、计生奖励、低保医保、项目扶持等工作到村到户。

三是构筑基层制度运行体系。地方社会治理创新中整推进农村基层组织服务体系建设,提升基层服务体系的管理成效,必须以规范健全的制度为保障,用制度来规范权力的运行,体现服务的效力,形成长效机制。面对目前市内一些党组织和党员干部,服务意识淡薄,联系服务群众不积极、不主动,方式方法简单粗暴;个别干部在服务群众中存在吃拿卡要;部分村级活动场所长期“铁将军”把门,群众办事找不到人;有的村(社区)干部公章随身带,群众办事要到家中,不见好处不盖章,得了好处乱盖章;有的民生事项不公开,党员群众不知情,工作开展难上难。各县(区)都建立健全了一系列服务制度,并采取了有力措施加以规范,确保各种为民便民措施真正落到实处。

四、基层组织服务体系助推地方治理创新取得的成效

毕节市在地方社会治理创新中依托群众力量,充分激发了基层组织的积极性、创造力,整乡推进基层组织服务体系建设得到了群众较高的评价,取得了阶段性的成果。

(一)凝聚了打通“最后一公里”的正能量,凸显服务的无缝隙

基层组织体系建设的作用能不能发挥好,必须回答好三个问题,即基层组织服务体系居于什么样的出发点发挥作用?依托什么发挥作用?发挥什么作用?毕节市在社会治理创新中面临的“短板”即如何服务群众“最后一公里”问题,解决这个问题是推动毕节农村基层组织服务体系建设的需要,因此,我们必须充分发挥群众的主观能动性,在思想上,服务上下足功夫,以更大决心、更大力度推进全市的农村基层组织服务体系建设,凸显服务的无缝隙。无缝隙管理的雏形是“无界限组织”由通用电气公司执行总裁杰克·韦尔奇1990年提出,是指可以用流动的、灵活的、弹性的、完整的、透明的词语来形容组织的形态,后来引申到政府管理中,就是要实现一种“纵向到底,横向到边”的全方位管理。在整乡推进农村基层组织服务体系建设建设中,毕节市通过凝聚服务正能量服务基层组织,诠释了“纵向到底,横向到边”的管理理念。首先,打通思想上的“最后一公里”。心相通,一通百通,心不通,无动于衷。“最后一公里”,其实就是从党员领导干部“此岸”到人民群众“彼岸”的心路历程。在群众的一些新政策,比如:合作医疗、养老、水、电、路等问题上,乡干、村干挨家挨户地做细致入微的思想工作。其次,打通服务上的“最后一公里”。

（二）提升了基层的自治功能，凸显服务的民主化

发展基层民主，保障人民享有更多的民主权利，是社会主义民主政治的重要内容，保证人民直接行使民主权利，管理基层公共事务，是人民当家做主的有效途径。实现基层民主，提高基层民主自治的水平，表现在农村就要保证人民群众参与农村基层事务，依法管理自己的事情，就自身的重大事项进行自我教育、自我管理，自我服务，创造自己的幸福生活。

各县区通过地方社会治理创新中整推进农村基层组织服务体系建设取得了不少成效如：纳雍县在基层组织服务体系建设中注重探索村民自治，建立了“三民”小组工作制。大方县在规范村（居）“两委”工作运行的同时，完善村规民约和各类协会建立章程，实现群众自我教育、自我管理、自我服务，做到民事民议、民事民办、民事民管，进一步强化了群众自治组织建设。赫章县通过建立群众“点题”公开制度。对群众要求公开的事项，要求村干部做好记录，并及时进行公开。金沙县通过抓好“六议两公开”制度建设，打造政务公开平台。通过这些有效的探索，实现了村民矛盾村民调解、小事不出村、大事不出乡的良好态势。村民通过对村务、村民等各项关乎村民自身利益的事项进行民主协商，让群众自己的事情自己做主。减轻了干部宣传的成本，增加群众了理解和信任度，有效解决了政策理解有偏差、群众利益分割不均、利益分享不透明等问题，有效解决了干部在农村工作中的“带着碓窝跳舞，费力不好看”的窘困，提升了基层的自治功能，凸显服务的民主化。

（三）畅通了走访的桥梁功能，凸显服务的人性化

地方社会治理创新中整推进农村基层组织服务体系建设中一些村还创新了党内关怀服务，彰显了毕节市农村基层组织服务体系建设的成效：一是促进了干部作风的转变。干部服务意识、服务质量方面有所转变、负面评价有所减少，在工作作风上，变过去的“说了没做或者少做”为现在的“说了就做”；在服务态度上，变以前的被动服务为现在的主动服务；在服务人员上实现了从无到有的改变，各村实行值班制度，改变了“铁将军”把门传统局面。在服务内容上，变原来的单一服务为多样化服务，实行代办服务、预约服务、上门服务等多种服务方式通过这种转变，干群关系有所改善，群众满意度大大提升，党的基层基础逐渐夯实。二是促进了服务环境的优化。乡、村两级办公活动阵地建设得到加强，特别是村一级更加整洁亮丽，提振了基层干部的精气神；三是促进了服务渠道的畅通。通过农村基层服务体系建设，成立乡镇便民服务中心和部分村（社区）便民服务中心。使服务逐渐向基层延伸，初步解决了基层有条件办事、有人办事、有能力办事的问题，基本做到了群众有事有人帮，群众有话有地说，群众有难有人解,把联系服务群众"最后一公里"进一步落到实处。四是促进了民生项目的实施。包括小康建设、精准扶贫、通村公路建设等在内的民生工作有序推进。

(四)增强了基层的治理功能,凸显服务的人本化

党的十八大提出:构建充满活力的基层群众自治机制,扩大基层群众自治范围,完善民主管理制度;扩大有序参与、推进信息公开、加强议事协商、权力监督为重点,拓宽范围和途径,丰富内容和形式;保障人民享有更多更切实的民主权利。这既是我们党提出的社区建设的目标,同时也为健全完善社区治理机制指明了方向。党的十八届三中全会提出,要强化国家治理能力和治理体系建设。在公共管理领域,治理的概念是20世纪90年代在全球范围逐步兴起的。治理的本意是服务,与传统的管制有着根本区别。毕节市在地方社会治理创新中,始终把基层治理放在重要位置。在社区网格化社会管理方面,各县(区)在原有网格基础之上建立了相应的服务和议事协调机构,对服务对象采取分类包保,精准服务的办法,同时依靠群众,发动群众,引导群众进行参与式社会治理。各县(区)大都在乡镇、村和社区中建立起网络协调机构。

总之,在地方社会治理创新中,由于基层的治理功能的增强,拓宽了民情诉求渠道、缓解了信访维稳压力、提升了基层服务水平,对于密切党群干群关系,促进产业发展起到了很大的推动作用。

五、对基层组织服务体系助推地方治理创新的思考

地方社会治理是一个全方位、多角度管理的系统,要发挥其重要作用并持之到底并不是一蹴而就的事情。找准问题、突破瓶颈是关键;完善机制、激发活力是保障;强化服务、创新方式是根本。

(一)找准问题、突破瓶颈是关键

基层组织服务体系建设在助推地方治理创新中,基层应在找准本地存在的问题及发展的瓶颈,有的放矢,对症下药。在着力加强本乡镇基层组织服务队伍、服务阵地、服务机制、服务载体建设上,突破传统管理导向的思维定式,着力打破基层组织"服务错位、服务缺位和服务越位"的旧有现象,在加强后进基层党组织的督促整改和晋位升级,健全完善基层组织服务网络,加大对基层组织现有人力、物力和财力资源的整合上下功夫。突破了基层组织自身能力不足、推动发展办法不多,因循守旧、安于现状等发展难题,切实找到影响和制约当地经济发展的瓶颈,找到疏远党群干群关系的重点难点问题、切实解决农村基层组织服务半径过大、服务周期过长、服务渠道不畅、服务措施不力等问题,转变服务方

式、延伸服务领域、增强服务自觉、提升服务水平，创新农村基层社会治理体制机制，着力构建农村基层组织服务发展、服务稳定新格局。

（二）完善机制、激发活力是保障

基层组织服务体系建设在助推地方治理创新方面，必须着眼于社会环境及其组织结构的变化，着眼于不同层次不同领域中党组织的统筹管理，系统推进，建立健全适应基层组织服务体系建设的基层组织机制。始终把坚持群众主体地位，以解决突出问题为着力点，以回应群众所思、所盼、所忧作为基层组织服务体系建设的重要任务，把广大群众积极性调动起来，引导群众参与，全面激发农村发展活力。

（三）强化服务、创新方式是根本

地方社会治理作用能不能发挥好，必须回答好三个问题，即地方社会治理居于什么样的出发点发挥作用？依托什么发挥作用？发挥什么作用？所以，基层组织服务体系建设在助推地方治理创新方面，就是将基层组织服务体系建设作为“一把手工程”盯紧抓实，着力解决联系服务群众“最后一公里”问题，努力实现服务网络在一线延伸、服务作风在一线转变、服务资源在一线整合、服务监督在一线强化、服务环境在一线优化、服务成效在一线检验的“六个在一线”及“六零六好”的工作目标，依托阵地建设发挥作用。

总之，基层组织服务体系助推地方治理创新始终贯穿于毕节试验区决战贫困、提速赶超、同步小康的全过程，是一项只有起点、没有终点的系统工程，特别要注重其持久性、可持续性以及成功经验的推广。正如习近平总书记所说：“过了一山再登一峰，跨过一沟再越一壑”。相信，毕节市农村基层组织服务体系架构将更加稳固，服务“最后一公里”的“末梢堵塞”将会变为“便利大道”，社会主义新农村建设将走得更快、更好，农村群众幸福的小康梦必将更快实现。

参考文献

[1].人民日报.中共中央关于全面深化改革若干重大问题的决定[N].2013-11-18.

[2]魏礼群.正确认识社会治理的内涵[N].新华时报.2011-06-28.

贫困地区村级治理创新与基层组织建设的思考

骆　英❶

中共六盘水市委党校　管理学教研室　贵州，六盘水　553000

【摘　要】党的十八届三中全会提出，到2020年，全国即将建成全面小康社会，贫困地区农村面临着既要发展经济、促进村级和谐，又要推进农村民主政治建设的艰巨任务。本研究结合贵州省S县村级治理与基层组织建设工作进行了分析，对相关政策措施实施后取得的成绩和存在的不足进行阐述，并对如何让基层组织更好地在贫困地区村级治理中发挥作用提出对策建议。

【关键词】贫困地区　村级治理　基层组织建设

自1998年正式实施的《村民委员会组织法》以来，村民的民主选举逐渐得到规范，选举更加透明，候选人提名过程更加民主，候选人之间的竞争也显得更加激烈，全国农村经济和社会都得到了巨大的发展，农村社会关系也越来越复杂，农村基层组织担负着带领群众脱贫致富、村级整治等任务越来越重。在处理村支"两委"关系方面，越来越多的地区在农村基层组织上，强调班子主要成员不仅要有组织协调能力，更要有带领群众致富的能力。不少地方党委政府都有针对性的瞄准了农村致富能手，着力培养他们加入到农村基层组织中来。伴随着经济的多元化发展趋势，国家对经济结构的战略调整，加上中国经济从高速发展进入中低速发展的新态势下，如何加强农村基层组织建设，既维护好农村社会和谐稳定，又推动农村经济发展，成为党委政府面临的棘手话题。党的十八届三中全会召开以来，中央提出了推进国家治理体系建设和治理能力现代化。这既迎来了发展农村的大好机遇，同时又说明了农村治理的紧迫性。这就要求地方党委与政府加强农村基层组织建设，促进农村经济社会快速发展上必须有所作为，必须谋划新的路子，以确保在农村治理工作方面更加合理、更加科学，有新的突破。

---

❶ 骆英，1969年出生，女，中共六盘水市委党校管理学教研室副主任、副教授。

一、贫困地区村级治理与基层组织建设背景

（1）贫困地区的界定。贫困，是一个相对概念，是对人们生活状况的描述，不同时代和不同的社会环境，对贫困的界定都会不一样。文中的贫困地区指的是经济欠发展和基础设施建设较为落后，当地行政机构或行政派出机构年均基本经费支出主要靠上级财政划拨支撑的乡镇或行政村。

（2）现阶段贫困地区村级治理与基层组织建设的目标。结合各乡镇、各村各自生存的优势和劣势不同，各地的发展目标也各有所异，但从总体上讲，对贫困地区村级治理与基层组织建设的目标都是以抓基层组织建设为着力点，通过基层组织团结和带领群众致富，农村水、电、路、房、迅、寨等多个方面都得到全面解决，村民不再为衣食住行担忧，村支两委不仅在基本工作经费运转上能自给自足，而且在村集体经济积累方面均达到 2 万元以上，最终实现生产发展、生活宽裕、乡风文明、村容整洁、管理民主的目标。

（3）基层组织在贫困地区村级治理中发挥的作用。党章规定："党的基层组织是党在社会基层组织中的战斗堡垒，是党的全部工作和战斗力的基础。"党的十八届三中全会提出全面深化改革的总目标，就是完善和发展中国特色社会主义制度、推进国家治理体系和治理能力现代化。之后，在中国农业网上，一篇题为《发挥基层党组织核心作用实现乡村社会治理现代化》[1]的文章指出，农村基层党组织是党在农村全部工作和战斗力的基础，是农村各项工作的领导核心，理应在乡村社会治理中处于核心地位。由此开始，全国上下都在思考着如何进一步加强农村基层组织建设，如何让农村基层组织在乡村社会治理过程中发挥出最佳效果。正所谓"上面千条线，下面一根针"，各级各部门都打起了村支两委的"主意"，都向他们加上了各自的砝码。由于在贫困地区农村基层组织——村支两委的组成人员上，大都是初中或小学毕业，甚至有少数村干部根本就没文化，他们都是靠多年的来经验积累和在群众中德高望众的声望在开展工作，在接受新知识方面，能力显得颇为不足。面对一时间的重重加码，他们显得有些措手不及，甚至喘不过气来。在调查走访的所有村，绝大多数村干部都熟练地掌握各项工作的"轻重"，正所谓"特事特办，大事优先办，小事缓着办，能应付的事就应付着办"。这样一来，对关系到薪资利益的事，大家就会加班加点的完成，对他们意识不到开展工作重要性的事，他们就应付了事。比如，计划生育工作，《中华人民共和国人口与计划生育法》明文规定，为进一步完善人口和计划生育目标管理责任制，促进人口与经济、社会、资源、环境协调发展，各级党委、政府，各

单位、各部门必须予以认真贯彻执行一票否决制。这一规定，意味着在计划生育工作方面，一旦出了茬子，所有工作将不再被认可，取而代之的是工作人员的薪资待遇就受到影响，所以他们不分白昼，加班加点的完成，相对于其他工作而言，这成为优先办理的“令牌”，也就是说，在基层组织开展常规工作的过程中，所有的工作都必须为计划生育工作让路；如远程教育之类的事，就可以在网上下载点资料来应付检查了事。在广大农村，越是贫困地区，人们的思想观念越是受到传统思想的束缚，计划生育工作就越是难开展，就算开展起来不仅是困难重重，而且会引起无数的社会矛盾。所以，在调查过程中，发现大多数农村基层组织都将工作重心放在计划生育工作上，很少花时间去协调项目来改造村级面貌，对如何发展经济，更是不去考虑，也不懂得如何去考虑。在他们看来，基础设施项目不到时候，是要也要不来的，时间到了，不用去协调上级也会安排下来，所以协调不协调在实质上看意义并不大，至于发展经济，受到基础设施建设的限制，待基础设施得到完善的一天，经济也就自然会发展起来。

二、党委政府对加强贫困地区村级治理与基层组织建设做出的政策措施

针对贫困地区村级治理与基层组织建设背景，S 县县委县政府围绕村级治理与基层组织建设从不同的角度出台了相应的政策措施。

（1）组织工作方面。为了规范村（居）干部管理，保障村（居）干部的合法权益，加强对村（居）干部履职的监督，S 县出台了《S 县村（居）干部职业化管理办法》。办法要求，一是村（居）干部不仅要能开展好原有相关工作，而且要懂经营、会管理，能熟悉计算机基本操作，会使用办公软件；二是村党支部书记可以跨村任职，采取强村带弱村、大村带小村的办法，建立联合党组织，从中择优选拔党支部书记；三是每年 S 县拿出一定数量事业单位岗位，从优秀村干部中考录为县乡事业单位人员等，从村干部的产生、保障和奖惩等 10 个方面共用 61 条对如何管理好村干部进行了明文规定。《办法》的出台的确有效规范了村干部的产生、工作，以及利益的保障等方式，但由于受到传统观念的束缚、人才匮乏以及越来越大的工作压力因素制约，新产生的村干部在创新工作方式上并没有得到明显的突破。

（2）环境卫生方面。为加强环境卫生工作建设，经 S 县政府研究，在全县范围内掀起了“创建全国文明城市、国家卫生城市、国家环保模范城市、国家循环经济示范城市”的“四创”活动，经过数年的实践，探索出了一条治理城市社会的

有效方法。为推动“四创”工作的深入展开，S县不仅把“四创”延伸到全县所有村，而且还将其纳入年度目标考核范畴。通过1年的实施情况看，“四创”的确能使农村面貌改善很多，但实际上由于村级人手不足，基本上这块工作都是由乡级政府以购买服务的方式完成，并且也只是从发现问题就解决问题的角度出发，村民的意识始终未得到提高，在遗风余俗方面，得不到根本的改变。

（3）计划生育工作方面。为实现人口与经济、社会、资源、环境的协调和可持续发展，维护公民的合法权益，化解农村社会矛盾纠纷，促进家庭幸福、民族繁荣与社会进步。2014年5月17日贵州省第十二届人民代表大会常务委员会第9次会议通过《贵州省人口与计划生育条例修正案》，该条例特别指出，把原有第三十四条中，放宽申请生育第二个子女的政策“夫妻双方均为独生子女的”改为“夫妻一方为独生子女的”。政策的修正，确实使当前社会矛盾得到一定缓解，但从贫困地区看，并没有什么实质性效果，尤其是针对那些受到传统思维“男孩是传家人”的影响，这一政策的修正对他们根本上就没什么意义，更何况这一政策的出台，针对的主要还是夫妻双方或者一方是国家机关工作人员、企业事业单位职工、城镇居民。

（4）社会治安及户籍管理方面。为全面创新基层农村维稳，筑牢维护稳定工作根基，延伸社会治理触角，拓宽公安机关联系群众的渠道，结合此前部分民警做群众工作水平较差，部分派出所对辖区重点人员底数不清、情况不明等情况，S县积极推进前端防范、有效治理的新常态，围绕社会信息采集、社会信息收集、排查化解矛盾等目标任务，开展“一村一警务助理”活动，由公安局局长亲自挂帅领导小组组长，认真践行责任倒查、激励奖惩等机制，出台了《S县公安局关于强力推进一村一警务助理建设的实施意见》和《S县公安局警务助理管理暂行规定》。活动开展以来，全县社会治安案件得到明显控制，村民安全感得到有效提高，落户难问题在农村得到较好解决。[2]但伴随而来的其他工作开展难度就有所上升，比如把完成任务与户籍工作挂钩的计划生育工作。按照《中华人民共和国户籍管理条例》，新生儿落户只需把出生信息核准就可按程序进行，但在地方为了推动计划生育工作，在落户工作前端加设了出具《计生诚信证明》的门槛，为让儿童能正常享受受教育的机会，作为儿童的家长就被迫先处理好有关计生工作后，待出具相关《证明》后并落户后，才能让适龄儿童正常进入校园。

（5）社会事务方面。为做好留守儿童和困境儿童关爱救助保护工作，提升留守儿童和困境儿童关爱救助保护工作的质量和水平，S县下发了《关于进一步做好留守儿童困境儿童关爱服务有关工作的通知》（以下简称《通知》），《通知》指出各乡（镇、街道）挂牌成立“留守儿童关爱服务中心”，并要求各中心对辖区内留守儿童和困境儿童,要精准排查、精准识别。对各个年龄阶段分别有多少,各种类别有多少、各类别中风险等级分别是多少,获得低保、医疗救助、临时救助、慈善救助和其他救助的分别有多少,特别是对适龄阶段失学辍学的有多少、事实无人监护的有多少,切实做到精准识别,情况清、底数明。

(6)城乡建设工作方面。为切实抓好2015年农村危房改造工程,建设安全适用、经济美观的农村住房,改善住房条件,加快推进我县基础设施建设,全面建成小康社会,S县印发了《S县2015年农村危房改造工程实施方案》,将农村危房改造与村级整治、"四在农家"民居改造、小康房建设相结合,广泛动员社会力量参与,形成整体合力。并要求乡(镇)党委政府主要领导亲自抓,分管领导具体抓,其他领导配合抓,形成齐抓共管的工作格局。

(7)国土资源工作方面。为加强村民建房管理,着力控制好农村"栽房"和乱搭建现象发生,S县下发了《S县人民政府关于加强农村村民建房管理工作的通知》,通知要求农村村民建住宅需要使用宅基地的,需向村集体经济组织提出用地申请,经村民会议讨论通过,在村集体经济组织或村民小组张榜公布。公布期满无异议后,经乡(镇)人民政府审核合格,报县城乡规划部门核发乡村建设规划许可证,再报县人民政府审批后方可实施。

(8)信访工作方面。随着经济社会的不断发展,信访问题日益突出,一方面说明广大人民群众对政府的信任,另一方面说明我们法治工作有待加强,做群众工作的方法方式有待转变,致使老百姓信访不信法的案件逐日上升。为切实抓好新形势下信访工作,S县出台了《关于进一步加强信访工作的意见》《S县领导干部定期接待群众来访实施办法》《S县矛盾纠纷排查化解工作实施办法》等文件,从群众、干部、社会等多个方位加强了对信访工作的安排部署,形成齐抓共管信访工作的新格局,有效排查化解了农村矛盾纠纷和苗头隐患。

三、贫困地区村级治理与基层组织建设现状

随着各级各部门的积极作为,在贫困地区村级得到了有效治理,基层组织也得到了加强。一是从村支"两委"方面看。越来越多的知识青年加入到村支"两委"队伍,村集体综合协调能力和业务能力得到了明显的提升,在促进村集体经济发展的思路方面了得到了新的拓展。但由于大多数村都处于新旧班子更替的过程中,即便是知识青年提出具有建设性的建议也不易被采纳。比如,H村接到一个关于对选举人进行公示的通知,要求把全村有选举权且符合选举条件的村民进行张贴公示,传统的做法是由一位写字较为工整的人对村民姓名逐个书写

后张贴公示,刚加入村委会的张某建议用电脑打印出来进行公示,并主动承担打印的所有事务。建议的提出不仅没有得到"老同志"的同意,还招来他们的批评,理由是打印样式不符合选举公示的要求。这一荒谬要求充分反映了"老同志"接受新思想的意识较为薄弱,同时也说明了有了新的工作思路未必就能替代传统工作思路。二是从环境卫生方面看。从总体上讲,在原有的基础上呈现出很大的进步。比如在公路沿线可视范围内,如今已告别了昔日成堆成遍的垃圾,这很大程度上归功于"四创"工作的不定期不定时督查。如今,深入到"背街小巷",垃圾、苍蝇、污水等仍然长留不弃的现象基本不复存在,只有在少数民族较为集中的贫困村,由于遗风余俗依然存在,移风易俗难度较大。三是从计划生育工作方面看。由于"一票否决"的工作制度,计生工作一直以来都是村支"两委"工作的主战场,从调研走访的村看,可以用 721 来形容村干部开展的工作,7 指的是用 70%的时间来对计生工作进行摸排抓推,2 指的是用 20%的时间来抓常规工作,1 指的是用 10%的时间来休息调整,处理好私人事务。四是社会治安方面。按照"一村一警务助理"的工作要求,在农村重要交叉路口设置了监控网点,并安排警务助理全天候轮班值岗,加上农村经济的发展也带来了生活方式和价值观念方面的转变,传统坑蒙拐骗、偷牛盗马的现象得到了有效遏制,但与此同时,一些不良社会风气也随之形成,家庭暴力、不赡养老人、不抚养子女、非法同居、轻率地对待婚姻导致农村的离婚率连年攀升、一方外出务工或者双方异地务工夫妇的出轨行为等,这些都严重地扰乱了农村正常的生活秩序,影响了农村家庭和社会的稳定。五是社会事务方面。按照县级政府出台的《通知》,大多数农村留守儿童的确获得了政府和社会的关爱,但这只限于乡政府统计上报的留守儿童,实际上在农村,由于上报基数大多数是由村支"两委"统计后报到乡级政府进行汇总再上报,所以在统计基数的过程中,大多数村都习惯把本来不相干的工作进行挂钩。比如,针对留守儿童的统计,对于那些违反过计划生育工作或不听从村干部安排"指挥"的农户,通常在统计过程中是排除在外的,也就是说针对这样的留守儿童一般情况是享受不到政策保障的。六是在民居住房改造方面。按照 S 县农村危房改造计划,至 2015 年年底应对全县茅草房和一级危房全面改造完毕。在实际开展此项工作中,一方面是不少村民建起了新房,但对原有住房不愿意拆除,也不愿意完全搬至新房,所以在农村仍然能大面积看到危房的存在;另一方面是少数农户为享受危房补助款政策,只对原有危房进行表面上的改造,没有达到消除危房的目的。再有就的是村干部对相关欠款农户[3]的住房改造补助款实行截留冲销,致使在改造住房时被迫降低标准。七是在宅基地申报审批方面。按照《S 县人民政府关于加强农村村民建房管理工作的通知》,加上村支“两委”对住房审批的严格管控,除少数农户想打政策的擦边球外,总体上控制得较为稳定。八是信访维稳方面。总体上看,大多数有诉求的村民都信访不信法。一方面是他们认为信访相对信法处理起来更直接、更快速、更简单;另一方面是采取法律诉讼绝大多数老百姓摸不着门路;再有就是采取信访程序解决问题的成本相对较低。政府通过齐抓共管的手段,确实化解了不少矛盾纠纷,但从长远来看,群众法治意识并没有得到提升,不利于经济社会的发展。

四、加强贫困地区村级治理创新与基层组织建设的对策建议

根据贫困地区村级治理与基层组织建设现状,结合当前党委政府对加强贫困地区村级治理与基层组织建设做出的政策措施来看,当前贫困地区村级治理在取得了一定成绩的同时,在不同的领域也呈现出不同的问题,针对这些问题,提出如下对策建议。

(1)加强基层组织建设力度,着力提升基层同志服务群众的能力。群众工作是全党的出发点,也是落脚点,村级基层组织是党和人民群众联系得最多、最直接的一级组织。在现阶段,贫困地区基层组织承担着党和政府交办的各项工作任务,只有进一步加强基层组织建设力度,着力提升基层同志在思想、业务和协调等多方面的素质,才能让党和政府的各项工作得到顺利开展。

(2)以“四创”工作为载体,探索多元化治理村级新途径。就目前来说,“四创”工作不仅取得了初步成效,同时也得到了社会的广泛认可,但从“四创”工作开展情况上看,不仅要继续推进社会购买服务的做法,更要把提升村民意识作为开展“四创”工作的长远目标,实现村级治理从“被动管理”到“主动参与”的转变,让“四创”工作再创佳绩。

(3)以村规民约为统领,创新推进贫困村级治理模式。村规民约作为介于法律与道德之间“准法”的自治规范,是全体村民共同意志的载体,是村民自治的表现。制定具有本土特色的村规民约是推进村级治理的最有效手断,在村级治理过程中,不仅要宣传好村规,更好调动村民参与到民约中来,要让民约在治理村级过程中发挥“治”的作用,切实营造出“有约必依、执约必严、违约必惩”的社会氛围。

(4)加强村级文化建设,促进村级和谐稳定发展。村级文化建设,实际上是对村民思想意识的改造,目前治理村级的重点和难点仍然是村民的思想意识较为落后。在贫困地区村级,政府对统一思想的宣传方式较为单一,甚至在不少地

方宣传工作严重被敷衍，群众凝聚力低下。建议组建思想政治素质较好，责任心较强，乐于做群众工作的队伍，通过播放电影、召开群众会、举办民间活动等形式把先进思想、文化、科技送下乡，着力提升村民的思想文化意识，凝聚发展正能量。

（5）正确处理好发展与治理关系，切实增强农村经济发展活力。发展是关键，治理是保障。要不断拓展农村基层组织知识面，加大对基层同志尤其是村支书和主任的培训力度，增强他们的管理能力，提升其发展意识，拓宽他们的致富路子，为他们搭建创业平台，着力将他们打造成维护社会秩序的主力军，带领群众脱贫致富的领头雁。

参考文献

[1]牛冠恒.发挥基层党组织核心作用实现乡村社会治理现代化[N].农民时报,2014-8-18.

[2]在“一村一警务助理”活动开展以前，所有户口落户均与计划生育工作挂勾。不少儿童因开据不了计生诚信证明，迟迟未能落户被学校拒之门外。

[3]欠款户一般由违反计划生育后对其进行处罚款产生。

有效推进贵阳市基层治理法治化对策研究*

唐寿东❶

中共贵阳市白云区委党校　贵州，贵阳　550014

【摘　要】党的十八届四中全会做出了依法治国的重大决策，明确提出要“推进基层治理法治化”。中共贵阳市委九届四次全会提出要“实施社会治理工程，打造法治贵阳升级版”。有效推进贵阳市基层治理法治化，归纳起来，要着重抓好“四个四”。一是构建“四个体系”：建立健全基层治理的法律法规体系、依法行政考核评价体系、法治监督体系、政府依法行政的科学决策体系。二是建立“四个机制”：构建法治宣传教育工作机制、政府内部权力运行约束机制、基层矛盾排查化解工作机制、建立重心下移力量下沉的法治工作机制。三是实施“四大工程”：大力实施社会治理工程、平安建设工程、信访维稳工程、法治惠民工程。四是发挥“四个作用”：充分发挥基层党组织的核心领导作用、基层党员干部的推动作用、基层法治队伍的示范作用、法治示范乡村的激励作用。

【关键词】法治化　基层治理　贵阳市　对策

党的十八届三中全会提出要“推进国家治理体系和治理能力现代化”，十八届四中全会做出了依法治国的重大决策，明确提出要“推进基层治理法治化”，并进一步强调“全面推进依法治国，基础在基层，工作重点在基层。”❷基层是社会的细胞，基层法治建设水平直接影响法治化进程。推进基层治理法治化，对于落实依法治国方略，对于维护改革发展稳定大局，对于实现两个百年奋斗目标和中华民族伟大复兴中国梦，具有十分重要的意义。中共贵阳市委九届四次全会做出全面实施“六大工程”，打造贵阳发展升级版的决定，提出要“实施社会治理

* 本文为贵阳市哲学社会科学 2015 年度规划课题《贵阳市基层治理法治化问题研究》部分研究成果。

❶ 唐寿东，1968 年出生，男，中共贵阳市白云区委党校高级讲师。

❷ 本书编写组.中共中央关于全面推进依法治国若干重大问题的决定辅导读本[M].北京：人民出版社，2014：37.

工程，打造法治贵阳升级版”，[1]强调要创新社会治理、全面推进依法治市，提升基层治理法治化水平，进一步提升社会治理能力和治理体系现代化水平。要坚持党的领导、人民当家做主、依法治市有机统一，把依法治理作为打造贵阳发展升级版的本质要求和重要保障，促进科学立法、严格执法、公正司法、全民守法，运用法治思维和法治方式推进经济发展、政治清明、文化昌盛、社会公正、生态良好。这是贯彻落实十八届三中、四中全会精神的具体体现，也是新常态下打造贵阳发展升级版的内在要求。

贵阳市在创新社会治理的机制体制、工作方式等方面进行了大胆探索，取得丰硕成果，形成了独具特色的“贵阳经验”，曾荣获“中国城市治理进行奖”“全国创新社会治理最佳案例”等多项荣誉。[2] 近年来，贵阳市深入推进基层治理法治化工作，全市公民的学法守法用法意识得到增强，领导干部依法行政观念不断强化，各级政府、社会组织依法管理和服务社会的水平进一步提高，司法机关公正司法、严格执法、法律面前人人平等的法治原则得到有效贯彻，法律服务、法律援助体系进一步完善，法制宣传教育形式进一步丰富，违法行政、徇私枉法、暴力抗法等现象得到了一定的遏制，法治建设工作有序开展，基层依法治理取得一定实效。

但是，必须清醒地看到，当前贵阳正处于社会矛盾、社会问题凸显期，许多深层次矛盾和不和谐因素逐渐显现，对整个城市的基层社会治理提出了新的严峻考验。与依法治国、依法治省、依法治市的要求相比，同人民群众的期望相比，贵阳市基层治理法治化工作还有很大差距，还存在许多不适应新形势需要、不符合发展新常态要求的突出问题。主要表现在：一是基层干部群众法律意识和法治观念淡薄，认识上存在偏差，有法不依的情况仍然比较严重；二是执法不严、执法不公现象依然存在；三是监督未形成合力，失之于软；四是责任追究机制不健全，落实不到位；五是法制宣传教育办法不多，效果不明显；六是法治惠民、法治保障亟待加强。这些问题的存在，损害了人民群众利益，妨碍了全市经济社会事业发展，阻碍了基层治理法治化的进程，必须下大气力加以解决。要结合贵阳实际，切实找到更加适合的路径，努力提升基层治理法治化水平。归纳起来，贵阳市基层治理法治化要着重抓好“四个四”。

---

[1] 中共贵阳市委关于全面实施“六大工程”打造贵阳发展升级版的决定[N].贵阳日报，2015-1-1.

[2] 贵阳实践获 2015 全国创新社会治理最佳案例[N].贵阳日报，2015-10-10.

一、构建“四个体系”

(一)建立健全基层治理的法律法规体系

一是严格按照《立法法》规定的法定权限和程序,制定、修改和废止法律、法规和规章。贵阳市人大常委会和市政府把有关基层治理的课题列入地方立法计划,根据贵阳市基层治理的现状及今后发展的趋势,在不与《宪法》和上位法相抵触的前提下,适时制定地方性法规和规章。依靠完备的法律法规体系,扫除贵阳市基层治理中的种种体制性障碍,巩固和扩大基层治理体制改革的积极成果。

二是以地方性法规形式实现基层治理工作法治化。坚持科学立法、民主立法,立足贵阳实际,突出地方特色,提高立法质量,进一步建立完善社会治理的地方性法规、规章。在地方性立法过程中,应充分考虑新常态下的贵阳现实需要、经济社会发展现状及未来发展趋势,深入研究社会发展的客观规律,优先考虑公共服务、促进就业、社会保障、环境保护、资源利用和生态保护等社会治理重点领域的立法,让基层社会治理工作有法可依。

(二)健全依法行政考核评价体系

一是建立健全行政机关内部重大决策相关制度体系。建立健全行政机关内部重大决策合法性审查机制、重大决策风险评估机制、重大决策终身责任追究制度及责任倒查机制。

二是健全完善行政机关领导干部年终述职考核制度。在原述职制度的基础上,将领导干部学法、用法、守法情况纳入“德、能、勤、绩、廉、法”六位一体考核评价,进一步增强领导干部的责任意识、法治意识和廉洁自律意识。

三是健全问责制度,严格行政问责。根据行政监察法、公务员法、行政机关公务员处分条例和关于实行党政领导干部问责的暂行规定,进一步完善相关的制度和程序,使如何问责、责任如何追究、问何种责都有法可依,有章可循。坚持有错必纠、有责必问,对有令不行、有禁不止、行政不作为、乱作为、失职渎职、违法行政等行为导致发生重大责任事故、事件或者严重违法行政案件的,要依法依纪严肃追究有关人员的责任,督促和约束行政机关和工作人员依法行使职权、履行职责。

(三)建立健全法治监督体系

一是强化法律监督职能。市、区(市、县)人大及其常委会依法加强对“一府两院”依法行政、公正司法的监督,坚决纠正和查处各种执法不严和严重违法的行为。建立健全政府依法行政报告制度,自觉接受人大、政协和司法机关的监督和社会监督。

二是强化民主监督职能。加强人民政协，以及民主党派、工商联、无党派人士的民主监督，推进民主监督的规范化和制度化；强化司法监督职能，加强对侦查、审判和刑罚执行活动的监督，惩治司法腐败，增强司法的权威性和社会公信力。充分发挥工会、共青团、妇联等人民团体和各类群众团体的监督作用。

三是强化党内监督职能。认真落实党风廉政建设责任制，扎实推进惩治和预防腐败体系建设，进一步落实领导干部个人有关事项报告制度、述职述廉制度、民主评议制度、谈话诫勉制度。加强对政府内部权力的制约，充分发挥党内监督、行政监督、司法监督、舆论监督的作用，支持新闻媒体监督，依法保障人民群众监督政府的权力，增强监督合力和实效。

（四）健全政府依法行政的科学决策体系

一是增强决策的科学性。要注重依法科学民主决策，在制定出台政策措施、组织实施项目、安排部署工作时，要对是否合法合规进行论证，确保重要决策和改革措施符合法律法规的规定。进一步完善公众参与政府立法机制，通过广泛集中民智，使社会治理的地方性法规、规章能够全面表达社会利益，有效平衡社会各方利益。

二是建立政府公共决策咨询委员会。为区（市、县）党委政府的决策提供专业参考意见，为基层经济发展提供智力支持和咨询服务。

三是建立政府决策专家咨询团。广泛吸收专家学者参与政府决策，增强政府重大决策的科学性、系统性、前瞻性，提高行政决策效率。

四是建立政府决策法律顾问团。为政府依法、科学决策提供专业法律咨询意见及建议，为依法行政、管理、服务、对外经济活动的各个环节把关，及时进行法律论证，确保其在政府制定重大行政决策、推进依法行政中发挥积极作用。

二、建立“四个机制”

（一）构建法治宣传教育工作机制

一是加强法制宣传，营造法治氛围。要在继续巩固贵阳各区（市、县）普法宣传成果的基础上，加大普法工作力度，强化法制宣传，立足当前，兼顾长远，注重普法实效，进一步落实“党委领导、人大、政协监督、政府实施、各部门各负其责、司法行政机关组织协调、全社会共同参与”的法治宣传教育领导体制和工作机制。在法制讲座、以案释法、集体学法等传统法制教育的基础上，打造手机短信、电视专题、网络媒体、光碟、法制文艺等普法新平台。探索建立各级领导干部普法制度化、公务员普法常态化、企业经营管理人员普法系统化、学生普法多样化、农民普法经常化、特殊人群普法专门化的普法思路和途径。

二是着力推进法治正能量建设。定期举办各类法律培训班，组织开展法律知识大讲堂、法治报告等活动。抽调普法骨干力量兼职组建“法治宣讲团”，继续开展法律“八进”活动。市、区(市、县)、乡镇(社区)分级抓好法治公园、法治广场、法制园地等阵地建设。充分利用城市LED显示屏、沿街灯杆、路牌、通道等设施，大力营造法制宣传氛围，彰显依法治理的正能量。开展十佳守法家庭、十佳守法公民、十佳普法工作者、十佳司法工作者、十佳执法干部及依法治理示范单位等评选活动，树立崇尚法治的良好社会风尚。

(二)建立健全政府内部权力运行约束机制

一是实施“四项清单”制度。积极推行“权力清单”制度，推行政府办事“程序清单”，推进依法行政“落实清单”，推行依法行政“整改清单”制度。

二是建立行政应诉及行政败诉责任追究制。在行政诉讼中，行政机关及其工作人员违法行政、消极应诉、不主动出庭应诉的要追究过错责任。对于行政机关行政诉讼案件败诉的，在追究单位责任的同时，采取书面告诫、责令做出书面检查、通报批评、责令公开道歉、依法给予问责、依法给予行政警告、降级、降职等处分的方式，追究行政首长及其他责任人的行政诉讼案件败诉过错责任。

三是建立健全防止领导干部干预司法的约束机制。任何党政机关和领导干部都不得让司法机关做违反法定职责、有碍司法公正的事情，任何司法机关都不得执行党政机关和领导干部违法干预司法活动的要求。

(三)健全基层矛盾排查化解工作机制

一是建立健全矛盾纠纷排查机制。建立“统一领导、分级负责，集中梳理、归口办理，责任明确、措施到位”的矛盾纠纷排查调处工作机制。构建横到边、纵到底、全覆盖的排查化解网络，实行矛盾纠纷排查化解个案信息采集登记制度，坚持排查、化解、稳控、处置“四位一体”原则，尽力把各类矛盾解决在当地、解决在基层、解决在萌芽状态。

二是建立健全群众合理诉求表达机制。积极拓宽畅通社情民意表达收集渠道，建立健全领导干部接待群众制度，确保广大群众话有处说、怨有处诉、难有处解、事有处办。

三是深化“四级调处机制”“三调联动工作机制”。进一步做实“四级调处”工作，即一级调处——村(居)网格调处，实行随时调处；二级调处——乡镇、社区、部门调处，实行限时调处；三级调处——群工中心调处，实行周一至周五排队调处；四级调处——群工委组织领导调处，实行报告调处。继续发挥“三调职能”，即人民调解、司法调解、行政调解功能，切实开展“三调联动”工作。坚持做到人民调解与司法调解的联动、人民调解与治安行政调解的联动、人民调解与其他行政调解的联动，积极探索人民调解与刑事和解联动工作机制。

（四）建立重心下移、力量下沉的法治工作机制

一是职能下移。进一步理顺区（市、县）——乡镇（社区）——村（居）三级行政组织的职能权限与关系，进一步完善各部门职能权力清单，为基层依法行政提供合理科学的依据，避免出现上级政府部门赋予基层职能而基层无力承接，基层需要的职能没有放权的现象。尤其在基层行政执法权问题上，贵阳市外来人口数量多，管理难度大，因此，既要赋予基层行政执法部门更大执法权限。

二是服务下移。建立便民化法律援助服务体系，加强法律援助工作站和法律援助队伍建设，扩大法律援助范围，提高法律援助质量。整合律师、公证、法律援助、基层两所、法律志愿者等队伍。激励、引导法律服务人员和律师律师服务进村入户，支持律师开展法律宣传、法律咨询、法律援助等服务，确保农村群众在涉及法律问题和纠纷调处中，及时能得到面对面的法律公益服务，积极探索构建“一小时法律服务圈”。

三是人才下沉。积极引导、推荐优秀法治干部到基层挂职、任职或驻地服务，为他们在基层工作创造条件，帮助协调解决困难。扎实推进信访接待下基层，有效利用“信访接待日”等形式，做好干部带案下访、专题接访、重点约访等工作。深入开展“法律援助服务为民”主题活动，广泛开展“法律进村庄、进社区、进企业、进工地、进学校”等专项宣传活动，努力提高法制的社会影响力。

四是财政下沉。建设区（市、县）——乡镇（社区）——村（居）三级权、责、事、财相匹配的财政保障制度，从税收返还中划出专项资金，列入每年财政预算，为基层治理法治化各项工作开展提供充足的经费保障。

三、实施“四大工程”

（一）社会治理工程

一是进一步加强人民调解工作。加强行业性、专业性人民调解组织建设，完善乡（镇、社区）、村（居）人民调解网络，推进基层人民调解员制度建设，切实发挥人民调解化解矛盾纠纷第一道防线的作用。深入开展人民调解进学校、进企业、进社区等工作，大力推进300人以上企业建立调解委员会。

二是加强流动人口服务管理。按全市统一将流管办划转到区（市、县）委政法委的要求理顺区（市、县）、乡（镇）和社区流管办机构。整合资源，确保有机构、有场所、有人员，真正发挥好指挥平台作用，区（市、县）、乡（镇）、社区要将流管办工作经费纳入财政预算，切实提高保障水平。

三是加强特殊人群管理。加强对吸毒人员、刑满释放人员、社区矫正人员、“失学、失业、失管”青少年的管理，促进社会和谐稳定。以问题和需求为导向，转变管理模式，探索社会共同治理方法，在发挥政府主导作用，培育和发展专门社会组织，实现社会多元共治、各方参与、良性互动，探索特殊人群管理机制。

（二）平安建设工程

一是建立健全社会治安防控体系。全面落实社会治安综合治理责任制，开展平安创建活动，大力整治影响社会稳定的突出问题，建立和完善动态环境下有效预防和控制犯罪的巡防机制，形成网络化布警、全天候监控、整体联动、攻防兼备的社会巡防网络；加快推进居民小区、繁华街道、重点单位、公共场所、案件高发区等区域技防建设，提高技防覆盖率。建立出租车司机、环卫工人、物业管理人员、保安、村（居）民志愿者等社会力量参与的社会治安群防群治志愿者队伍，健全平安建设“红袖章”巡逻守护值班队伍。

二是探索平安建设的新思路和新方法。建好用好“三个网”（天网、地网、人网），提高平安建设网格化管理水平。加强“天网”建设：加快实施“天眼”工程，实现视频监控在主城区、中心集镇以及产业园区全覆盖；加强“地网”建设：以综治工作站、警务站（室）为依托，特警、社区巡防人员构建 10 分钟接处警网络，实现全时空覆盖、全方位防控。抓好乡（镇）、社区、村（居）防控网和单位、企业、公共场所防控网建设；加强“人网”建设：继续加强村（居）网格化管理，整合资源，建好用好各种作战平台，充分发挥“一警两员三队”联动作用，进一步量化优化平安建设考核指标体系，创新网格管理模式，完善“网格”激励机制。

（三）信访维稳工程

一是不断强化信访维稳工作中的依法治理意识。司法机关和政府职能部门要依法认真履职，积极支持信访维稳工作。在充分尊重司法判决、行政裁决结果的前提下，充分用好信访救助资金、涉法涉讼救助资金、执行救助资金等，推进各种疑难信访问题和矛盾的化解。找准信访积案原因，落实部门法定主体责任，严格“信访维稳”工作考核机制，推进区（市、县）信访维稳工作法治化、规范化，贯彻执行好国家信访局出台的《信访事项办理群众满意度评价工作办法》，力求信访维稳工作收到更好的实效。同时，强化信访维稳工作指挥调度，及时化解社会矛盾，妥善处理突出涉稳事件，不断提高突出事件应急处置能力，扎实做好新形势下的信访维稳工作，努力营造良好的经济发展环境和秩序井然的公共社会生活环境。

二是探索创建基层矛盾纠纷化解新型组织。由乡（镇）、社区司法所统筹，支持有条件的村（居）创建（村、居）矛盾纠纷化解组织（如和事佬工作室、村规民约议事室、信访村民议事工作室等民间自治矛盾化解工作机构)，让矛盾在基层第一线、第一时间得到解决。继续加强群众工作站和群众接待窗口工作。培养一支基层矛盾纠纷问题化解工作队伍，并通过严格培训提高调处能力。

(四)法治惠民工程

一是突出“民生为先、法治惠民”理念。建立健全法治惠民的经费投入、人力支撑、措施保障等长效机制。每年确定一批法治实事项目，完善实事工程组织领导、责任分解、协调联动、督查通报和考评激励等制度，确保法治实事工程高质量、可持续、常态化推进。

二是强化便民快捷的公共法律服务。创新工作理念，拓展服务思维，整合各类法律服务资源，通过“法律援助专线”“律师志愿者服务团”“企业法律顾问”等形式，推出法律服务系列产品，使之社会化、市场化，以优秀的公共法律服务为依法治市工作提供强有力的法律支持。逐步配备乡(镇)、社区、村(居)配备法律顾问或法律工作志愿者，为群众提供更具体、更直接、面对面的法律服务，让群众遇到法律问题时能得到快速受理和全程服务。

四、发挥“四个作用”

(一)基层党组织的核心领导作用

一是坚持基层党组织领导的核心地位，发挥好总揽全局、协调各方的作用。正确处理基层党组织与其他基层组织的关系，充分调动各方面的积极性，形成多元主体参与、社会共治、厉行法治的基层治理新格局。

二是切实加强基层党组织书记队伍建设，强化基层治理法治化的核心力量。严格按照“好干部”的标准选优配强基层党组织书记。切实把敢干事、能干事、干成事的好干部用起来，采取上级选派、跟踪培养、群众推荐等方式，将政治素质好、法治意识强、服务水平高，自觉遵规守纪、依法办事，善于做群众工作的党员，选拔到党组织书记岗位。

(二)基层党员干部的推动作用

一是树立法治观念，争做尊法模范。基层党员干部要在尊法上更加坚定自觉，真正内化于心、外化于行，自觉强化守纪律讲规矩的意识，做到心中有责、心中有戒。

二是强化法治思维，争做学法模范。基层干部要先学一步、学深一层，吃透内涵、把握精髓，做到真学真懂真用，切实增强思想自觉和行动自觉，为广大农民群众做出表率。

三是严格约束言行，争做守法模范。基层干部必须从自身做起，严格约束自身言行，在守法上更加严格自律，带头遵纪守法，捍卫法治，时时处处以宪法法律为准绳，谨言笃行，努力做到不该说的坚决不说，不该做的坚决不做，做廉洁自律、秉公执法、不徇私情、不牟私利、清白做人的表率。

四是坚持依法办事，争做用法模范。学法守法，关键是要学会用法，基层党员干部必须学会用法治理念去思考和解决问题，养成遇事找法、办事依法、解决问题靠法的行为习惯，想问题、作决策、办事情，第一原则就是按法律办事，遵循法律规定。

（三）基层法治队伍的示范作用

一是加强司法机关队伍建设。落实从政法专业毕业生中招录人才或面向社会选调法律专业人才的规范便捷机制。通过招录、选调等方式解决司法机关人员缺编的问题，之后形成常态机制，当区（市、县）人民法院、人民检察院、公安分局、司法局出现人员缺编时，应及时进行满员招录、选调。

二是抓好法律服务队伍、行政执法队伍建设。充实司法所（调委会）专职调解员，努力构建社会律师、公职律师、公司律师等优势互补、结构合理的律师队伍。妥善解决法律援助中心机构、人员编制问题。加强行政执法队伍建设，逐步消除协勤和事业编制人员执法等现象。

三是大力培养基层普法队伍。乡（镇、社区）要在村（居）重点培养一批“看得懂法律、讲得出政策、用得通法规”的法律明白人，充实到农村、社区法律宣传、纠纷调处、信息反馈的第一线，充分发挥“法律明白人”在依法治理中的积极作用。

（四）法治示范乡村的激励作用

一是深入组织开展“法治示范乡村”创建活动。总结推广贵阳市以往“法治示范乡村”创建成功经验，全面落实民主选举、民主决策、民主管理、民主监督、村务公开、党务公开、财务公开“四民主、三公开”制度，推进村务活动规范化、民主化、法制化；探索建立农村法律顾问制度，帮助村干部提高依法管理村务的能力和水平。同时积极健全完善“法治示范乡村”创建的考核激励机制，全面激励基层通过开展法治创建来提高法治建设整体水平。

二是巩固“新型社区 · 温馨家园”创建成果。以“新型社区 · 温馨家园”建设为载体，以老旧居民小区改造升级“三年千院”行动为突破口，将老旧居民小区整体改造与社区公益事业项目建设相结合，将项目建设与长效治理相结合，通过因地制宜、放权基层、建立机制，逐步改善老旧居民小区群众生活环境，提高治理水平，弥补民生“欠账”，让社区群众感受到基层治理带来的新变化，不断提升群众安全感和满意度。

五、结语

实现基层治理法治化是法治中国建设不可或缺的重要内容,时间紧迫,任重道远。现阶段是全面推进依法治国的关键时期,这就要求我们必须从全局性、基础性、战略性的高度出发,用法治精神引领社会治理实践、用法治思维谋划社会治理思路、用法治方式破解社会治理难题,不断提高基层治理法治化水平,为全面打造贵阳发展升级版营造公平正义的法治环境。我们相信,在市委、市政府的正确领导下,通过各区(市、县)的积极探索和广大干部职工的扎实工作,在广大居民群众的积极参与下,贵阳市的基层治理法治化工作一定会再上一个新台阶。

参考文献

[1]本书编写组.中共中央关于全面推进依法治国若干重大问题的决定辅导读本[M].北京:人民出版社,2014.

[2]王立峰.法治中国[M].北京:人民出版社,2014

[3]彭澎.农村基层治理变革的法理创新与法治转型研究[M].长沙:湖南人民出版社,2014.

[4]付子堂.法治发展与社会基层治理创新[M].北京:法律出版社,2012.

[5]俞可平.中国治理变迁30年[M].北京:社会科学文献出版社,2008.

[6]李聪.新时期我国基层治理体制创新研究[D].成都:电子科技大学,2012.

[7]胡一峰.困境与对策:关于提高社会治理法治化水平的思考[J].领导科学论坛(理论),2014(4).

[8]徐汉明.推进国家与社会治理法治化现代化[J].法制与社会发展,2014(9).

[9]吴文勤.着力推进社会治理法治化[J].党政论坛,2014(9).

[10]中共贵阳市委关于全面实施“六大工程”打造贵阳发展升级版的决定[N].贵阳日报,2015-01-01.

[11]贵阳实践获2015全国创新社会治理最佳案例[N].贵阳日报,2015-10-10.

[12]中共贵阳市委九届四次全会资料.

第二部分

基层社会治理能力建设

社会资本:影响贵州民族地区农村治理的重要变量

——关于贵州省荔波县水族村寨治理实践的思考

王红梅　韦芝珊[❶]

贵州民族大学管理学院　贵州,贵阳　550000

【摘　要】民族地区农村治理作为社会治理的重要组成部分,是中国独具特色的"草根民主",在民族地区的基层民主建设中发挥着不可替代的作用。以贵州水族村寨的治理实践为切入点,探讨在贵州民族地区治理过程中,社会资本作为影响农村治理的重要变量,必须将传统习俗与现代治理理念相结合,合理利用社会资本,才能发挥其对贵州民族地区农村治理的促进作用。

【关键词】农村治理　贵州民族地区　社会资本

农村治理是一个持续的过程,在组织中,通过多元的治理主体进行利益的相互协调,并采取有效的合作行动实现整体利益最大化的行为。其中包括正式的与非正式的制度安排。十八大报告指出:"加强基层社会管理和服务体系建设,增强城乡社区服务功能,充分发挥群众参与社会管理的基础作用。"[❷]十八届三中全会中也明确提出:"创新社会治理,必须着眼于维护最广大人民根本利益,最大限度增加和谐因素"。[❸] 在新常态下,做好民族地区社会治理工作,关键在党、关键在人,必须加强与领导干部的血肉联系,以服务群众为根本出发点和归宿点,增加村民对基本政府的信任度,通过多元治理主体相互合作的方式,增强整个群体的互惠、互利,进而实现利益的最大化。

"社会资本是以规范、信任和网络化为核心,由各种社会机构、社会成员互动作用产生和发展的具有生产性特征的一种社会网络,具体表现为处于一个共

---

❶ 王红梅,女,贵州民族大学管理学院副院长,教授,硕士生导师。韦芝珊,女,贵州民族大学硕士研究生。

❷ 坚定不移沿着中国特色社会主义道路前进为全面建成小康社会而奋斗——胡锦涛同志代表第十七届中央委员会向大会作的报告摘登[N].人民日报,2012-11-09.

❸ 中共十八届三中全会在京举行[N].人民日报,2013-11-13.

同体之内的个人或组织，通过与内部、外部的对象长期联系、合作互利而逐渐形成的一系列认同关系，以及在这些关系背后沉淀下来的历史传统、价值观念、信仰和行为范式等”。[1] 在研究贵州民族地区的农村治理时应当考虑引入新的变量，而社会资本正是以合作、互惠、关系网络、规范、社会信任为核心构成要素，“这就使得我们发现民族地区的农村治理本质与社会资本的构成要素之间具有天然的契合性，农村治理的发展暗含着一个基本的前提，那就是需要丰富的社会资本作为基础”，[2]来实现多方治理主体之间的相互合作。基于此，本文试图以贵州省荔波县典型水族村寨的治理中引入社会资本为切入点，就贵州民族地区社会治理的创新做一些思考。

一、贵州民族地区农村治理的特殊性

我国改革开放进入攻坚期和深水期，也是问题的多发期，如何进行多方的利益的协调，实现整体利益的最大化，已成为了一个重大问题，社会治理作为协调各方矛盾发挥着巨大作用。贵州作为我国的一个重要组成部分，“多民族”是贵州的标签，也是贵州的一大有利因素，但也给贵州民族地区农村治理增添了许多的可变性、复杂性因素，贵州民族地区农村治理中具有多方面的特殊性。

（一）贫穷落后，与全国的经济差距较大

贵州省地处云贵高原，是全国唯一没有平原支撑的省份，素有“天无三日晴、地无三里平、人无三分银”之说。由于自然环境恶劣，交通发展较缓慢，土地较为贫瘠，农业生产和农民生活用水极为困难，特别是边远村组靠天然降水，农田灌溉主要依靠望天水解决，农产品的产量较低。一方面，多数民族几经波折迁移于此（如苗族、水族、瑶族等），初到该地受到汉族等强大的民族的压迫与排挤。在自然条件和历史过程双重因素的作用下，导致白裤瑶先民在中华人民共和国成立前还是以狩猎和采集为生，甚至大部分人住山洞；中华人民共和国成立后，当地政府开始实行生态移民政策，并把居住在洞穴的瑶族先民接下山，并引导瑶族群众修建房屋，学习种粮食。至今，贵州民族地区尤其是农村地区仍然是我国经济发展的中的“短板”，“全省小康建设落后全国 8 年，落后西部 4 年”，[3]是全国贫困问题较为突出的省份之一。

---

[1] 吴光芸.社会资本投资：区域经济发展的新动力［J］.科学社会主义，2007（5）.

[2] 姜振华.社会资本视角下的社区治理［J］.河南社会科学，2005（4）.

[3] 中共贵州省委教育工作委员会，贵州省教育厅组编.贵州省情教程［M］.北京：清华大学出版社，2012.

（二）宗族势力渗透较为明显

“中国是建立在血缘和亲族关系基础上的低信任度国家，是一种特殊性的信任，对家族以外的人信任度极低”，❶中国政治大多具有通过这种特性而内化于表的“关系”网络特征，每个人都有一张以自己为中心并按照自己的“关系”精心编织的网（政治网络），各个网络交织构成了纷繁复杂的大网，即一种“熟人政治”。贵州民族地区的村落出现连同同姓，排斥异性的现象。在村委会换届选举过程中，庞大姓氏具有明显优势，村干部几乎无“外姓”，通过多方求证也发现多数村民认为：“选自己家族的，以后好办事”。在村里也流行一种说法，“里面有人好办事，无人办事难”。这里说的“有人”就是“熟人”这种关系网，“无人”即“生人社会”，这已成为一种根深蒂固的观念。

（三）服务意识弱，干群关系出现“断层”

“民族地区要重视基层党组织建设，加强干部作风建设”。❷ 基层是执行党方针政策的最底部，是国家政权的地基，加强基层党组织的建设，处理好群众与基层干部关系，显得十分重要。在过去，瑶山乡政府不同程度地存在着服务不到位，脱离群众的问题。一方面，基层干部漠视群众、高高在上，甚至以损害群众利益来换取自己更大的利益。特别是部分干部虽身处群众第一线，但作风不正，趾高气扬，“官”气十足，使得群众对基层干部缺乏互信，甚至产生仇视心理，导致群众与干部越走越远。另一方面，由于贵州民族地区交通不便，信息闭塞，加上言语上的障碍，导致一些瑶族群众性格较为封闭，不愿意与人交流、沟通，基层干部在做群众工作时出现“一头热”现象，使部分干部对群众失去信心。

（四）多元治理主体的利益冲突

乡政府、村民委员会、村党支部、广大村民是水丰村治理的主要主体，三者相互之间都存在矛盾，较为突出的矛盾表现在村委会陷入了尴尬处境里。村委会由村民民主选举产生，受村民监督，对村民负责，是村民利益代表。村干部必须通过为村民谋利益、谋福利来获取广大村民的信任和支持。根据《中华人民共和国村民委员会组织法》的有关规定，乡镇政府与村委会不是隶属关系。但在实际操作中，贵州民族地区的村委会与乡政府还是传统的政府上下级的关系。村委会受乡政府的领导，成为乡政府的“代理”。因此，村委会扮演着村

---

❶ 谢治菊.社会资本视角下西部少数民族农村社区治理模式创新[J].农村经济，2008(9).

❷ 中央民族工作会议暨国务院第六次全国民族团结进步表彰大会在北京举行[N].人民日报，2014-09-30.

民的“代表”和乡政府的“代理”双重角色，无论是“代表”还是“代理”其目的和利益应该是一致的。但在现实中，许多因素（收取基础建设费、征收劳动力等）致使村民的意愿与乡政府的意志相左，这就导致了一些隐性的矛盾和问题。

（五）基层干部办事效率较低

贵州民族地区基层工作人员与我国多数乡镇的工作人员一样，一旦被政府机关录用，加上晋升机会较为单一，考核机制形式化，便会对工作产生消极懈怠的情绪，养成了散懒的工作作风，缺乏工作热情，把工作当成了“铁饭碗”，出现互相推诿责任，敷衍了事的现象。甚至对自己的工作业务不熟悉，工作效率低下，得过且过。随着市场经济的发展，部分工作人员滋生了拜金主义、享乐主义的不良作风等问题，奢侈腐败现象频发，种种问题的不断凸显，造成与党和政府全心全意为人民服务的工作宗旨格格不入的局面。在新常态下，党和政府加大反腐倡廉的力度，拓展群众路线的学习范围，加之“八项规定”的颁布，转变工作作风，提高政府工作人员的办事效率势在必行。

综上所述，贵州民族地区农村治理是一项任务艰巨、较为复杂、可变性因素较大的工程，这为社会资本的介入提供了有利条件，它有利于破解投资成本过大、干群关系“断层”、多方利益冲突、提高办事效率低等困境。

二、水丰村治理：引入社会资本的可行性分析

本研究以 2015 年 8 月入村调研的资料为基础展开分析。水丰村是贵州省的一个典型民族村寨，位于荔波县西南部，距荔波县 9 千米，全村共 1 所小学，总耕地面积 3517.4 亩。该村下辖 10 个自然组。全村共有 382 户，吴、韦、蒙、胡、陆、莫、姚、易、欧、刘等 10 个姓氏（其中，吴姓氏 249 户；韦姓氏 40 户；胡姓氏 36 户；刘姓氏 13 户；蒙姓氏 11 户；陆姓氏 10 户；莫姓氏 8 户；姚姓氏 7 户；易姓氏 5 户；欧姓氏 3 户）（如下图所示）。该村共有 1507 人，少数民族人口 1423 人，水族为主体民族，大专以上文化程度 75 人，外出打工人数 516 人。村民的主要收入来源于种植、养殖业及外出打工，2015 年人均年收入为 5800 元，2013 年全部实现村村通公路。[1]

[1] 该数据于 2015 年 8 月在贵州省荔波县水丰村村民委员会获之。

由下图可看出，该村“吴”姓氏，占了较大的比例，通过调查和多方求证，该村存在了在浓厚的宗族势力捆绑的利益团体，这给当地的社会治理带来了较大挑战。

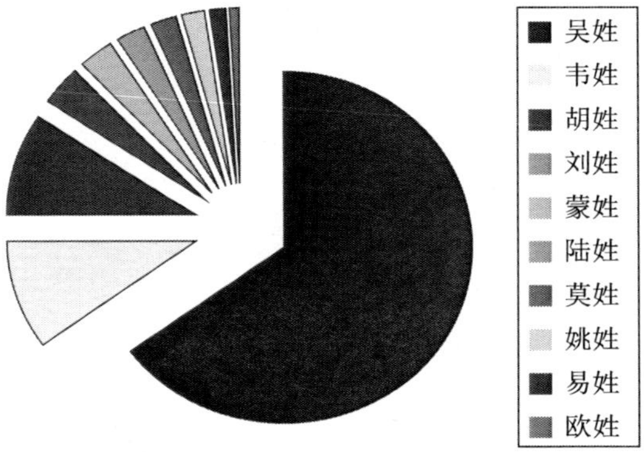

图1 水丰村姓氏比例图

（一）民族心理

何谓民族心理？民族心理是一个民族的人们在日常生活中形成和积累起来的对一切物质关系、人们生存的社会条件的反应。[1] 民族心理具有保守性、稳定性、唯一性等特性，包括了民族气质、民族性格、需要、兴趣等内容。民族心理的形成，与该民族所处的地理环境、生活方式、社会关系等息息相关，它是一种无形的、内在的、深层的无意识结构。此外，民族心理可以体现一个民族的处事原则、对事态度、活动方式等。水族是一个历史悠久的民族，学界普遍认为水族源于古代越人，根据水族口头文学，由于战争原因，往今贵州、广西等地迁移并定居于此。主要分布在贵州省黔南、黔东南地区的三都、荔波、榕江、从江、麻江等地，经过社会发展的长期沉淀、积累水族形成了自己独具特色的心理，具体表现在民族气质、性格、情感、兴趣、需要上。多种因素共同的作用形成了水族人民安静与活泼同在的民族气质，水族人民活泼、富有生气同时也安静、勤于思考，质朴、随和、勤劳、勇敢、大方、内敛、保守、节制、谨慎的性格是水族人民的标签，从另一方面来看，这些独特的“标签”，是水族村寨社会治理宝贵的社会资本，在农村治理中要求村民团结，协调多方治理主体，形成合力实现合作，与民族的心理特性有着天然的契合性。

[1] 杨昌儒.民族理论论纲[M].贵阳:贵州人民出版社,2006.

（二）寨老权威

水族村寨的寨老（也称“头人”）是自然形成的，是一村寨之长。一般是辈分较高，年纪大的；或能说会道，办事公平，为人正直，热心村里公益事业，并在村民中有一定威信的中年人充当，不能世袭。寨老拥有的权威和信任都是长期在村寨实际工作中积累、沉淀的结果，这种寨老取得信任、权威后，如果办事没有较大差错，人们就会一直保持这种信任和权威。水族中没有世袭寨老，也很少有终身的寨老。寨老没有特定的报酬、和特殊的权力，平时也要参加劳动生产，仍然依靠自己耕种土地生活，他们的经济生活条件也没有超出本寨同等家庭的标准。寨中的各种公益事物由寨老主持，此外，负责调解纠纷，组织生产活动，召集村民议事，执行惩罚等。寨老为村寨办事，只不过是一种公益性的行为，有时因为事务处理得当，当事人会送小礼物以作答谢。相当长一段时间当地流传着“一个村寨管理的好坏，全靠寨老头人的能耐”的说法。寨老在实际生活中取得村民信任、获得了权威，寨老的工作是一种成就感的体现，希望的是村寨人们的信任和认可。虽然水丰村“寨老管理”不复存在，但是，“寨老管理”遗留下来的尊重老人或“头人”权威在某种程度上成为水族村寨农村治理的重要社会资本。

（三）村规民约

“村规民约”，顾名思义是村庄赋予其成员资格享有者的一种约定规则及权利界定。❶ 在水丰村的村规民约通过开会讨论，由村民委员会制定，经过签署生效。村规民约也是水族农村治理的重要社会资本，村规民约的规定的许多方面都有利于农村治理。水丰村的村规民约里规定了以下几个方面有利于社会治理。❷ ①发展经济。“鼓励村民发展各种形式的合作经济和其他经济”等。②法律宣传。“宣传宪法和法律、法规和国家政策，维护村民合法权益”等。③社会治安。如规定“邻里之间和睦相处，相互尊重；设治安保卫、人民调解委员”等。④生态保护。如“植树造林、保护植被、合理开发利用自然资源”等。⑤文化教育。如“普及科技卫生知识，重视教育”。⑥精神文明。“尊师重教，尊老爱幼，文明礼貌，不得偷盗”等。上述六个部分的规定，潜移默化的存在于村民的脑海之中，并形成道德规范和为人处事准则，这在很大程度上解决了农村治理的困境。

---

❶ 周怡.共同体整合的制度环境：习惯于村规民约——H 村个案研究[J].社会学研究，2005(6).

❷ 《水丰村村规民约》资料于 2015 年 8 月来源于水丰村村民委员会.

三、社会资本对贵州民族地区农村治理的促进作用

（一）提高村民的参与意识，增强治理活力

在民族地区的多数农村中由于受到经济发展、生活条件的制约，村民与生俱来带有盲从性、私立性使得村民的“自我管理”意识较为薄弱，社会参与率较低。由于我国经历了几千年漫长的封建社会，在这期间，封建等级等观念与民族宗教已经深深地植根在少数民族农村社会之中。社会主义制度的建立，使我国的政治体制发生了根本性的变化，但是民族地区的农民民主意识匮乏现象还较为普遍。受教育程度也是对村民的参与意识有巨大的影响。俗话说：“读万卷书，行万里路”，读书使人聪慧，使人眼界开阔。据调查，水丰村大专学历以上的人口只占到了总人口的5.013%。可见，受教育程度较低与村民的眼光狭隘在某种程度上呈正相关。社会资本中的互惠机制、信任规范的产生，增加了集体共同行动的能力，提高了整个集体的士气和活力。处于整个村寨的组织当中，认同所处社会关系网络，通过合作互惠的形式形成某种利益的链条，在利益链条上尽可能实现收益的最大化，从而是最后的成果涉及每个参与者，这样有了较好自治、求发展意识的社会资本环境，会自然而然地带动当地村民参与村内事务程度意识的增加。

（二）增加信任，有利于提高工作效率

何谓信任？纽顿认为“信任就是在最糟糕的情况下，其他人不会故意损害你，而在最好的情况下，其他人将站在你的利益的角度采取行动”。❶ 福山认为信任是社会资本的重要组成内容，更是前提和基础。可见，随着时间的推移具有积累倾向，带有一定生产性的社会信任，对提高农村治理的工作效率具有重大作用。此外，卢曼从一种新功能主义的理论角度来界定信任，认为信任是用来减少社会交往复杂性的机制。❷ 社会信任之所能减少复杂性的过程，为管理决策获得了更多资源，是因为它能预测到将来有可能或即将要发生的一些情况，避免意料之外的事情发生，从而使即将处理的事物简单化。社会信任具有简化处理事物的周期性功能，因而它可以防范或降低风险意识，缩小治理成本，提高工作效率。此外，社会信任的依赖、可靠性和预见性，可以形成巨大的集体凝聚力或合力，从而提高工作人员的工作士气，并工作人员获得一种满足感或成就感，进而

❶ 周红云.社会资本理论述评[J].马克思主义与现实，2002(5).

❷ 姜振华.社会资本视角下的社区治理[J].河南社会科学，2005(4).

保障整个集体目标的有效实现。在农村治理中缺乏社会信任，就必须花费大量资源建设检查、防范机制，以防止整体利益受到侵害。最后，“信任是社会关系的黏合剂，它能够使原本处于原子化状态的个人建立起合作互利的关系，从而提高社会行动的效率”。❶

（三）发展农村的合作互惠，促进农村经济提升

美国著名学者亨廷顿曾说过，民主水平与经济水平存在着一定的相关性，经济发展水平越高的地区，民主水平也较发达。同时，发达的经济可以降低农村治理的物质成本和人力成本。当前，制约贵州民族地区农村治理的重要因素是经济落后，因此，必须大力发展贵州民族地区的经济，为农村治理提供重要物质基础。在民族地区的农村，存在着一种建立在共同价值观念基础上的社会纽带，产生一种特殊的社会关系，这种关系从正式和非正式的组织中获得，具体表现为一个人对本村庄的认同感和归属感。从某种程度上来说，这种认同感和归属感有利于促进村民进行合作。如：随着社会的进步、经济的发展，多数村民被迫背井离乡挤进“打工潮”的队伍，但村民从内心深处是不情愿离开家乡，这是被形式所迫，但凡有一丁点机会，他们更愿意留在家乡。因此，在农村治理过程中，应该考虑创造这“一丁点”机会，生活在村庄里的村民更愿意通过合作达到互惠。“比起一次性交换，互惠机制强调‘交换’行为的多次、重复和预期性”。❷ 这样一种互惠关系经过长期的重复博弈，最终会通过惯例、习俗、礼仪传统等非理性形式固化为文化的形态而延续下来，潜移默化为人们的内心习惯和日常行为之中，从而形成一种高度生产性的社会资本，提高整个村族的团结互助水平，从而促进了民族地区农村中的乡风文明。❸ 由此观之，社会资本对于贵州民族地区农村治理创新有较大作用。

总之，贵州民族地区农村治理具有的特殊性，在研究贵州民族地区的农村治理中应当考虑社会资本这个变量，它与农村治理的本质有着天然的契合性，社会资本中的信任、关系网络、规范、互惠的核心要素社会资本具有人力资本、物质资本等无可比拟的优越性，“社会资本提高了投资于物质资本和人力资本的收益”。❶ 因此，在贵州省贵族地区这个特定的区域、特定的民族中也具有特定的

❶ 吴开松.社会资本与民族地区农村社会管理创新[J].华中师范大学学报（人文社会科学版），2012（2）.

❷ 吴开松.社会资本与民族地区农村社会管理创新[J].华中师范大学学报（人文社会科学版），2012（2）.

❸ 张艺，陈洪生.村民理事会以社会资本理论为分析视角——以江西省幸福社区为例[J].甘肃行政学院学报，2008（3）.

❶ 姜振华.论社会资本的可信构成要素[J].首都师范大学学报（社会科学版），2008（5）.

社会资本,引入社会资本理论研究该区域的社会治理具有较大的必要性和可行性,它有利于提高贵州民族地区农村治理投资的物质资本和人力资本,增强基层政府的办事效率,实现该区域整体利益的最大化,增多当地的和谐因素,适度丰富民族地区的社会资本可以为民族地区农村治理创新提供了一条新途径、新路子。

参考文献

[1]罗伯特.D 帕特南.使民主运转以来[M].王列,赖海榕,译.南昌:江西人民出版社,2001.

[2]林南.社会资本——关于社会结构与行动的理论[M].上海:上海人民出版社,2005.

[3]卢福营.村民自治与阶层博弈[J].华中师范大学学报,2006(4).

[4]吴光芸.社会资本投资:区域经济发展的新动力[J].科学社会主义,2007(5).

[5]吴理财.中国农村治理60年:国家的视角[J].探索与争鸣,2009(10).

[6]谭兴中.新农村治理模式探讨[J].政治学研究,2010(6).

后工业化对“执行者”角色政府的挑战及转变*

乔姗姗❶

贵州民族大学管理学院　贵州，贵阳　520000

【摘　要】近代政府是建立在政治—行政二分的基本框架之上，政府作为行政观念形态的现实存在组织形式被设定为执行者角色。政府存在的合法性就是执行政治命令以履行有效管理社会的职能。随着社会进入后工业化进程，政府失灵的现象频频出现。当我们追根溯源思考这个问题时，我们发现其本质原因在于政府执行者角色已然不再适应后工业化社会的治理需求，政府的存在价值已不再局限于“回应”社会诉求的层面。面对社会其他组织日渐强烈的自治行动诉求，合作治理社会的模式逐渐成形，政府的服务者角色意识逐渐觉醒，政府从执行者向服务者的角色转型是从本质上解决政府失灵问题的重要方案。

【关键词】后工业化　执行者　服务者

角色的概念是社会心理学从戏剧舞台用语中借用过来的，美国社会学家米(R·H·Mead)和人类学家林顿(R·Linton)较早地把“角色”这个概念正式地引入到社会心理学研究领域。社会角色是在社会系统中与一定社会位置相关联的符合社会要求的一套个人行为模式，也可以理解为个体在社会群体中被赋予的身份及该身份应发挥的功能。换言之，每个角色都代表着一系列有关行为的社会标准，这些标准决定了个体在社会中应有的责任与行为。由上可知，角色概念一般用于界定于个体的研究层次，而此处从角色的研究视角来探讨政府，就是指政府被社会组织所期待的扮演角色。或者说，政府预期实现其组织存在的合法性，就必须严格按照社会为其设定的预期角色来规范自己的行为。进一步而言，在政治—行政二分的理论假设前提下，政府就被设定为执行政治命令的角色，政府通过对社会的有效管理来实现对此角色的诠释。

---

* 基金项目：本文是江苏服务型政府研究基地成果。

❶ 乔姗姗(1983—)，女，贵州民族大学管理学院，副教授，博士，南京大学服务型政府研究所研究人员，研究方向：服务型政府。

一、政治—行政二分：政府“执行者”角色的生成

在工业社会，政治和行政是公共生活领域的主要组成部分，行政从政治母体中孕育而出，随着行政学科的形成和发展，政治与行政的分化日趋明显。政治负责表达国家意志，所以，政治形成了决策者的角色。行政负责将政治的决策具体执行，所以承担起执行者的角色。可以说，正是政治—行政二分才塑造了决策者和执行者的二重角色。在工业社会的治理模式中，执行者角色由政府来具体承担。从政治的视角而言，政府的执行者角色体现在于对政府绩效衡量标准就是能否遵循国家意志、有效率的执行政治所制定的政策。具体而言，国家政治的普遍性诉求是保障社会秩序，为经济发展创造良好而稳定的社会环境。这种政治意志传达到政府并由其具体执行落实，政府通过对社会的有效管理以实现政治意志。因此，政府在履行管理社会的职能时，也充分体现了其执行者的本色。

（一）政府“执行者”角色的理论证成

通过对行政学发展理论的梳理可以发现，从威尔逊确立行政学科伊始，就明确了政府在公共领域中所扮演的执行者角色。威尔逊在谈及行政学的主要研究内容时提到，行政的关键问题就是要解决政府怎样能花费少但是效率高。威尔逊显然把行政学放置在了一门技术科学的地位，换句话说，政府的关键职责就是如何加强专业知识、提升技术能力，以保证更好更迅速的执行政治决策、实现国家意义。至于政策是否符合社会现状、是否能够有效解决社会问题、甚至政策的执行可能会加剧社会问题的恶化等诸如此类的价值层面的问题，都不在行政的考虑范围之内，也不存在行政的职责之内。根据威尔逊这种理念建立起来的政府理所当然地是一种纯粹形式化和专业化的行政机构，它的职能就是执行政治所确定的政策，效率成为这种执行政策活动的主要目标。

古德诺在威尔逊理论的基础之上对政治与行政的关系进行了更加深入的探讨，他认为，两者之间更多的应该是一种协调关系。政府的职责是执行政治决定，在实际的执行过程中有时又会担负起表达国家意志的责任，但是这种表达仅仅体现在具体行政活动的细节之中。当然，国家及立法部门作为表达政治意志的主要机构，名义上只是负责表达国家意志，但是实际操作中它们有时也会执行政策、法规。在这里可以看到，如果说威尔逊是对政治—行政二分做了框架性界定的初步工作的话，那么古德诺已经把行政工作如何具体表达国家意志进行了细化的考量，也就是开始思考政治—行政二分具体化的实践路径。古德诺在对政治与行政二分的实践方式考察中，虽然观察到并不能对两者进行完全泾渭分

明的划分，但是，他仍然只是在二分法的框架之下协调政治与行政的关系，行政的主要任务依然是执行政策。

20 世纪 70 年代兴起的新公共行政运动从表面上来看，是对罗斯福新政之后的行政进行全面的反思，实质则是企图重新解决政治与行政的关系的问题。新公共行政运动提出建立起高级文官制度，通过一个法案确定高级文官的地位，增强任命官员数量和民选官员数量。新公共行政运动的实质并没有撼动二分法的基本框架，只是从量化的视角提出了一系列具体的对策，以期望对政治与行政的关系做出策略性调整。20 世纪 80 年代新公共行政走向了沉寂，新公共管理运动的时代开始兴起，新公共管理运动无非也是在权力如何行使的问题展开讨论，只是新公共管理运动选择了不同于新公共行政的路径对政府行政模式加以调整，即借鉴了企业管理的方式运用于政府行政工作中，但仍未脱离二分法的基本思路。

到 20 世纪 90 年代中期，新公共管理运动就受到了尖锐的批判，一种是新公共行政运动再度兴起对其发起的挑战，一种是后现代主义对行政的重新解读。然而，这两种理论并未找到合适的行政实践路径，通过对行政学经典理论的分析，从某种角度上而言，西方的理论基本没有脱离过政府作为执行者的这个基本元理论框架。这一点在西方学者们自己的理论自觉反思中也有所体现，在 1946 年，弗里茨・马克斯(Fritz Morstein Marx)主编的一本影响颇为深远的文集式教科书——《公共行政的要素》。在这本书的开篇中，维格(Jhon A.Vieg)列举了公共行政的三大要素：①与立法部门的有效关系(私人行政中是和董事会)；②行政首长及其幕僚将立法部门制定的政策转化为可执行方案的能力；③履行执行职能的人赢得下属支持，以有效实现政策目标的能力。归纳起来，这三大要素就是 execution，administration 与 management。这三个词语的意思不是完全分立的关系，但是，它们彼此却代表了不同的意思。第一个词语是指政府遵循国家意志执行的意思；第二个词语包含了行政人员具体执行所应具备的专业技术能力的意蕴；第三个词语则是描绘了政府内部对行政人员管理的现状。通过考察政府的这三大要素，我们可以认识到，行政基本就是意味着政策的执行

(二)政府在社会管理实践中的“执行者”角色体现

当学者们思考工业社会及其行政的建构问题时，都需要植根于现实的生活世界。同理，威尔逊提出政治与行政二分也是为了解决当时西方党争过程中行政权力被滥用的现实问题，由于执政党的频繁更换从而导致社会的政策也随之变动，民众的生活因此而变的动荡，社会因为党争而陷入不稳定的状态。所为为了解决政治不稳从而导致社会混乱的现实问题，威尔逊提出了政治与行政由两支不同的队伍组成的思想。“彭德尔顿法案”则是在解决“党争”问题方面做出

了实践安排,《1883 年彭德尔顿联邦文官法》成为美国文官制度中实行功绩制的基本法,是美国文官制度由政党分赃制转为功绩制的法律依据,并在现实对政务官与事务官进行了分离,从社会实践的层面确定了政府扮演执行者角色的理论。特别是马克思·韦伯所创建的官僚制组织理论,为行政实践提供了实体性支持,使得政府的执行者角色在现实的治理过程中成为切实发挥作用的治理力量。

政府充分体现了执行者的本质,即,通过专业的技术来有效管理社会。威尔逊曾这样界定政府的职能,所谓行政就是执法为公,也就是具体细化了的事务性行为。政府为了行使好有效率管理社会的职责,也发展出自己的一套管理社会思维逻辑。政府为了使得社会能够自觉遵守它所指定的规章制度,工业社会的政府总是非常乐意去自己花费或鼓励兴办学校,通过学校的教育和培训,把这种遵循社会规则的思路转变为上进心、责任心和忠诚度塑造学生。这时政府的社会管理方式已经通过一种潜移默化的形式被社会所接受,政府具有控制性意蕴的社会管理模式和行为逻辑,则以一种合理化的形式呈现出来。政府本身所扮演的是价值祛魅的执行者角色,因此,不能用价值教化的形式来教导社会中的民众按照政府所制定的制度行事,但是,政府通过此种形式使得社会能够顺从政府对社会的规制,从而政府以价值中立的执行者角色实现了对社会的有效管理实践。

随着社会的发展,政府对社会的管理似乎深入到了社会生活的每个方面,学者对政府“无所不管”的状态也有所探讨。迪莫克认为,政府需要面对民众具体的生活问题,如教育、医疗、住房、食品保障等具体而琐碎的问题。也正是由于此,我们生活的所有方面总是无处不闪烁着政府的影子,“有问题找政府”的观念童叟皆知、无人不晓。政府职能的完备性似乎已经让人们看不到政治的踪迹,甚至有了行政国家的说法,可以说,政府成为维持社会运作的必需品。随着社会发展的需要,政府职能也经历了一个变迁进程。从最初的“守夜人”,仅仅提供简单的公共物品,当最后无所不包的凯恩斯干预主义的全面复苏。保护职能和干预职能,就预示着政府的管辖范围基本囊括了社会生活的所有方面。说明社会的发展导致对政府的依赖性更强了,政府的管辖范围似乎囊括了社会生活的方方面面。这向我们预示着,政府已经不可能带停留在单纯的执行者角色了,政府的执行者角色俨然已经无法有效解决社会问题。

二、后工业化给政府传统角色带来的挑战

在工业社会发展到顶峰之时,也是工业社会已经无路可走之时,一种新的社

会形态开始出现。准确地说,丹尼尔·贝尔第一个提出了这个概念,他认为后工业社会是工业社会各种趋势的继续。后工业社会成为继工业社会之后的一种崭新的历史时期破土而出,后工业化社会为我们带来了截然不同的生产模式、生活方式以及社会结构。最为关键的是,后工业化社会改变了人们之间的社会关系,也正是这种社会关系的改变才带来了社会治理结构的根本转型。后工业化是在工业化之后的另一场的新的运动,全球化、后工业化的社会生成了高度复杂性和高度不确定性新的基本特征。

(一)全球化、后工业化背景下的政府角色挑战

目前,研究者们已经意识到社会进入了一个新进程,但是有关这个进程的命名还存在争议,后工业化社会是一个较为普遍接受的概念。后工业化意味着我们并没有建成的社会形态,是一个工业社会向后工业社会转型的过程,所以,有关后工业化社会的研究也只能说对将来的一个预测。一般认为,从 20 世纪 80 年代起人类社会就开始逐渐进入了后工业化的历史进程。网络化是后工业化社会的一个关键特征,网络化意旨是全球变成一个网络,网络化的概念不能局限在局域网的范畴之中进行理解。网络化意味着没有任何网结存在的去中心结构,从技术上看,目前尚未形成真正的网络结构,即使是也仅仅是网络结构的初级形态。在后工业社会背景中,世界的整体形态是平的,而工业社会的平等是建立在中心—边缘结构基础之上的。政府作为执行者享有管理社会的权力,那么政府就是社会生活格局中的中心。但是,在后工业化社会的网络化结构中,人们的生活实现了实质的平等,每个人都即是信息的发布者又是信息的接受者,政府和社会的信息对称足以撼动政府的中心地位,因为,信息的共享使得政府丧失了对社会进行管理的优势。当政府与社会以平等的姿态共同开展社会治理时,政府已然不能以照章办事的模式来强行要求社会必须遵循它的管理。政府执行者角色存在的根基就是依据规则管理社会,存在基石已经不再牢固,政府的执行者角色扮演也就不再适合后工业化社会的背景。

人类社会处在从未经历过的后工业化和全球化进程中,跨国企业和国际组织的崛起都体现了一个共同性,就是全球化的兴起。全球化是不同于资本主义世界化的进程,从脱域化意义上看,资本主义世界化与全球化是形似的,资产阶级的民主理念等普世价值征服了全世界,称之为资本主义的世界化。全球化不是从属于“征服”的需要,不是把资产阶级历史形态和制度通过暴力、资本征服的方式将其强加于全世界。全球化是对多元文化、差异的包容,承认差异、承认多元性,由追求同一性到承认多元化,是话语的转向。早在 20 世纪六七十年代,思想家们就提出了这个理论的转向,最为典型的体现就是差异承认思潮的兴起。

马克思认为可以通过斗争战胜差异，黑格尔论证了调和差异。而哈贝马斯已经开始了话语的转向，提到了包容差异，哈贝马斯在承认差异的前提下，论证了主体的选择和包容他者的思想。然而，包容差异、多元化与执行者的同一性和一元化的基本特征是存在张力的，执行者角色的政府要求制定统一标准来衡量现实生活的是非，但是，承认差异就意味着没有恒定所有人行为的统一性标准，而是要根据实际社会场景进行灵活的判断，显然这种行为方式与执行者的行为思路是不相符的。

后工业化和全球化社会呈现出高度复杂性和高度不确定性特征。随着目前人们的全球化流动和虚拟网络的出现，人类从陌生人社会进入了匿名社会。因为，随着各个国家人群的大幅度流动，每个地区的文化认知和社会体制有所不同，一个地区的身份在其他地区就不再具备意义，长此以往人们的身份标志就逐渐被取消了。网络则改变了人们的沟通模式，人与人的沟通进入了一个匿名交流的时代。进入后工业化时期，社会的流动性区域越来越大，距离的“近与远”增加了社会的不确定因素。“生活在完全陌生的地方意味着处于麻烦之中——因而它需要机灵、活络、机敏或勇气，需要学会别的地方用不着的陌生的清规戒律，需要通过危险的尝试和常常是代价昂贵的错误来掌握它们。”而之所以是“危险的尝试”，其根本原因就是后工业化的高度复杂性和高度不确定性特征的凸显。

（二）“执行者”角色政府不适应高度复杂的社会特征

从20世纪后期开始，人类从工业社会进入了后工业化社会，社会的高度不确定性和高度复杂性特征突显。社会不确定性因素的激增使政府事务日益增多，随着政府职能的扩张，政府不再是有限的政府。由于社会上各个阶层、群体、个体，其利益和偏好不同，他们之间的矛盾甚至冲突时有发生。如果指望设计一套包罗万象的政策、计划、方针，就可以兼顾所有阶层、群体、个体的利益的偏好，化解他们之间所有的矛盾和冲突。不仅绝无可能，甚至出现“恶法”的风险。加之社会各阶层的利益矛盾冲突日益复杂化，导致各类公共突发事件层出不穷，国家安全、社会稳定、人民安居面对着极大的挑战，面对这些民众最关心最现实的问题，政府总是疲于应付而回应性不足。事实证明，引发重大社会政治影响，造成损失巨大的突发事件绝大部分都是由于私人领域方面的政策首先出了问题，再加上政府规制疏漏，从而导致了对社会造成极为恶劣影响事件的发生。产业革命和科技革命给人类带来了由于实践异化而产生的负面后果——全球生态环境的日益恶化和人的个体心态的严重损害。

高度复杂性使得政策的滞后性更为严重，面对变化的社会，政府没有可以对照执行的预期制定的政策法规。政治决策就是对民众意见汇总和提炼,行政执行的则是践行政治制定的政策方针。民主是为了阐述民众参与社会治理、享有社会权利的形式,民主起源于希腊的城邦管理,指拥有公民权的民众对每一项社会事务都有管理权和决策权,这是古典民主的概念,是古希腊对于民主的解释。但是,在国家主义的社会治理模式中体现了民主的一种新的概念,意味着公民及其组织有权利要求和监督政府尽职尽责地管理每一项社会事务,同时有能力追求权力、财富和承认等个性化的价值。在这种民主观念的认知之下,政府被视为理所应当的社会管理的唯一主体,政府对社会管理的具体体现为供给公共服务,执行公共政策。

福克斯和米勒的循环民主提到,社会的问题先转化为政策问题才能进入决策,经过复杂的决策程序中形成法案,成型的法案再交给政府去执行。在这个循环圈中,产生了社会问题解决的时滞性。不尽如此,还要考虑两种情况,第一种情况是不是所有社会问题都转化为政策问题,一般而言,问题比较严重或者具有较大范围的普遍性,才会转化为政策问题,然后进入决策者的视野,才为这个社会解决寻求政策方案。第二,这个循环过程需要经历了较长的时间,时间成本过大导致社会问题可能已经演化的较为严重了,社会为这个问题付出高昂的代价。单纯从政府与社会的关系而言,政府与社会的相辅相成关系更多体现为管理与被管理,甚至还可能是控制与被控制的关系。从社会治理体系中来看政府,政府的行政权处于社会治理前沿,具有日常性的特征,直接每时每刻与社会打交道,立法权在背后,但是这个权力受到了严格的限制。而政府定位在行政执行的角色,往往专注于政策执行的效率,行政人员怎样才能尽快、尽好的执行政策是他们的主要任务。因此,主要关注政策执行的科学与技术的政府远离了政治性。政府没有政治意识,无论政策是否能够治愈现实问题,政府都会通过政策分析来领悟政策精神,按照政策规定准确的去执行。但是后工业化社会越来越复杂,政策要求具有统一性和普遍性,国家政策不需要考虑各个方面的差异,甚至要抹除差异。可是现实是多变的,政策往往跟实际是不一致的,但是政府不允许根据社会具体情况来做出反应,政府只能根据政策僵化执行。如果大量的政策假定场景与实际情况不一致,量变引起质变,长此以往就会激发社会矛盾。

总之,随着后工业化社会的复杂性和不确定性因素越来越多,政策的可调控范围就越来越大。而具体调控的量度则掌握在政府手里,执行角色的政府更重视效率的实现。从而,可能导致社会的各个阶层的公平会被忽视。这样效率在宏观意义上也会受到冲击,效率和公平构成一对矛盾。政府在执行过程中很难兼顾所有阶层的利益,结果政府就只能疲于奔命,陷于被动应付的局面,还引起了社会的不满，执行者角色的政府在社会管理领域的缺陷暴露的十分明显。

三、政府角色重塑：由“执行者”到“服务者”

后工业化社会是网络普及的时代，民众的个体意识越来越强烈，人们的沟通、对话方式正在经历一场巨变，随着网络“微时代”的情感价值表达出现。民众开始强烈感知到自我主观感受的存在，可作为执行者的政府仍然以“照章办事”的行为方式对社会进行管理，民众被理解为一种客观被动的施政对象，政府对客观现象的理解高于或超越了民众体验和民众感知等主体现实。客观化、工具性和理性化取向的公共行政对后工业化社会中的复杂现象理解非常匮乏，况且随着社会民众自治意识的兴起，民众逐渐不再满足停留在表达问题的层次，他们开始展开社会自治的行动。大量非政府组织的兴起、微博问政的出现、社区自治的萌生，便已经证明了社会自治现象已经呈星星之火可以燎原之势呈现，民众被动服从政策的局面开始兴起。

（一）合作治理模式下政府的未来角色：“服务者”

在个性化、多元化和网络化兴起的后工业化社会，随着非政府组织的兴起，那些曾经一度陷入沉寂的自愿组织一度获得了广泛的行动空间，社会自治组织力量的崛起撼动了政府作为社会唯一管理主体的地位。政府行为不再只对国家的政治命令负责，政府的行为已经曝光在社会其他组织眼前，政府不仅仅只接受国家对其执行权的监督，所谓的政治与行政二分已经丧失了其生存土壤。也就是说，政治—行政二分认知模式所形成的政府管理社会的模式势必要被时代所抛弃，一种全新的政府与其他社会组织合作治理社会的模式正逐渐形成。在合作治理模式下，需要对政府角色给予重新定位。伴随着社会其他组织“治权”范围的扩张，国家的“治权”开始收缩。但是，这并不意味着从事执行的政府的“治权”也进一步缩小。恰恰相反，政府的自主性的决策空间却有所增加。因为，虽然社会逐渐拥有了实质的社会治理权力，但是，单凭社会组织的一己之力还尚且不能开展社会治理工作，社会组织需要政府的合作和引导才能有效地展开自治活动。如果政府还停留在行政层面的执行者角色，就意味着社会的治理仍然需要听命于国家的政治决策，这显然与“自治”的理念相违背。所以，从公共领域而言，为了适应社会自治的诉求，政府只能由被动的执行者角色演变成积极、主动的服务者，服务和引导社会其他组织开展良性自治行动。

基于对后工业化社会考察的基础上，将政府的未来角色定位在服务者有两个方面的原因。第一，社会自治需求要求政府角色定位为服务者。社会自治组织的合作治理诉求,要求政府必须对本身形式做出相应改变以适合社会治理需求。或者说,政府的行政不仅仅局限于公共领域框架,行政不能只需对政治负责,只承担执行的任务,需要把政府放置在政治部门和社会其他组织的互动中去解决社会问题。那么在政府与社会其他组织互动过程中,最能体现政府在合作中的价值事情是服务于社会自治,为社会自治创造条件,基于此,政府的未来角色可以定义为服务者。第二,合作治理体系的公开性特征决定了政府的服务者角色。政府需要对合作治理体系中的其他部门负责,政府在公共领域和公共生活方面是对民众开放的。与政治的开放性不同的是,行政的开放不是把各种因素纳入行政主体中来,而是让行动以及支持行动的各种因素面向行政体系之外的公开。在此意义上,开放性实际上完全是一个公开性的问题了。真正实现这种公开性的关键就是政府能够以平等的心态展开合作,那么只有服务者的姿态才能拥有平等的心理,而非高高在上的管理者心态。以此类推,也只有具有服务者心态的政府才能具备对社会其他组织负责的意识,而非管理者的责任推诿意识。

总之,角色这个概念本身就不能具体化,因此,服务者也只能是对政府未来形象一种抽象描述。对于服务者角色的政府而言,政府的主要职能不再是单纯对社会进行管理,政府的主要职能是服务于社会自治行动,政府通过提供政策、法律环境为整个社会自治提供服务。新的社会背景要求政府从执行者角色向服务者角色转型,但是这并非意味着政府丧失了管理社会的职能,或者说,并非指服务职能完全取代了管理职能,而是政府重心职能的转移,政府的重心职能从管理转变为服务,寓管理于服务之中,变控制导向到引导导向。

(二)政府组织的内生诉求:重塑“服务者”角色

通过前述论证可知,由于后工业化社会兴起导致社会治理模式变更的外在因素引发了政府角色的转变,其实,政府为了维持组织本身存在的合理性,也促进了政府的角色转型。工业社会政府存在的合法性是为了执行政治性的政策,以专业和理性的态度展开社会管理。后工业化社会中政府存在的价值在于能够服务于社会其他组织展开理性而有序的自治活动,因此,从组织存在合法性和合理性角度而言,政府自身提出了角色转型的内生诉求。

政府成为合作治理行动中的一员,它的作用在于引导和服务于社会实现理性自治。从这个意义上而言,为了适应合作治理社会的新模式政府的“服务者”意识觉醒。这种“服务者”意识不仅仅意味着增加或完善了政府的公共服务职能,而是政府模式的根本性转变。因为,作为“执行者”角色的政府存在价值有两个方面,对于国家而言,能够将国家政治制定的政策执行落实;对于社会而言,通过执行政策,能够对社会实现有序的管理。在这个管理的过程中,公共服务作为政府众多职能的一个部分。但是,"服务者"角色政府的存在价值则完全不同,政府作为"服务者"所面对的是有能力和权力展开自治的社会,社会不再需要政府以照章办事的行为模式展开管理。但是,由于社会中非政府组织的能力有限,需要政府以"服务者"的姿态协调和引导社会其他组织展开理性和有条不紊的自治行动。因此,政府的"服务者"角色不在于单纯的执行和管理,而在于引导和服务于社会其他组织理性参与社会合作治理。

从社会发展的实践而言,我们是在工业社会的政府建构中断的地方,提出了政府从"执行者"角色向"服务者"角色转变的构想,政府的"服务者"角色重塑意味着一种全新的社会治理模式的建构,从属的是一个更高层次的历史逻辑。它不从属于西方政府法治的逻辑,在西方理论演进中找不到它产生的任何逻辑,是人类走向全球化、后工业化社会进程中,由于政府承担的社会治理面临失灵问题的特定背景下,促使政府萌生了"服务者"角色的意识。从 20 世纪 80 年代开始,全球的政府都开始了各种改革,可是 30 年的改革也并未找出政府失灵的根本原因,最后,政府改革自身也失灵了。其实,根本原因是政府建立是从原子化的个人出发的,改革只能从局部调整,政府的"执行者"角色没有从根本性上得以触动。结果人类进入了风险社会,根本性问题没有得到认识,思维被工业社会意识形态限定,致使对政府的改造总是找不到正确的方向。

可见,无论社会需求还是政府自身内在诉求,都证明政府的"执行者"角色已经不再适合新的社会形态,政府危机四伏、处处被动,需要构建新的政府角色来取代它。从逻辑上谈,如果说存在着范式转变,关于政府的"服务者"角色重建则是一个全新的范式。资本权益的实现是政府作为"执行者"实现的战略性目标,其他一切都只是一些战术性的行动。政府的"服务者"角色重建是资本主义已经显现出了其致命缺陷的情况下提出的新思路,是在对全社会的根本利益的关照中提出的政府变革要求。

四、结语

总而言之,面对一个复杂性和不确定因素逐渐递增的后工业化社会,政府对即将发生的社会现象难以准确预测以提前制定预备方案,面对实际社会问题时,政府也就因此丧失了可供其"执行"的对照命令和政策法规,政府从而无法有效对社会展开管理。解决社会治理困境的方案需要把私人领域的风险政策纳入到公共政策的范围之中,那么就意味着,以政府为唯一主体的社会管理模式必须让位于多元主体的协调治理模式,即各种公共部门、私人机构、社会自发组织的协同治理。进一步而言,为了适应社会的变动性,政府的被动执行模式需要转变为面对实际社会情境的主动应对的状态,为了实现这种转型,政府的执行者角色就需要发生根本性的转变。为了实现与其他治理主体的良性协调和合作,政府的本位主义转向他者承认理念;法治的社会管理模式要向行动者的合作治理模式转变;政府的管理型职能向引导型职能转型,最终实现政府的"执行者"角色转向"服务者"角色。从这个意义上而言,只有建设成真正意义上的服务型政府,引导和服务于社会自治行动,才能形塑出适合于后工业化社会发展的合作治理模式。

参考文献

[1]彭和平,竹立家.国外公共行政理论精选[M].北京:中共中央党校出版社,1997:4.

[2]张康之,张乾友.公共行政的概念[M].北京:中国社会科学出版社,2013:40.

[3]彭和平,竹立家.国外公共行政理论精选[M].北京:中共中央党校出版社,1997:15.

[4]丹尼尔·贝尔.后工业社会[M].彭强,译.北京:科学普及出版社,1985:2.

[5]齐格蒙特·鲍曼.全球化——人类的后果[M].郭国良,徐建华,译.北京:商务印书馆,2001:13.

[6]张康之.公共行政的行动主义[M].江苏:江苏人民出版社,2014:24.

[7]张乾友.论政府在社会治理行动中的三项基本原则[J].中国行政管理,2014(6)

[8]查尔斯·J福克斯,休·T米勒.后现代公共行政——话语指向[M].楚艳红,等译.北京:中国人民大学出版社,2013:145.

政治沟通视角下微政务研究*

李晶鑫❶

中共南明区委党校　贵州，贵阳　550000

【摘　要】自媒体时代的政治沟通应致力于社会成员的主体性获取，而微政务可以实现官民的交流互动，促进社会的和谐转型。现实中，微政务提升了中国政治沟通水平，但仍有沟通主体沟通素养与微政务在技术、制度等方面的问题。微政务的发展趋势是从官民的沟通媒介提升为社会成员的主体性获得途径。我国未来的微政务建设应加强知识普及和制度建设，实现微政务沟通有效性；努力培育社会成员的沟通反思意识，构建和谐社会文化。

【关键词】政治沟通　微政务　主体性

引言：微政务的兴起及其研究现状审视

据中国互联网络信息中心于2015年7月发布的《第36次中国互联网络发展状况统计报告》，“截至2015年6月，中国网民规模达6.68亿，互联网普及率为48.8%；而手机网民规模达5.96亿，网民中使用手机上网人群占比由2014年年底的85.8%提升至88.9%”[1]国务院办公厅于2013年10月下发的《关于进一步加强政府信息公开回应社会关切提升政府公信力的意见》指出，要进一步加强新闻发言人、政府网站以及基于微博、微信等新媒体的政务信息发布和与公众互动交流的平台建设。[2]

中国政务微博、微信、App政务微门户为代表的微政务平台的发展规模和增长速度相当可观，为中国社会发展带来深入影响。中国学者对此进行了广泛细致的研究，主要就微政务促进社会管理创新、政府形象公关、民主政治建设、电子政务发展、公共领域构建以及微政务自身的运营管理技巧等方面进行描述性或规范性的研究。但当我们看到微政务对这些方面带来改观时，我们更应深入追

* 本论文是贵阳市党校系统2015—2016年度社科课题青年项目研究成果，课题编号2015019。

❶ 李晶鑫，1989年出生，男，中共贵阳市南明区委党校教师。

问，微政务凭借何种能力促使上述方面发生改观。首先从信息社会的角度讲，“信息是和权力并进而和政治息息相关，随着我们进入信息政治的时代，这种关系会越来越深”[3]P9，信息传播媒介的更替必然会引起政治制度和管理方式的变革。微政务信息平台从本质上来讲是一种信息传播媒介，是自媒体❶的典型代表，其信息传播具有核裂变性、互动性、平民性等特点。正因为它的这种信息特别是政治信息传播方式的独特性，促使了微博、微信和微政务的兴起，引发了社会管理、政府形象、民主政治、电子政务、公共领域构建等诸多方面的改观。因此，我们深入分析微政务对于政治沟通实践带来的影响，对于认识微政务更具基础性意义。其次从政治过程的角度看，我们应认识到社会管理创新、政府形象公关、民主政治建设、电子政务发展、公共领域构建等方面的改观不是一蹴而就，也不是通过构建一套静态的制度安排就能解决（特别是对于中国社会），它们需要一个动态的持续及时间沉淀过程，而在信息时代这个过程的推动力和实现基础就是有效的政治沟通，“沟通功能的实施并不包括所有其他政治功能，但却构成了这些功能得以实施的一个必不可少的前提。”[5]P167基于上述两方面的考量，本研究认为对微政务建设进行政治沟通视角下的探究十分必要。

一、政治沟通理论发展脉络背景下微政务应然功效的探讨

政治沟通理论是随着政治学界新的研究对象与研究方法的出现而产生的。新的研究对象是指超越传统的政治制度、法律等静态结构制度的研究而以动态的政治过程为研究对象，所谓新的研究方法是指注重实证分析的行为主义研究方法。从中外文献来看，政治沟通理论主要经历了三个发展阶段，即“三论”阶段（政治系统中信息的输入、输出和反馈）、政治传播阶段和网络政治沟通阶段。[6]卡尔·多尹奇在1963年出版的著作《政府的神经：政治沟通与控制的模式》标志着政治沟通理论的创立，其后伊斯顿、阿尔蒙德等对政治沟通理论进行了批判、补充，此阶段的政治沟通理论以政治系统的维持和变易为思维起点与终点，着重研究政治系统对其存在环境进行信息的收集、处理、反馈、互动的活动及意义。而随着大众传媒的出现和大众传播学的发展，政治沟通理论进入第二个发展阶段，此阶段着重研究运用大众传媒进行政治传播的实践活动，

❶ “自媒体”（We Media）一词最早出现在美国新闻学会媒体中心2003年7月出版一份研究报告中，谢因波曼与克里斯威理斯两位作者提出了“自媒体”概念：“We Media 是普通大众经由数字科技强化、与全球知识体系相连之后，一种开始理解普通大众如何提供与分享他们本身的事实、他们本身的新闻的途径。”（参见文献[4]）

善于总结影响公众舆论与选民投票的传播技巧，其思维的起点与终点较之于第一阶段更为具体即政党选举获胜，但也有少数批判学派强调大众传媒的社会责任。

从前两个阶段我们可以看出，政治沟通理论的主体性研究对象是政治系统和政党选举，以政治系统维持和政党选举获胜为思维的起点与终点，而民众只是政治沟通理论的客体性研究对象。主体性是一哲学概念，表达的是主体对客体的一种能动的价值关系即主体能动地改变客体以满足主体需要。本文在评析政治沟通理论发展脉络的基础上，提出了主体性研究对象与客体性研究对象两个概念，其表达的意思是学者对某一领域问题的研究会涉及很多研究对象，但这些研究对象有一部分是具有中心地位的主体性研究对象即学者研究的目的是为了维持、完善这一研究对象，而学者对主体性研究对象之外对象的研究只是为了探讨如何调整、改变这些对象以达到维持和完善具有中心地位的主体性研究对象的目的。比如在政治沟通理论前两个阶段的大量研究成果中，政治系统、政党选举是学者们的主体性研究对象，其研究的目的是探讨如何实现政治系统的维持与政党选举的获胜，而对民众、大众传媒等对象的研究只是为了实现上述目标。而政治系统、政党都是工具理性的代表，人类社会中只有人才具有主体性地位，以政治系统、政党为主体性研究对象的政治沟通理论必然缺乏树立人的主体地位的道德伦理引导。随着互联网技术发展，特别是自媒体时代所引发的信源革命[1]，动摇了政治系统、政治精英、政党对信息的垄断，使人民群众的力量得以凝聚，这样的技术变革能否引发政治沟通理论的发展进步呢？

本研究认为基于自媒体时代的政治沟通研究，其主体性研究对象应转变为社会成员，而政治系统和政党选举为客体性研究对象，因为在技术层面上自媒体时代为社会成员间交流互动，社会成员力量的凝聚以及民众与官员进行平等、独立、自由、持续的沟通对话提供了可能，而在价值层面上人的主体性地位理应在社会科学研究和政治生活实践中得到确立。所以在政治沟通理论发展脉络背景下，微政务建设应在构建人的主体性的思维指导下，促进社会成员间的政治沟通，实现社会成员的主体性获得。

[1] 在传播学的概念范围里，“信源”即信息来源。特指信息的拥有者或初始发布者，也称为“新闻源”。所谓信源革命，即自媒体将传统媒介时代潜在的、数量有限的信源及沉默的受众变成了积极的、无限量的传播者（参见文献[4]）。

二、中国社会转型背景下政务微博在政治沟通中的应然功效

学术界对社会转型的理解大致包含了三个层面:一是较为微观的体制层面上的转型,指涉社会中某些极为重要的组织制度方面的变革,多指经济体制的转变;二是较为宏观、注重整体效益的社会结构层面的转型,包含经济、政治、文化、社会等诸领域的整体性转型;三是较为模式化、概念化的社会形态层面上的转型,是对前两个转型层面的一种总体性抽象总结。无论从哪个层面来理解转型社会,都预设着一些共识:整个社会始终是运动发展的,社会的诸领域是相互联系的,且诸领域间的矛盾长期存在,而正是社会诸领域间的矛盾推动着社会整体的运行与发展,社会的理想状态就是社会诸领域间的和谐。从这些共识中,我们可以认识到社会转型的本质就是社会发展的一个特殊阶段,是社会诸领域间矛盾作用的结果,是社会发展的一个质变过程,基本内容就是社会诸领域存在方式及其相互关系发生转变,转型的理想目标是社会诸领域实现和谐状态。然而在理解社会转型的时候,还必须铭记世界的主体是人,社会转型的实现主体是社会生活中的每个人,其转型的最终尺度也应是人。社会转型给人带来的影响有利益取向、行为方式、思想价值观念等方面的转变,正是这诸多方面发生转变的人作为社会转型的主体性力量推动着社会的转型,其转型的最终尺度也就社会成员整体的利益结构、行为方式,以及思想价值观念达到和谐状态,具体表现就是社会中人与人关系的和谐,所以在对社会转型这一问题进行分析时,我们应坚持人的主体地位。然而世界的主体天然是人,但人并不天然是主体。按照马克思主义实践哲学对主体性问题的理解,人只有在全面实践的历史过程中才能获得主体性,这里的实践不仅包括人对自然的实践,更包括人与人关系的实践和人自身发展的实践。人生活在社会中,其实践的进行需要人与人的相互作用,只有实现人与人的相互沟通与了解,人才能对自然、对人与人的关系以及人自身的发展有更全面、自由的认识。并在这种认识的指导下,能动地改造自然、调整社会关系以及反思自我,如此获得主体性的人就可以推动社会的和谐转型。

正如学者所言,中国的社会转型是一个叠加、复合与反复的过程。[7]这主要归因于中国复杂的国情,其复杂性表现在时间和空间两个维度,时间维度上,从1840年算起到现在,短短173年的历史里中国社会经历了西方列强侵略、太平天国农民战争、洋务运动、戊戌变法、清末新政、辛亥革命、北伐战争、新文化运

动、五四运动、抗日战争、新中国诞生、社会主义改造完成、改革开放……时间维度内发生的这些巨变无论对整个社会亦或是社会中的个人都带来了难以想象的冲击，这无疑增加了社会转型的跨度与难度。而空间维度上，中国是一个约960万平方千米领土的国度，从热带到寒温带，从沿海到高原，这些不同的气候与地形必然造就生活在不同地方的人们以不同的性格特征、生活习俗与发展程度，再加上中国56个民族分布其间，民族、宗教问题复杂多样……空间维度内的这些差异性必然影响社会转型的进度与难度。中国社会转型的复杂性决定了中国共产党领导下的政治系统在转型过程中的重要指导地位，但从前文对社会转型的主体分析我们认识到社会转型的最终尺度是人。结合当代来看，官员与民众在社会转型的过程中要进行平等、真诚、有效的政治沟通，以增进相互间的了解与认同，并不断对自身进行批判和反思，从而使官员与民众对社会转型都有一个全面自由的认识，在这种全面自由认识的指导下官员与民众共同融入社会共同体并形成合力推进中国社会的和谐转型。

如此就体现了社会转型过程中政治沟通的重要性，有学者指出当代中国政治沟通体制是权力集中式的沟通体制[8]，这种沟通模式显然不能实现官员与民众的有效沟通，并对社会转型形成全面、自由的认识。然而在自媒体时代，微政务的出现能否为中国政治沟通状况带来实质性改观？本研究认为有这种可能。首先，网络的普及使得微博、微信等新媒体有了广泛的群众基础，而政治系统也在积极把微政务信息平台作为政治系统与社会的一种有效的沟通途径来进行建设；其次，微政务的技术特点使得民众与民众之间、民众与官员之间持续、有效的沟通成为可能，以此可以促进社会成员间相互的了解、认同，以及社会成员的自我批判、反思，从而使得社会成员融入一个社会共同体中。所以，在中国社会转型背景下，微政务应在中国政治沟通实践中实现官员与民众的相互了解与沟通互动，促进二者的主体性获得并对社会转型形成共识，共同推进社会和谐转型。

三、政治沟通视角下微政务的实然功效

（一）微政务给中国政治沟通体制带来的渐进式改观

谢岳在《当代中国政治沟通》一书中对我国权力集中式政治沟通体制做了如下总结：一是沟通动力主要来自科层系统，执政党是当代中国政治沟通的原动力；二是沟通方向主要是自上而下，即从政治系统到哪个社会系统，双向沟通不足；三是政治沟通的统治功能逐渐消失，代之以管理和治理，政治沟通的公共性

在逐渐还原;四是政治沟通的主体以执政党、政府为主,人大、政协的沟通能力在增强,社会沟通主体的沟通能力仍然较弱;五是政治沟通主体的沟通目的主要以执行或支持政治决定为主,政治制约功能还没有成长起来。[8]P193但微博、微信的普及给中国原有政治沟通体制带来挑战,网络技术的发展使得中国政治沟通体制的存在环境发生重大变化,微政务正是在这种环境下出现,并对中国政治沟通体制带来了渐进式改观。

新媒体技术引发的信源革命,以及新媒体信息传播的核裂变性、互动性、及时性等特点增强了民众话语权,网络舆情的爆发力给政治系统带来愈来愈大的沟通压力,在此压力下政治沟通的政治制约功能正逐渐形成。在网络舆情影响下,中国政治沟通的主动力出现了从体制内向体制外转移的倾向。在此情境下,政治系统必须寻找及时有效的沟通途径来应对网络舆情,以防止舆情失控对政治系统造成恶劣后果。而微政务信息平台就是政治系统与网络舆情的连接点。微政务的兴起使得政治系统及时了解舆情动态,并对舆情进行必要引导。微政务信息平台的出现为体制外政治沟通动力提供了一个合法输入通道,渐进地实现着政治沟通动力的体制外转移。

(二)微政务在政治沟通实践中暴露的问题

据国家行政学院电子政务研究中心在《2014 中国城市电子政务调查报告》提供的数据,目前开通政务微博的地级市已达半数,App 政务微门户在重点城市、地级城市开通率分别为 72%和 47%。[9]腾讯研究院和腾讯开发平台行业运营中心联合发布的《"互联网+"微信政务民生白皮书》指出,2014 年政务微信实现了全面发展,总数达 40924 个,平均每个政务微信公众账号关注用户数超过3.6万。[10]一方面我国微政务呈现多渠道快速发展趋势,另一方面微政务在实践中也暴露的一些问题,其主要涉及公众与政治系统两个沟通主体沟通素养问题和微政务这一沟通媒介的相关技术、制度问题。

沟通主体是政治沟通最为关键的要素,沟通主体沟通素养的状况从根本上决定着沟通效果。我国的微政务平台是由党政机关面向公众认证开通的,微政务的沟通主体是政治系统与普遍民众。从政治系统这一沟通主体来看,微政务平台运行的具体操作者是政治系统中的领导干部或日常工作人员,但全国也只有个别地方的党校对领导干部进行了微政务业务培训。而从民众的角度看,虽然微政务平台的覆盖率很高,但真正活跃的用户数量并不乐观,更为重要的是我国民众由于缺乏公共领域生活传统,其公民理性较为薄弱,而政府或社会组织并没有对民众进行有关正确使用微政务平台的知识教育。

微政务沟通实践暴露的另一个主要问题是作为沟通媒介的微政务自身的技

术缺陷和相关制度保障的缺失。一方面,微博、微信用户可以关注政务微博、微信,亦可以关注娱乐性微博、微信,后者因其娱乐性较强更容易被普通网友关注,而娱乐类微博、微信的更新频率往往高于政务微博、微信,如此一来娱乐性信息就会极大地吸引普通微博、微信用户的精力,削弱政务微博、微信的实际影响力。另一方面,通过微政务平台进行沟通毕竟是虚拟性的,如何保证沟通的实效呢？这就需要制定相应的微政务运营管理制度,更需要微政务所存在的制度生态空间的扩展与完善(比如人大制度、政治协商制度、政绩考核制度、信访制度、新闻发言人制度、社会听证制度等),而微政务与这些制度的衔接都存在很大的缺陷。

四、政治沟通视角下微政务发展趋势与提升空间

微政务发展虽然只有几年光景,但我们仍然可以总结出一条宏观的微政务发展趋势:网络舆情调节器→服务信息发布平台→官民沟通交流媒介→社会成员主体性获得途径。

随着新媒体技术的兴起,网络舆情日益成为中国社会不可忽视的力量,一方面,自由化的网络空间实现了普通民众的话语权,使得网络成了反映民意的场域,政治系统要想获得持续的合法性支持,就必须及时、充分地了解网络舆情并给予适当回应。另一方面,从整体来讲当前中国网络环境尚缺乏理性精神的规范与引导,因此对于政治系统来讲必须努力引导网络舆论向着合乎理性的方向发展,以避免因网络舆论缺乏理性规范而对政治系统造成不必要的压力。微政务平台正是在政治系统面临上述境遇下兴起的,因此其最初也是被政治系统用来了解网络舆情并进行必要引导,起到网络舆情调节器的作用。随着政治系统越来越多的部门机构开设微政务平台,一些与民众关系较为密切、服务性较强的部门逐渐利用微政务平台发布一些与本部门业务相关的服务信息,微政务开始成为政治体系发布服务信息的平台。无论是作为网络舆情调节器还是服务信息发布平台,此阶段其信息流通都几乎是单向的一次性流通,政治系统缺乏与网民的互动。伴随着网络舆论的压力以及公务人员沟通意识的提升,微政务平台沟通的互动性功能愈来愈被重视。在未来的时间里,随着微政务平台沟通有效性的提升与社会和谐文化的熏陶,无论是公务人员或普通民众,必然会在相互了解的基础上完成社会成员的主体性构建,对社会整体运行形成共识,在这种共识的引导下,共同推动社会的发展、人与人关系的发展以及人自身的发展。目前,我国微政务平台建设正处于第三个发展阶段的起步阶段,其最终方向是向第四个

发展阶段迈进。因此,我国未来的微政务平台建设应注重一下两个方面:一是加强知识普及和制度建设,实现微政务平台沟通的有效性;二是培育社会成员的沟通反思意识,构建和谐社会文化。

(一)加强知识普及和制度建设,实现政务微博沟通有效性

微政务的知识普及包含两方面内容,一是加强党政干部的微政务知识普及,二是加强社会公众的微政务知识普及。对于前者,中央要进一步鼓励与倡导各级党政机构的微政务建设,充分发挥党校对广大党员干部的教育作用,通过党校培训提高党员干部网络环境下的沟通意识与相关网络知识水平。对于部分地区运用微政务进行政治沟通的成功实践,应认真总结运营经验,并制定案例范本推广学习。加强微政务建设先进地区与落后地区之间的交流,帮助提升落后地区的微政务运营水平,提高微政务服务质量。对于后者,各地方党政机关应对本区域民众发放当地的微政务知识手册,公布当地所有的微政务平台名称、主办机关、服务范围、运营流程及相关工作制度等内容,宣传运用微政务进行政治沟通的一些基本知识与注意事项,保证公众对当地微政务平台信息和相关政治沟通知识有充分了解,鼓励广大民众的政治参与。

政务微博的制度建设也包含两方面内容:一是微政务平台运营过程的制度化建设,二是微政务所依赖的外部环境的制度化建设。对于前者,党政机构应制定具体的微政务运营管理办法,并对微政务的日常运行配置专门工作人员。强化微政务运营部门与党政机关内的其他职能部门的联系机制,对信息回复的期限与方式做出具体规定,实行微政务平台信息回复责任制,把相关职责落实到党政机构的具体部门与人员。定期组织微政务运行情况的检查考核,并把考核结果记入公务人员的绩效考评。对于后者,应加强中国其他政治沟通通道的制度化建设,实行多渠道沟通与信息分流。只有把沟通的信息量控制在合理范围,微政务平台的沟通才会出实效。因此,应积极完善人大制度、信访制度、新闻发言人,以及社会听证制度等相关政治沟通制度。只有实现整个中国政治沟通体制的合理化构建,微政务平台才能发挥其应有的政治沟通功能。

(二)培育社会成员的沟通反思意识,构建和谐社会文化

阿龙·瓦尔德乌斯基(Aaron · Wildavsky)指出,“文化,作为一种社会过滤机制,有助于人们形成政治好恶。这种观点对于理解文化要素如何在同一和不同的政治体系中影响政治沟通非常重要。”[11]另据美国学者马克菲尔(McPhail)在研究美国种族歧视和种族冲突问题时对现实政治沟通的疑惑和忧虑。他认为,政治沟通的一般形式是反对性的或对立性的,其特征是肯定自己、否定对方。

对立性的政治沟通的一个非常可能的结果是沟通双方的远离和仇视。但是,还有另外一种结果可能出现:对立着的沟通各方的合作与融合。这种结果的出现有一个必要前提,即:在对立性的政治沟通过程中产生了能导致政治合作与融合的政治对话。[12]而本文认为导致合作与融合的要素就是沟通主体在充分了解对方及其自身的基础上进行自我反思获得主体性。只有获得主体性的人才会创造性地形成共识共同推进社会发展进步。因此努力培养社会成员的反思意识、构建和谐社会文化对于政治沟通的效果就显得尤为重要。但这种反思意识的培育、和谐文化的构建主要依靠什么途径来实现呢? 邓正来认为推动中国社会发展的主要力量是存在于每个中国人身上的"生存性智慧"。本研究主张把这个反思意识与和谐文化通过微政务平台融入公务人员和普通民众的"生存性智慧"❶里。社会生活中的每个人,都有能力、有责任、有义务去培育反思意识、构建和谐文化,努力在实践中获取主体性,能动地推进自身与社会的进步!

参考文献

[1]第36次中国互联网络发展状况统计报告[R].中国互联网络信息中心(CNNIC),2015-07-23.

[2]国务院办公厅.关于进一步加强政府信息公开回应社会关切提升政府公信力的意见[Z].2013-10-01.

[3]阿尔温·托夫勒.预测与前提[A].托夫勒著作选[C].沈阳:辽宁科学技术出版社,1984.

[4]潘祥辉.对自媒体革命的媒介社会学解读[J].当代传播,2011(6).

[5]加布里埃尔·A阿尔蒙德,小G·鲍威尔.比较政治学:体系、过程和政策[M].曹沛霖等,译.上海:上海译文出版社,1987.

[6]魏志荣."政治沟通"理论发展的三个阶段——基于中外文献的一个考察[J].深圳大学学报(人文社会科学版),2012(6).

[7]郑佳明.中国社会转型与价值变迁[J].清华大学学报(哲学社会科学版),2010(1).

❶ "生存性智慧"由邓正来在推进"中国经验"领域的深度研究而专门建构的一个概念,是指人们在生活实践中习得的、应对生活世界各种生存挑战的"智慧",经由非正式的家庭教育或口耳相传的方式而习得。(参见文献[12])

[8]谢岳.当代中国政治沟通[M].上海:上海人民出版社,2006.

[9]国家行政学院电子政务研究中心.2014中国城市电子政务调查报告[R].2014.

[10]腾讯研究院,腾讯开发平台行业运营中心."互联网+"微信政务民生白皮书[R].2015.

[11]田为民.文化与权力——解读当代西方政治沟通理论研究中的文化取向[J].社会科学战线,2001(2).

[12]邓正来."生存性智慧"与中国发展研究论纲[J].中国农业大学学报(社会科学版),2010(4).

社会治理观念与实践创新的思考

封　毅[1]

六盘水市委党校　贵州，六盘水　553000

【摘　要】创新社会治理，首先要创新社会治理观念。社会治理观念创新，是推进社会治理体系和能力现代化不可或缺的重要内容。历史经验和现实实践都表明，社会治理法治化和基层社会治理自治建设方面的观念与实践创新，具有基础性、战略性意义。

【关键词】社会治理　法治化　基层　自治建设

创新社会治理，首先要创新社会治理观念。社会治理观念创新，是推进社会治理体系和能力现代化不可或缺的重要内容。推进社会治理体系和能力现代化是完善和发展中国特色社会主义制度，推进国家治理体系和治理能力现代化[1]的重要基础工程。当下，尽管创新社会治理观念是仁者见仁、智者见智，但历史经验和现实实践都表明，着力于社会治理法治化与基层社会治理自治建设的观念与实践创新，具有基础性、战略性意义。

一、社会治理法治化

社会治理法治化，就是运用法治思想观念、方式方法和法律法规对社会事务、社会组织和社会生活进行有序治理，化解矛盾，实现社会持续发展、民众安居乐业、国家长治久安。[2]对社会依法治理是社会治理最基本、最有效、最重要的方式方法，是社会文明进步、和谐发展的保障和标志。就中华文明史上的盛世分析，战国时期，秦国就十分重视法律对治理国家社会的重大实践意义，通过商鞅变法，走上了一条“刑生力，力生强”的变法成功之路，使秦国走向强盛，统一了六国，统一了文字、货币、车轨、度量衡等。汉唐时期的“汉律六十篇”“唐律”等，为规范社会秩序、推动经济社会发展进步提供了根本保障，铸就了中国历史上的“文景之治”“贞观之治”的繁荣昌盛景象。宋朝的《宋刑统》法典，成就了大宋的

[1] 封毅，1959年，男，六盘水市委党校、行政学院，教授，副校(院)长。

辉煌业绩，对此，英国著名学者弗兰西斯·培根盛赞说，西方那些发明远不如印刷术、火药、指南针三大发明那么显著，因为这三大发明，改变了整个世界许多事物的面貌和状态，并由此产生无数变化，以致似乎没有任何帝国、任何派别、任何星球，能比这些技术发明对人类事务产生更大的动力和影响。明朝的《大明律》，开创了"洪武之治""永乐之治""仁宣之治""弘治中兴"等盛世，使明朝虽无汉唐之和亲、两宋之岁币，却长大 276 年，期间郑和受命率领世界上最先进、庞大而无所匹敌的船队和海军，七下西洋，远涉太平洋、印度洋、大西洋，不仅引领了人类大航海，创造了世界航海史上的壮举，而且点燃了 15 世纪后的世界文明曙光——海洋文明、工业文明，成为人类历史转轨时期的伟大和平实践。就当代中国的发展繁荣看，中国共产党十分重视法治建设，1954 年第一届全国人民代表大会通过了《中华人民共和国宪法》，1978 年中国共产党十一届三中全会提出实行"有法可依，有法必依，执法必严，违法必究"的法治方针和法律面前人人平等的法治原则，党的十五大和 1999 年宪法修正案确定了"依法治国，建设社会主义法治国家"，2010 年形成了中国特色社会主义法律体系，2014 年党的十八届四中全会做出了《关于全面推进依法治国若干重大问题的决定》，法治建设不但保障着中国特色社会主义的发展繁荣，而且保障着"两个一百年"奋斗目标的实现。[2]就西方文明进步分析，1215 年的英国《自由大宪章》提出"通过法律控制国家权力"，法治取代了人治。1804 年，以《拿破仑法典》为标志，现代法治理念在法国、英国等西方国家兴起，营造了普遍较好的社会公共秩序，推动了资本主义经济发展繁荣，先后出现了英国、德国、美国等世界头号强国，其中美国从建国到成为世界经济强国仅用了 100 多年时间，至今保持其强国地位。历史和现实表明，社会治理创新的首要路径就是探索依法治理的新举措、新办法，全面推进社会治理法治化。

(1)高度重视法治文化建设。法治文化既是法治思想行为的先导，更是法治社会的前提和基础，法治社会的形成有赖于法治文化建设。法治文化，是人们在社会实践中所持有的社会价值观为核心的法治观念、意识、规制和行为等。这种观念、意识、规制和行为，可以通过政策法规来引导、制度机制来规范、教育实践来培养传承。中国特色社会主义法治文化不但具有人类法治文化的共有属性，而且更具有中国特点、符合中国国情。其实质和核心是形成当代中国人的法治文化共识、法治价值取向、法治行为方式。其根本内容既体现先进文化的价值取向、行为导向，又体现权利和义务的有机统一。其重要功能和作用体现为：形成法治观念、法治意识和法律制度、法律规范；形成依法做事的思想观念、思维方式和行为习惯。[3]建设社会主义法治文化，就是要实现"科学立法、严格执法、公正司法、全民守法”；就是要应用法治实践落实社会治理责任、维护社会和谐、保障改革发展；就是要牢固树立法制意识、法治信仰，使人们发自内心信赖法律、认同法律、遵守法律、捍卫法律。

（2）着力加强法治社会建设。法治社会，就是依法治理的社会，是历史发展的大趋势、社会文明进步、和谐发展的根本基础。提升社会治理法治化水平，关键是坚持系统治理、依法治理、综合治理、源头治理，推进多层次多领域依法治理。并重视在法治轨道上发挥发展社会组织的正能量。社会组织是在地方基层党委政府领导下，通过社团管理部门审批，群众自愿参与的，以自我发展、自我管理、自我服务、自我教育、自我监督为宗旨的，依法开展活动的群众性自治组织。其作用是：有利于整合利用社会资源、引导参与方向、解决行政难以解决的问题，有利于构建和再造民众组织、降低管理成本、更好地开展基层社会管理和建设。从一些地方的成功实践看，社会组织如行业协会、专业协会等具有一定的资源优势和熟人社会优势，对促进改革、推动发展、维护稳定、增强和谐起到了重要的补充作用。[3]实践表明，在改革开放深入发展的情况下，正确发挥其自治功能、调解功能，能弥补行政管理、社会治理的真空，能解决基层治理、管理中难以解决的一些现实问题，能为社会公共管理、公益事业、公共服务提供必要的补充。因此，创新和发挥发展社会组织作用，构建起以社区党支部为核心的基层组织与基层社会民间组织互动协同的治理机制，形成基层社会多元治理主体协同一致的共治、共管、共发展的新格局。

二、基层社会治理与自治建设

创新基层社会治理自治建设，对深化改革开放、促进和谐发展，具有十分重要的现实意义。基层社会治理与自治建设，相互促进，互相依存，辩证统一于基层政治、经济、文化、社会四位一体的实践。基层社会治理是政府和社会组织为促进社会系统协调运转，对基层社会系统、社会生活进行有效协调组织所进行的行政服务管理和社区社会组织自治管理的实践。基层自治建设，是以基层群众自治组织为主体、基层党组织为主导而实行的自我管理、自我服务、自我教育、自我发展、自我监督的群众性自治管理实践。[3]当前，虽然改革发展不断推进，物质基础、制度条件不断增强，但新情况、新问题也在增多，人民内部矛盾普遍表现为民生需求、利益纠纷和价值认识差异增多、统筹兼顾难度增大、维稳成本超重等问题。如果存在的问题和矛盾得不到有效化解，就会导致社会稳定发展的形势面临严峻挑战。而社会稳定发展、科学治理的主体是民众、主人是民众、动力是民众,因此重心在基层、难点在基层、基础在基层,迫切需要着眼于观念与实践创新。

(1)树立和实践“保障民权、改善民生、服务民众”的观念,推进基层社会从偏重管理为主向维护群众权益为主的服务性管理和群众性自治管理转变。马克思说,人们奋斗所争取的一切,都同他们的利益有关。列宁说,利益触动每个人的神经。民众的利益主要包括经济、政治、文化三个方面的利益。围绕基层民众这个利益主体的利益发展、实现、维护,强化服务型民主治理、自治型民主管理,更加保障民权、关怀民生、体恤民情,更加关注民心、尊重民主、理解民意,更加关心人、爱护人、尊重人,更加人文关怀、心理疏导、思想疏通,更加重视引导发挥基层社会组织、社会资源、社会力量的积极作用[4],实行基层服务性管理与自治性管理有机结合,促进基层行政治理与居民自治管理、社会自我调节良性互动,让民众共享基层社会建设与治理成果,夯实改革、发展、稳定、和谐的民众基础。

(2)树立和实践“群众参与、发扬民主、尊重权利”的观念,推进基层社会由行政管控为主向协商协调管理转变。随着改革开放的深入发展,民众的民主参与意识、自治实践意识、权利保障意识不断增强,迫切希望在基层社会治理中淡化行政强制色彩,增强民主、协商、自治的管理方式,更加关注以服务为导向的协商来解决问题、化解矛盾、源头治理。四川南江县、山东新泰市等地的实践给我们启示:协商式民主是基层民众广泛参与的重要形式,适应了社会结构和利益格局的新变化,有助于形成科学有效的利益协调机制、诉求表达机制、矛盾调处机制、权益保障机制。协商的重点是管理基层社会公共事务和公益事业[4],适应了民众关注公共事务和公益事业的心理和愿望,有助于形成知民情、汇民意、集民智、聚民力的决策机制,有助于形成目标共知、行为共聚、事情共做、成果共享的发展氛围,有助于形成主体地位尊重、积极性发挥、主动性增强、参与度提高、满意度提升的工作态势。协商的特点是基层社会组织的自治性、调解性,适应了基层社会价值认知差异化、利益群体多元化的新形势,发挥自治性功能和调解性功能,有助于增强民众自治意识、参与意识、有序意识,有助于从源头上构建平安机制、调解机制、和谐机制,形成维护平安、化解纠纷、促进稳定、增强和谐的基层治理格局。

(3)树立和实践“道德建设与法治建设”紧密结合的观念,完善法治与德治、自律与他律有机结合、相互补充、相互促进的基层社会治理文化机制、运行机制。法律源于道德,法治与德治、自律与他律,并行不悖。实现法治与德治、自律与他律的有机统一,是基层治理文化创新的一个重要切入点、突破口,是创新基层社会治理、加强基层自治建设的重要内容、基础工程。既要广泛开展与民众密切相关的法制教育，普遍提高民众的法制意识，使其内化为民众的自觉行动，提升法制的“他律”约束能力；又要广泛深入开展民众思想道德建设，普遍提升民众思想道德水平和“自律”能力，形成民众道德教育与道德约束的新机制。开展基层法制建设与道德建设，是把基层社会建设成为治理有序、服务完善、文明祥和的社会共同体的两大支点，二者互相依存、互相贯通、辩证统一，统一于基层社会治理和基层自治建设实践。当前，在道德建设相对薄弱的情况下，尤其要高度重视思想道德建设。这不仅因为法律源于道德，是法制建设的基础；而且因为法律是人制定的、人执行的、人遵守的，如果人的问题不解决，就达不到应有的效果，甚至会走向反面，所以思想道德建设具有统帅作用。[4]

(4)牢固树立和实践党的群众观，创新和改进群众工作方式方法。党的群众观主要包括两个方面的内容，即：人民群众是社会历史发展的动力、社会实践的主体、社会主义国家的主人；一切为了人民、一切依靠人民，从群众中来、到群众中去。党的民众观是党的“传家宝”，永远不能丢，丢掉了这个“传家宝”，就会丢掉民心、丢掉成就、丢掉政权。因此，创新基层社会治理、加强基层自治建设，必须践行党的群众观，更加注重以人为本、改善民生、服务民众、保障民权，激发民众推动社会治理的积极性、主动性、创造性；更加注重公平正义、统筹兼顾，处理好新形势下的人民内部矛盾，增强做好新形势下群众工作的紧迫感、责任感、使命感，开创基层社会治理和基层自治建设的新局面。为此，树立整体理念，把群众工作贯穿于基层社会治理和基层自治建设的整体即全局工作的始终，贯穿于每一项工作的决策、执行、到结果的全过程，贯穿于整个工作系统。强化服务理念，把服务民生、保障民权的理念和行动融入基层社会治理自治建设中，获得人民群众认可、支持、拥护和帮助。践行民主理念，尊重民众主体地位，倾听民众呼声，吸取民众智慧，完善处理民众利益的协商协调机制，给予利益相关方以平等机会介入到问题的解决过程和决策过程，实行公平、公正、公开讨论和决断，并以民主的、说服的方法为主协商调解民众的问题，以科技时代的新渠道，如互联网、热线电话等，及时了解民众的意见，排查矛盾，解决问题。要增强合力理念，充分发挥基层各群众团体、社会中介组织、行业协会和社会团体在基层社会治理自治建设中的作用，充分发挥退休老干部、老党员、老模仿、老职工在社区治理中的“夕阳红”作用，充分发挥基层干部、党员、党代表、人民代表、政协委员、民主党派成员了解民情、沟通民意的主渠道作用，从而形成基层社会治理自治建设的工作合力。增强化解矛盾的理念，满腔热情地及时解决问题、化解矛盾，特别是在重大项目、重点工作实施过程中，见微知著，早发现、早预警、早解决，把问题解决在基层、解决在萌芽状态，不把小事拖成大事，不把个别问题拖成普遍问题。

这是加强基层社会治理和自治建设的“必修课”“实践课”“能力课”。

增强民众思想工作理念，把民众思想工作理念和为民办事理念贯穿于做好每一项工作，主动办好民众所思、所想、所盼、所需之事，主动通过讲理、讲法、讲策略沟通思想，动之以情、晓之以理、导之以行，赢得民众的理解、支持、帮助和拥护，激发民众建设美好家园、构建和谐社区的自觉行动。[4]能否做好民众思想工作，调动民众的积极性、主动性、创造性，是创新和加强基层社会治理自治建设的关键。

总之，实现社会治理创新，迫切需要从理论和实践的结合上进行多维度探索，构建起充满生机活力的基层社会治理机制，形成民众共建共享的社会治理格局。

参考文献

[1]中共中央关于全面深化改革若干重大问题的决定[J].求是,2013(11).

[2]封毅.国家治理现代化论要[J].中共郑州市委党校学报,2014(2):53-56.

[3]封毅.建设社会主义法治国家:探索历程与发展走势[J].理论与当代,2015(4):9-12.

[4]封毅.观念与实践创新:基层社会管理与自治建设[C].遵义市基层组织与基层民主建设研究,2012.

社会组织参与社区治理的协同机制研究*

——以贵阳市为例

许鹿 明慧 孙畅❶

贵州大学公共管理学院 贵州,贵阳 550025

【摘 要】推行社区协同治理,不仅需要政府对社会主体地位的尊重,还需要发挥其主导作用,构建社区协同治理中的参与平台,关键和核心是建立社区治理的协同机制,着力加强对社会组织的培育与发展,引导社会组织通过政策支持、参与服务、协同管理等方面参与到社区治理中来,最终形成政府主导、社会组织参与、共建共治的社区治理新格局,实现协同共治、和谐有序的社区治理目标。

【关键词】社会组织 社区治理 协同机制

一、问题的提出与研究回顾

作为城市居民生活的主要聚集地,社区是我国基层社会的基本构成单位,也是提供社会公共服务的基本单元和城市管理的最小单元。随着我国封闭式的单位体制逐步被打破,越来越多的"单位人"转变为"社区人",这种转变造就了社会关系与社会功能等社会结构要素不断向社区沉淀,社区已然承接了原本大部分由政府机构负责的社会管理基础工作。为满足社区居民日益多样化的服务需求,社区治理过程中需要多元主体的共同参与,不仅是政府的单一治理,而是政府、社区社会组织、社区居委会、社区居民及辖区企业的相互联系。

在这种背景下,源于西方社会的协同治理理论被引入我国,成为当下最热门的研究焦点之一。20 世纪 70 年代,联邦德国物理学家哈肯创立了协同学(Syn-

---

* 本文系贵州省软科学项目"社会组织参与城市社区治理机制研究——以贵阳市为例"(黔科合 R 字〔2014〕2035 号)的阶段性成果。

❶ 许鹿,浙江大学公共管理学院行政管理专业 2014 级博士生,贵州大学公共管理学院教授,硕士生导师,主要研究方向是社会组织、公共服务。明慧,贵州大学公共管理学院硕士研究生,主要研究方向:社会组织。孙畅,贵州大学公共管理学院硕士研究生,主要研究方向:社会组织。

ergetics),在这一基础上发展起来的协同治理理论是指在公共生活过程中,由政府、非政府组织、企业、公民个人等权力主体共同构成的一个整体系统,各主体在参与公共管理实践的过程中发挥各自的作用,组成和谐有序、高效的公共治理网络。[1]同时,协同治理理论也是对治理理论的发展,在强调治理主体的多元化、治理体系的复杂化以及治理过程的互动性的同时,致力于挖掘协同治理能够实现的社会团结和向心力、凝聚力的产生,以及权力主体间的互惠平等。也就是说,协同可以产生整合力量,以便使所有利益相关者成为参与者,各主体可以按照自己的利益取向参与到公共事务治理中。

改革开放尤其是进入 21 世纪以来,我国社会组织发展迅速,社会组织已然成为基层治理领域中非常重要的组织形式。学术界的共识是它们可以提供各种各样的社会服务,弥补政府和市场的不足(王名,2010);也是推动当代中国国家与社会关系转型的重要力量,还可以促进多元社会的整合(高丙中,2011),推动社会管理创新。在社区治理中,社区社会组织发挥的协同作用,已经引起了许多学者的关注,有学者从政府治理水平和社会发育程度的角度进行考量,认为社会协同是当前中国社会建设中政府与社会间关系的现实选择。社会协同关键在于机制和制度建设,以发挥社会在协同治理中的主体性作用,最终形成政府与社会间协同关系的良性循环(郁建兴,2012)。有的学者从社区社会组织扮演的角色来看,认为支持型社会组织发挥着再造理念、建立支持网络、动员整合资源、提高多组织协同解决复杂问题的能力等功能(张丙宣,2009)[2]。还有人指出,在协同治理过程中,社会组织、企业组织、社区居民、志愿者等所有社区行动参与者,通过与政府的协商与合作,建立起多种多样的协作伙伴关系,进而共同决定和处理社区公共事务,使得过去政府的社区管理趋向于社区治理(陈培浩、崔光胜,2014)[3]。可见,目前学界对社会组织参与社区治理的研究主要关注社会组织具体作用的发挥,但尚未对社会组织参与社区治理的协同机制展开系统研究。基于此,本研究试图通过"政策支持、参与服务、协同管理"视角,对社会组织参与社区治理的协同机制进行分析,通过多案例研究,呈现协同机制。

二、协同机制的分析框架

协同机制的分析框架如图 1 所示。

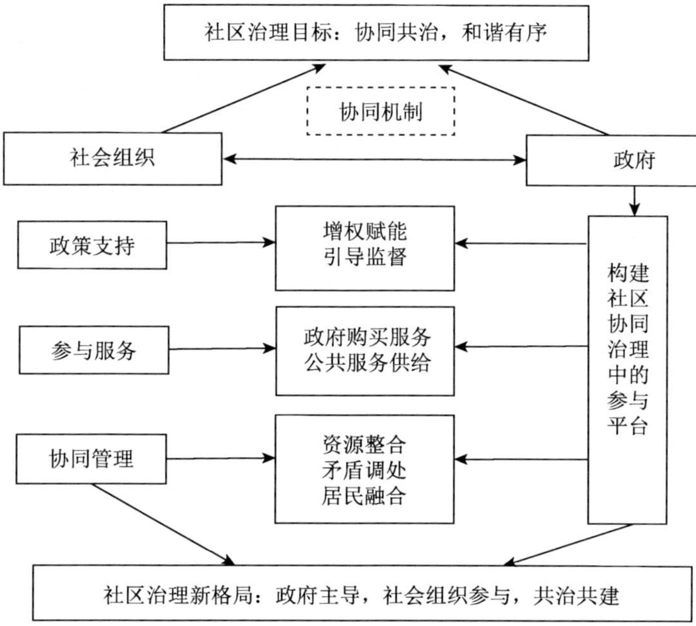

图 1　社会组织参与社区治理的协同机制

(一) 社区治理目标

协同治理机制是指政府在保护并尊重社会的主体地位以及社会自身的运作机制和规律基础上，出于治理的需要，通过发挥主导作用，构建社区协同治理中的参与平台，加强对社会组织的监管与支持，发挥社会组织的作用，使社会组织通过政策支持、参与服务、协同管理三个途径参与到实际的社区治理中来，从而达到协同共治，和谐有序的社区治理目标。单靠政府之力或是社区自治是无法达到这一目的的，这就需要政府与社区的治理合理。这不是以往的“小政府，大社会”也不是政府下达任务，居委会或是社区服务中心完成，在这一过程中我们需要打破传统政府管理的一元格局，改变一元主体下的管控式治理方式、自上而下、居民自治管理或甚是法律手段，形成政府主导、社会组织参与、共治共建的社区多远治理新格局，实现社区治理目标。[4]

（二）政府的角色

政府是社区治理协同机制建立的首要主体其任何行为都会直接或间接对社区的利益整合和资源配置产生重大影响，这就意味着政府既要对通过各种渠道和途径已经反馈到政府手中的事项及问题做出反馈，同时还要积极主动地深入到社区治理的各个领域及角落，收集和发现问题来引导社区治理在健康课持续发展的轨道上不断前进。因此，我们可以看出政府在社区治理机制中处于主体地位，社区治理从一开始就是由政府推动的，所有的政策、措施都源于政府，始于政府，方式方法的选择权也在政府，任何治理活动都不可能脱离政府而自发地从无序走向有序，都不可能离开政府而自主开展。但是在这里需要指出的是，尽管政府是社区治理机制的主题，但绝不意味着居民和社会组织就是旁观者，事实上他们也是不可否认的重要体制建设主题之一。任何治理的目的都是为了解决现有的不足从而为社区居民提供更好的生活服务。为了扶持发展社会组织并发挥其在社区治理中的作用，政府一方面必须转变传统的一元主体，树立多元治理主体、共治共建的新理念综合运用增权赋能、引导监督对社会组织进行政策方面的合法性支持，从而给社会组织的发育成长留出空间；另一方面，政府必须积极建立健全社会组织在社区协同治理过程中的参与平台，[5]主要包括①引导社会组织进行自主治理，充分尊重自治组织，以及各类社会组织的相应权力，推动社会组织的参与到社区建设中去。同时借助其贴近公众、身处基层的天然优势，更好地发挥其在集聚社情民意、表达利益诉求、形成有序参与方面发挥重要作用。是借助本组织自身人力、物力、财力等资源，因地制宜地为组织内部成员提供小规模、个性化的服务和切合自身实际所需的管理，并保持动态化更新。二是实时了解组织成员的各种思想动态和意见建议，由组织代表及时地向相关机构和主体传递表达本组织的利益诉求等，并协商解决。三是实现单位制式微，以及越来越多的自由职业者兴起后社会人群的再组织化，为扩大公民有序的政治参与打下基础。②促进社会组织参与参与服务供给。一方面通过健全社会组织投入体制并改革阻碍社会组织成长的登记管理制度，发展壮大社会组织力量；另一方面通过完善政府购买服务机制，把社会组织纳入公共服务供给体系之中。此外，还应通过社会力量引导机制等，营造志愿性、公益性服务力量发展的健康环境。③支持社区治理主体协同开展管理。在政府引导、社会力量参与、专业化社会工作者操作、公众监督、法律保障的原则下，着重建立健全社会管理领域的各种利益协调机制、诉求表达机制、权益保障机制以及矛盾调处机制等，并始终以各种具体机制安排保障社会主体协同管理的常态化运行，充分发挥其在化解社会矛盾、调节社会关系、规范社会行为等社会管理方面的重要作用。总之，只有以上一系列制度安排及其相互之间的互动关联，才能促使形成政府主导、社会组织参与、共建共治的社区治理新格局，进而保障构建协同共治、和谐有序的社区治理目标的实现。[6]同时，上述分析表明，建立社区协同治理机制的核心在于构建社会组织在社区协同治理中的参与平台。这意味着，政府要加强对社会组织的培育发展机制，也必须通过深层次的制度强化、制度改革和制度建设来实现。

（三）社会组织参与的协同机制

1.政策支持

尽管社会组织是基层社会领域较为重要的组织形式，但其发展仍处于初级阶段，力量相对比较薄弱，因此，单靠自己难以在社区治理中发挥应有的作用。显然，在这样的情形下，成功实现社区治理目标必须依靠政府建立或完善对于各类社会主体的支持培育机制。

政府通过综合运用行政、法治手段，给予社会组织成长发育的平台，充分赋予社会组织相应权力，推动社会组织参与治理；同时，政府必须切实履行引导监督职能，为社会组织健康运行提供相应的保障和约束。

2.参与服务

按活动领域的不同，社会组织可以分为如下几类：第一类是社区福利组织，如社区托儿所、社区托老所与敬老院、社区公共活动场馆、社区服务中心等；第二类是社区文体组织，如社区老年大学、健身队、老年文艺表演队、艺术活动组、球类活动组等；第三类是社区居民权益维护组织，如社区法律援助中心、社区妇女儿童保护协会、社区环境保护协会等；第四类是志愿活动组织，如社区志愿者与义工组织；第五类是为配合政府社会事务工作的组织，如计划生育协会、老年协会等；第六类是为社区居民提供服务的组织，其中包括为社区残疾人、优抚对象、生活困难等特殊群体提供无偿服务的组织以及为社区普通居民生活便利提供低偿服务的便民利民组织，如社区卫生所、职介所、租售房介绍所等。这些不同的社区社会组织均有不同的服务内容，也有不同的服务对象，也有有偿服务，公益服务之分。可见，社会组织种类繁多，服务内容触及居民的多个生活领域。

同时，社会组织具有服务多样、灵敏高效等特点（徐祖荣，2011），[7]可以弥补政府在非规模化、差异化公共服务供给方面的不足。对于一些原本由政府提供的公共服务，也可以通过政府购买、社会组织提供的方式，在公共服务的供给参与方之间进行初次和二次分工，发挥各自优势，整合各类社会资源，从而在满足公民异质性需求的基础上提高服务供给的效率（郁建兴、吴玉霞，2009）[8]。

3.协同管理

社会组织作为社会管理的共同行动主体之一，通过治理网络与多元主体进行联合，整合资源利用，发挥主体优势，能够很好地回应社会需求。具体如下：

第一，社区内存在的社会资源既包括离退休人员的剩余劳动力、社区企事业单位、居民的小额闲置资金等有形资源，还包括居民的慈善心、公益心等无形资源。这些资源缺乏有效的平台，就无法得到有效利用。而社会组织充当中介组织，能使这些闲置的资源得到有效整合。同时，社会组织还可以整合社区外的社会资源，如社区外的基金会、企业和其他社会组织的资源等投入社区，进而丰富社区的资源种类，推动社区发展。另一方面，社会组织通过对网格内大量有效信息进行汲取和充分利用，与治理网络中其他多元主体积极互动，采用集体讨论并开展集体行动对社会公共事务进行有效治理。[9]

第二，在社会结构日益复杂化、利益关系不断多元化的背景下，人们的个体人格、个体利益逐渐凸显，容易引起矛盾和冲突（郁建兴，金蕾，2012）。[10] 长期以来，我国解决矛盾纠纷的主要形式是人民调解、行政解决和司法解决，这三者在当前利益关系多变的城市社区治理中都还存分别存在专业化程度不够、公正性受疑、成本高等局限性。而社会组织具有民间性或准民间性、公益或互益性、专门性等特点，在一定条件下能够较好地充当社会利益关系的调节器，在化解社区居民矛盾纠纷中具有自身的优势。通过社会组织，既可以形成居民间解决纠纷的平等协商机制，避免公权力机关在处理矛盾的刚性化和粗糙性，又可以建立政府与社会之间的对话、协商和沟通机制，实现党和政府方针政策的上情下达，所属群体利益的下情上达，不同利益群体的协调对话，减少社会非理性行为的发生。

第三，随着我国城市化进程的加快，原有的社区空间结构也有所改变，“陌生人”社区逐渐取代当初的“熟人社区”，因此，促进居民间的融合成为建设和谐社区的当务之急。在不具备普遍宗教文化和定期宗教活动的社会环境下，社会组织通过举办活动、志愿服务、搭建居民互助平台等方式，在促进居民融合方面发挥着不可忽视的纽带作用。

三、贵阳市社会组织参与社区治理的实地调研

目前贵阳市共有社区社会组织 601 家，其中，登记的有 324 家，未登记的有 277 家；慈善公益类 41 家，占 7.3%；文体活动类 248 家，占 41.3%；社区服务类 221 家，占 36.8%；公共倡导类 35 家，占 5.8%；宗教活动类 1 家，占 0.2%；中介服

务类 11 家，占 1.8%；其他类 44 家，占 7.3%。从区域分布情况来看，南明区 62 家，占 10.32%；花溪区 64 家，占 10.65%；白云区 42 家，占 6.99%；金阳新区 73 家，占 12.15%；云岩区 192 家，占 31.95%；乌当区 48 家，占 7.99%；修文县 3 家，占 0.50%；息烽县 14 家，占 2.33%；开阳县 14 家，占 2.33%；清镇市 88 家，占 14.64%。社会组织已成为贵阳市社会建设的一大重要组成部分。

1.政策支持

（1）增权赋能

近年来，在一些公共服务领域，贵阳市政府正在转换自己的思维方式，通过扶持社会组织参与社区管理，逐步实现社会服务的均衡化。政府一方面通过强化政策引导的方式，重点解决影响或制约社会组织发展及发挥作用的体制机制障碍，规范政府、市场、社会的关系，培育社会组织自制能力；另一方面，政府通过授权、委托及其他适当方式依法转移可以由社会组织承担的职能事项，为社会组织发挥作用拓宽领域与空间。

具体而言，贵阳市政府根据《社会团体登记管理条例》《民办非企业单位登记管理暂行条例》，制定了《贵阳市社会组织直接登记暂行办法（试行）办法》，降低了社会组织的注册条件，简化了登记程序，从而使社会组织的合法性得到了有效的改善。2012 年，贵阳市政府根据国务院相关文件，并结合贵阳市实际，制定了《贵阳市城乡社区社会组织备案工作规则（试行）》，推行了备案制度，使得众多不能满足登记条件的社会组织能够以合法身份开展活动，大大促进了社区社会组织的发展。

（2）引导监督

2014 年，根据中共贵阳市委《关于贯彻落实中央和省委全会精神全面深化改革扩大开放的意见》精神，贵阳市着力推进社会组织孵化培育工作，市民政局建立了市级社会组织孵化基地，面向社会公开征选入驻市级社会组织孵化基地培育的社会组织。社会组织孵化的主要功能在于为社会组织创造和提供支持性环境，培养社会组织的战略管理能力、内部治理能力、项目管理能力和创新能力等。与此同时，贵阳市还严格对社会组织进行监督，建立社会组织信息披露、重大事项报告和公众投诉制度，健全社会组织评估机制和诚信制度，严格按照《社会组织评估管理办法》的相关要求建立评估机构对社会组织进行评估，制作评估工作流程，确定评估指标，确保评估工作能顺利进行。[11]

在政府的制度支持下，如今贵阳市社会组织在积极反映公共诉求、促进行业自律、调解贸易纠纷、化解社会矛盾、吸纳就业创业，提供公共服务、扶弱济困践行公益和“双拥”共建等方面已有了一定成效。

2.参与服务

(1)政府购买服务

2012 年,贵阳市人民政府下发了《政府购买社会组织及社区服务的指导意见》(筑府办发〔2012〕55 号)(以下简称《意见》)。《意见》的出台为贵阳市政府购买社会组织公共服务项目提供了“指南针”,通过政府购买服务,社会组织有了项目便有了更大生存空间,服务质量提高,又会吸引更多市民接受服务,形成良性循环。如 2012 年年底,在市委群工委、市民政局等机构的大力支持下,以乌当区委群工委为主的几个理事单位,共同发起成立了贵阳市乌当区创新蔚蓝社会工作服务社(以下简称“蔚蓝服务社”),旨在通过为其开放空间、提供政策、培育扶持,使蔚蓝服务社植根社区自下而上的成长。

2013 年年初,通过竞争性谈判的方式,蔚蓝服务社与社区服务中心及乌当区群工委形成了三方合作关系(见图 2)。作为购买方,创新社区服务中心为蔚蓝服务社提供必要的行政支持,作为服务方,蔚蓝服务社必须在规定的时间内完成项目内的各项指标任务,作为监督方,乌当区群工委同相关部门对项目实施情况进行全程监督,确保项目经费专款专用,合同到期后,还将对项目进行全方位审计。

在合作基础上,为理清权责关系,三方签订了《购买公共服务项目合同》(以下简称《合同》)。通过《合同》建立起了社区和社会组织间的协同关系,也完全理清了它们在合作中各自需要承担的责任,同时,通过项目的方式制定购买服务的指标,打开了社会组织参与社会治理的渠道。蔚蓝服务社因服务被社区购买而获得了发展的资源,其合作过程中的自身独立性也因契约关系得到保证;而社区通过项目验收的方式,保证了购买到的服务符合要求。

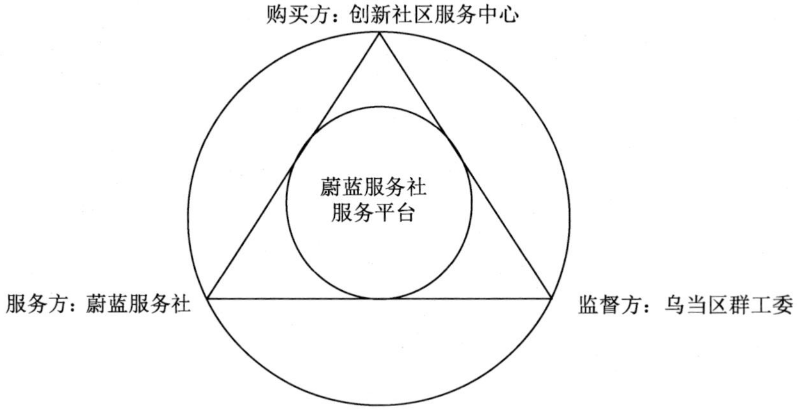

图 2　蔚蓝服务社三方合作关系

（2）公共服务供给

晚霞托老中心是中华社区的一个日间照料中心，主要是供老年人聊天、玩要、吃饭、输液的场所；社区内也发展了很多社会组织，包括志愿服务队、秧歌队；同时通过与市场的合作，为社区老人提供多元化的服务。该中心还设置了娱乐室、休息室、阅览室、保健康复室等功能室，为辖区老年人提供日间托管、文化娱乐等服务。中心志愿者来于中华社区的一个志愿者服务队，主要成员由社区居委会与贵阳十九中学生构成。学生在假期会来帮孤寡老人打扫卫生、过年帮忙贴春联、陪同老人聊天等。

晚霞托老中心楼下的社区卫生服务站，为老年人建立了老年人健康档案，老年人的基本检查和服务完全免费的，在托老中心玩要的老人如果有不适，服务站的医生马上就为老人进行治疗。

3.协同管理

（1）资源整合。2012 年 12 月 7 日，在社区党委的引导与企业负责人、热心公益事业人士及民主党派人士的努力下，贵阳市观山湖区逸景社区和谐促进会正式挂牌成立，为第三方力量搭建服务平台，将辖区企事业单位、热心公益事业社会人士以及老年协会等民间自治组织整合参与到社区建设中来。为服务好社区特殊人群，和谐促进会建立志愿者服务站、志愿者服务卡、特殊群体服务档案，开展志愿困难帮扶活动。目前，促进会已建立以社会力量为主的志愿者档案 259 份，提供“雷锋精神进家门”等服务 200 余次，帮扶困难群众金额达 40000 余元。可见，通过和谐促进会，社区内外资源得到了充分的整合与有效的利用。

（2）矛盾调处。贵阳市南明区沙冲社由社区居委会的工作人员与社区的热心党员组成的“和事佬服务队”，大多数队员就是小区居民，能够及时掌握第一手信息，第一时间发现冲突，上门调解，避免矛盾冲突进一步扩大。调解机制具有鲜明的“草根性”和“亲民性”，具有其他调解组织和调解方式无可替代的优势。“和事佬服务队”有的放矢地开展党员志愿服务活动，为居民化解小矛盾、排解小纠纷、消除小摩擦，为社区和谐尽心尽力。这种社区社会矛盾的多元协调机制为居民生活增添了一座“稳压器”，既能够更细致、更个性化地协调居民间的矛盾，又能够有效减少政府相关部门的工作量。

（3）居民融合。位于观山湖区的世纪城社区，成立了音乐协会、舞蹈协会、器乐协会等问题协会。这些协会每周定时定点开展活动，志愿者参与协会管理，并进行业务指导，许多团队被称为观山湖区的“特色团队”。在频繁的活动过程中，协会成员相互交流、互相帮助，逐步从陌生人变成熟人和朋友，从而将交往范围从文体活动扩展到日常生活中的其他方面，形成了相应的社会资本。

四、结论与启示

贵阳市社会组织发展的案例表明，社会组织能以其特有的优势在社区管理中发挥积极作用，从而推动社会管理新格局的形成。但事实上，社会组织也存在着自身能力弱小、对政府依赖性强、发展不均衡等问题，因此，社会组织参与协同治理的过程中需要政府的引导，政府的作用仍然强势，社会组织能有多大的权力与政府进行合作对话，主动权也在政府，在这种特殊关系下，社会组织的协同作用发挥会受到一定程度的制约。我们强调政府主导，应是基于社会自治要求之上的引导，推动社会组织发展的力量仍应来自于社会而非国家，我们应当在关注社会组织参与社区治理能力提升的同时，重视政府的作用。在对贵阳市社会组织参与社区治理的协同机制进行探讨的基础上，本研究具体得出以下几点启示。

1.进行相关政策引领，优化政策环境吸引社会组织

贵阳市要注重对社会组织培育的政策引领，相关部门可以就社会组织发展方向、加强培育和管理、优化社会组织公益创投、社会组织发展扶持激励等方面出台相应的政策文件，简化相关程序，降低社会组织的准入门槛，吸引社会组织落户贵阳。[12]

2.注重参与平台建设，保障社会组织运行

贵阳市要注重相关平台建设，推动社会组织在更大的范围、更多的领域、更高的层次发挥作用。第一是网络平台，利用各社会组织的网站、微博等，发布有关社会组织的相关文件，公开社会组织申请筹建、登记备案、年检评估、变更注销、公益项目以及其他办事流程和通知公告。第二是枢纽平台，贵阳市可致力于建立市级社会组织服务中心、区级社会组织服务中心和社区社会组织联合会的三级网络，充分发挥枢纽平台的作用，引导社会组织有序参与公益服务和社会管理。第三是保障社会组织运行，加大资金的投入，用于支持社会组织的发展、公共活动场地的建设，以及专职人员的培训与权益保障，同时，向社会组织公开招投标，通过会议评审择优立项。

3.以居民需求为导向，提升相关服务水平

贵阳市可建立以居民满意为中心的社区工作评价体系，还可采取走访调查、网上征集、座谈研讨等形式对社区进行调研，进行统一分析，有针对性地孵化社会组织，实现资源的合理分配。同时，可将以往的专家内部评审改为公开评审和大众评审，在项目结束后对政府购买的服务项目进行绩效评估，从而有效提升辖区的社会组织服务水平。

参考文献

[1]朱纪华.协同治理:新时期我国公共管理范式的创新与路径[J].上海市经济管理干部学院学报,2010(1):5-10.

[2]张丙宣.支持型社会组织:社会协同与地方治理[J].浙江社会科学,2012(10):45-50.

[3]陈培浩,崔光胜.社区协同治理中的社会组织培育——基于“上城模式”的观察[J].湖北行政学院学报,2014(3):35-39.

[4]姬兆亮.区域政府协同治理研究——以长三角为例[D].上海:上海交通大学,2012.

[5]严国萍,任泽涛.论社会管理体制中的社会协同[J].中国行政管理,2013(4):68-71

[6]郁建兴,任泽涛.当代中国社会建设中的协同治理——一个分析框架[J].学术月刊,2012(8):23-31.

[7]徐祖荣.社会管理创新范式:协同治理中的社会组织参与[J].中国井冈山干部学院学报,2011(3):106-111

[8]郁建兴,吴玉霞.公共服务供给机制创新:一个新的分析框架[J].学术月刊,2009(12):12-18.

[9]吴素雄,陈字,吴艳.社区社会组织提供公共服务的治理逻辑与结构[J].中国行政管理,2015(02):49-53.

[10]郁建兴,金蕾.社区社会组织在社会管理中的协同作用[J].经济社会体制比较,2012(4):157-168.

[11]中共贵阳市委办公厅贵阳市人民政府关于加强和创新社会组织登记和管理工作的意见[J].贵阳市人民政府公报,2011(21):18-23.

[12]郭德斌,吴世俊.“贵阳模式”——加强和创新城市基层社会管理的典范[J].法制与社会,2013(23):213-215.

第三部分

社会政策与创新创业

福利竞赛的形成机制:需求、供给与政策决策程序*

赵海珠　朱俊生❶

首都经济贸易大学　劳动经济学院,北京　100000

【摘　要】社会转型使得福利需求不断攀升,理念因素将福利提供责任指向政府;财力因素、体制因素和政府善意增强了政府供给福利的意愿;公共政策决策程序的失控进一步助推了福利竞赛的产生。国家过度干预的理念和事实在福利竞赛的形成机制中扮演着重要的角色。为了切断福利竞赛的形成机制,要在防止强国家主义和政府失灵的同时向社会最少受惠者群提供最基本的福利体系。

【关键词】福利竞赛　福利需求　福利供给　公共政策程序

一、引言

鉴于国内社会保障体系尚不健全,大多数研究偏重于“福利”的方向。这些研究对于纠正农民及流动人口等群体长期低福利的偏差具有积极意义。某种程度上正是在这些研究的推动下,进入21世纪以来,中国政府针对弱势群体社会保障不足的现象采取了一系列强有力的措施,社会保障和公共服务有了显著改善。但在发展的过程中,出现了“福利竞赛”现象。我们认为,福利竞赛是指在政府的推动下社会福利体系呈现的盲目扩张和无规则攀升趋势。福利竞赛首先表现为社会福利水平的快速提升。虽然中国社会福利水平相对于经济发展阶段来说还相对不足,却已经出现短期内水平快速提升的现象,产生明显的福利竞赛

---

* 本文为国家自然科学基金项目“社会保障的经济适应性评估”(项目批准号:71373164)和国家社会科学基金重大项目“建立社会公平保障体系与维护社会公平正义研究”(13&ZD042)、首都经济贸易大学研究生科技创新项目的部分研究成果。

❶ 赵海珠,首都经济贸易大学劳动经济学院博士生,研究方向为社会保障理论。朱俊生,首都经济贸易大学劳动经济学院副院长,教授,博士生导师,研究方向为社会保障理论。

的势头。福利竞赛还表现为以社会福利体系扩张取代制度建设、社会保险项目福利倾向明显。国家的过度干预是造成福利制度违背内在规律发展的根由，福利竞赛在其作用下产生了严重的负面影响，其突出表现为侵蚀福利规则体系、挤压市场作用空间。福利竞赛已经严重影响了福利制度本身和经济社会的健康发展，遏制福利竞赛显得尤为必要。

但目前理论上对于福利竞赛可能具有的负面影响缺乏深入的考量，实践中也多注重福利制度本身覆盖面的提升和保障水平的提高，而对其可能的不利后果考察不够，特别是对福利竞赛的形成机制缺乏系统的审视。鉴于此，本文将从需求、供给以及公共政策决策程序三个方面探求福利竞赛的形成机制。

二、福利需求攀升与政府福利责任增加

社会转型期的压力与政府干预理论增强了民众对政府提升福利的需求，共同推动着福利竞赛的需求机制的形成。转型期权力体系不受约束，民生压力过大，特别是权力和责任不相统一，权力过大，责任过小，指责政府失职就成为必然；而政府干预理论则是在理念上为政府进行干预、提升福利拓展了道路，两者相辅相成，福利竞赛成为可能。

（一）社会转型背景下福利需求攀升

社会转型是指从传统社会向现代社会的转型（郑杭生，2003：63），在中国特殊的背景条件下则指从计划经济体制向市场经济体制的转型。这个转型过程发展到今天，尽管经济实现了高速增长，但一方面，由于新的市场经济规则尚未完全确立，新旧两种游戏规则都无法约束人们的行动[1]，为权力不受制衡地干预及寻租行为提供了广阔的空间；另一方面，由于渐进的改革更有利于形成一定的既得利益集团并使其逐步稳定，而既得利益集团千方百计地阻挠新的市场经济规则的建立，这使得转型的过渡体制固定化，改革逐步落入“转型陷阱”之中，“转型陷阱”特征日益凸显，如经济的畸形增长、阶层的固化、政策设计的维稳导向，以及道德沦丧等（清华大学凯风发展研究院社会进步研究所，2012：128～134）。这种转型的局面使得民生问题进一步凸显，产生了两个后果：一是社会不安定因素增加；二是社会资源被既得利益集团大量攫取。民众因此产生了巨大的福利需求。这种需求推动着民众要求政府提供更多的福利和服务，进而推动着中国

[1] 萧功秦.从新制度主义看发展中国家的腐败与苏丹华现象[EB/OL].[2013-8-9].http://www.china-review.com/sao.asp? id=16876.

福利竞赛的形成。从本质上说,福利需求的攀升更是政府的不当政策造成的结果。从近些年的状况来看,政府的力量并没有退缩,转型带来的民生压力不断加重的状况并没有得到有效的缓解,福利进一步攀升成为可能。

首先,政府财政收入增长过快,居民收入增长缓慢。如前所述,1995—2007年,政府财政收入增速要两倍甚至三倍于国内生产总值的增速,且在2000—2007年,每年财政收入的实际增幅都超过计划增幅的200%,2008年之后,财政收入的实际增幅也超过计划增幅的100%(韦森,2012:275~276)。政府财政收入的高增长意味着过高的税负。2011年,中国财政收入总额为10.3万亿,平均每人的税负为7400多元,而2011年中国农村居民家庭人均纯收入只有6977.3元[1]。受政府财政收入增长过快的影响,劳动者报酬占国内生产总值的比重被挤占,降至近年来的40%左右(韦森,2012:214)。去掉通胀的成分,1995—2007年,政府财政收入增加了5.7倍,城镇居民的人均可支配收入和农民的人均纯收入只增加了1.6倍和1.2倍(韦森,2012:6)。尽管政府财政收入增长如此之快,政府的财政支出结构却极为不合理:基础设施建设等重大工程行政管理费用占比较大,在公共服务领域的投入不到位(韦森,2012:44,60),且福利倾向于既得利益集团。这说明政府在福利体系中管辖过多并没有跟进相应的财政责任,形成权责不对称,权力过大、责任过小的状态。在国内左派要求"政府权力和责任同时扩大"与右派要求"政府权力和责任同时缩小"的争执中,限制政府权力愈加困难,政府卸责愈加容易,造成"尺蠖效应"(秦晖,2013:291)。居民收入增长过慢,政府积聚的财富过多,又不能及时提供有效的保障,使得民众生存压力过大,生存状况难以获得有效的改善。

其次,通货膨胀严重。近些年,特别是在2010年,由于政府投资规模扩张,信贷膨胀,央行超发货币,广义货币增长过多,大量流入消费品市场,中国经历了严重的通货膨胀。同时直接税由于占财政收入比重过小,其增加对通货膨胀的抑制作用发挥空间较小,而间接税过快增长转嫁至消费者则直接助推了物价上涨(韦森,2012:164,169~170)。通货膨胀是一种隐形的税收,它使得居民的货币实际购买力下降,社会居民的财富悄悄向政府转移。低收入者的生存状况也更容易受到影响,实践证明受通货膨胀影响最深的领域往往是涉及民生的领域,统计年鉴显示,2011年食品CPI上涨了11.8%,在居民消费品中上涨幅度最大。因而,在居民收入增长缓慢的事实基础上,通货膨胀又进一步剥夺了居民特别是低收入者的财富,基本消费品成为通货膨胀的重灾区,居民的生存压力只会进一

[1] 数据来源于《中国统计年鉴2012》.

步加大。

最后,权力因素与市场因素交织导致价格畸高。价格是由市场的供需决定的,权力的强力介入只会使得价格形成机制扭曲,这在中国的诸多领域尤其是与民生相关的领域都有体现。比如,房价过高源于政府对土地供应市场的垄断,而房屋开发权又独被开发商垄断,这就造成城镇居民、农民利用自己土地的权利被剥夺,城镇居民建造房屋的权利被剥夺,形成了典型的官商合谋的房地产体制。这样的体制有利于权钱交易,也因有利于双方获取巨额收益更能够推动房价的攀升。体制难以撼动,坚定了人们对房地产市场的看涨预期,而宽松的货币政策又为大量货币流入房地产市场提供了广阔的空间,房价继续攀升也成为必然(姚中秋,2013:7,12~13,19)。虽然近年来政府不断出台打压房地产市场的政策,但基本上无法从根源上解决房价过快攀升问题。过高的房价加剧了居民的生存压力,加剧了社会的贫富差距。因此,权力不受限制地干预市场对社会发展是毁灭性的打击,市场价格畸形地高涨,民生状况变得更加脆弱不堪。

另一方面,社会的贫富差距问题变得更为敏感。中国贫富差距不断拉大的主要原因有两个:经济全球化和腐败,而由腐败引起的收入差距往往为居民最不能容忍(张维迎,2012:149~153)。而追根溯源,腐败的产生源于社会转型期市场经济规则不能确立,权力约束迟迟不能实现,而左右争执又使得尺蠖效应进一步凸显。在这样的背景下,既得利益集团垄断了两大优势:第一,改革并没有使得既得利益集团,特别是政府官僚的利益受损,而只是改变了实现利益的方式(张维迎,2012:149~153),权力或与权力靠近甚至为其在市场经济中获取了更多的利益。他们手中掌握着大量的资源甚至变相攫取各种资源,成为改革的最大受益者。渐进式的改革进程使得这些既得利益集团逐步稳固,形成特权阶层,包括权贵集团、国有垄断集团、金融—虚拟经济集团(清华大学凯风发展研究院社会进步研究所,2012:136)。因权力产生的灰色收入对改善效率没有任何积极作用,相反,它使得居民劳动报酬比重下降,非劳动报酬比重上升,财富进一步向高收入人群聚集,正常居民收入及财产被侵蚀,收入差距进一步拉大,这成为社会矛盾恶化的推动力。[1]

综上,社会转型期政府不当政策给中国带来巨大的民生压力,一方面,它使居民的生存状况堪忧,另一方面,贫富差距拉大,社会不公正在加剧,巨大的福利需求也应运而生:社会各界将目光聚焦在民生问题上,特别是当计划经济时期

[1] 王小鲁.灰色收入与国民收入分配[EB/OL].[2013-07-04].http://www.caijing.com.cn/2010-09-06/110514339.html.

"大政府"思维方式尚未完全退却时,民众更倾向于选择政府来满足自身的需求,政府也从维持社会稳定的角度有提供更多福利的需求。另外,政府的权力体系和责任体系是不相统一的,在部分福利领域中,政府没有承担相应的责任或者卸去了部分责任,权力却没有退出,这也使得人们在福利水平过低时指责政府的失职。这种福利需求是社会转型派生出来的,对政府形成了巨大的压力,若不能及时满足,会引起社会不满的加剧。因此,福利需求的攀升为福利竞赛提供了可能的空间,也为其形成奠定了基础。

(二)理念推动福利提供责任指向政府

社会福利从其诞生之日起就与政治哲学以及经济理论的产生有着千丝万缕的联系,近现代史上每一次社会福利规模的扩张或缩减都蕴含着政治经济领域中首要理念的变化甚至颠覆。中国亦是如此。受如下理念的深刻影响,在部分群体福利水平低下的背景下,人们(包括政府自身)愈加倾向于认为政府对提高福利水平有不可推卸的责任,政府推动福利攀升在理念上被赋予高度的合理性。

一是政府干预能够更好地满足需要。这一论点主要为集体主义所支持,他们提出一种全方位的需要满足理论。在集体主义的理念中,国家、社会、集体对个人有不可推卸的责任,而无论是市场或慈善都达不到最低程度的需要满足,因此,实现全方位的需要满足,唯一的依靠力量便是政府,唯一的途径便是政府的强制收入再分配,国家的功能就在于提供所有的基本物品和劳务(钱宁,2006:65)。在曾经建立的社会主义国家中,福利供给全部由国家包揽的事实为我们提供了最好的例证。这种理念中,国家力量对经济社会的干预事无巨细,弱势群体在程序正义和资源配置遭到的差别对待等都需要借助国家的力量进行消解(尼古拉斯·巴尔,2003:47)。这种理念对现今的中国依然有较大的影响力,原因可能在于它对个人责任的忽略,而人性之中恰恰有逃避责任的倾向。无论如何,在面临巨大转型压力的今天,人们纷纷指责政府在提高社会福利水平、改善弱势群体地位没有发挥应有的作用,承担的责任过小,一方面是因为政府权力过大,向市场或社会寻求改善的通道过于狭窄,另一方面则是受需要满足及相关的集体主义理念的影响,在社会出现任何问题时,人们都倾向于将其抛给政府解决,忽视个人责任,在理念中也基本忽略了市场机制,以及社会自治的可能。

二是政府干预能够更好地提高效率。这一论点主要是从对市场机制怀疑角度出发的,总体来讲,它认为市场并不总是有效率的,在缺乏效率的市场政府适当地干预就是必要的。干预的形式除了管制,还有财政性的价格补贴、公共生产,以及收入转移。首先,这种论点认为市场竞争不完全。垄断的存在需要政府对高价进行征税,或者给予价格补贴,或者直接由政府垄断经营以较低的价格来提供相关的公共物品。这样便可以实现消费者增加、消费者剩余增加,且增加的消费者剩余增加要多于减少的利润,从而能够增加整个社会的福利(钱宁,2006:100~101)。其次,市场失灵不可避免,政府的管制或征税、补贴是必要的(尼古拉斯·巴尔,2003:84~85)。最后,市场所供给的信息不完全,这就使得政府提供公共产品成为可能(尼古拉斯·巴尔,2003:119~123)。总之,对市场的不信任为政府干预市场提供了较好的理由。这种论点与需要满足观点相辅相成,特别是在平均主义过时之后,对市场的批评更是坚定了政府干预市场的做法,虽然干预程度有所减轻,但干预的实质并没有发生变化。人们对市场依旧感到恐惧不安,政府依旧是解决社会问题的主体,虽然政府的相关责任内容有所缩减,但福利提供依然是其不可或缺的内容之一。

三是政府干预能够更好地维护社会公正。这个论点为很多理论所接受,其主要观点是认为市场不能自动地消除贫困,更不能消除不公;不论从人的利他精神方面,还是从市场自身的有效运转方面去讲,社会不公都是不利且不可容忍的,需要政府的干预。如社会主义的需要满足论认为市场分配了与个人需要和价值都无关的报酬,且靠出卖劳动力获取收入的人比进行独立生产的人拥有更少的权利,拥有更多权利的人通过榨取剩余价值对劳动者进行剥削,加剧了社会不公,这也必然使社会主义的广泛目标中包含了平等、博爱(也即利他精神),政府行为就得到赞成(尼古拉斯·巴尔,2003:57~61)。

综上,社会主义遗留的均等和全权负责理念是政府必须为福利提升负责的首要影响因素,市场失效论坚定了人们对政府干预、政府负责的信心,社会公正论再次为收入的再分配和国家提供公共物品提供了合理的解释。在中国的思想市场中,各种理论并非具有同等的地位,政府干预理论是被权力偏爱的,这一方面,为政府权力的扩展提供了借口;另一方面,这些理论产生的最大影响在于观念深入人心,社会出现问题时,人们更倾向指责政府的失职,而不愿向市场寻求帮助,社会自治的可能被无限缩小。在政府有意愿且有能力进行提升福利水平时,规则若没有及时建立,福利竞赛现象就极易产生。因而,因政府干预理论形成的种种理念亟待更新,尤其是在权力难以受限制的转型期,社会福利发展方向摇摆不定,更需理性地选定立场并予以捍卫。同时,也只有对中国问题进行深入剖析,对不合时宜的理念进行必要的舍弃,才能推动社会福利的良性成长。

三、政府供给社会福利的实力和意愿增强

政府作为中国社会福利的主要供给方同样推动中国福利竞赛机制的形成。

首先,财力雄厚使得福利攀升成为可能;其次,体制因素在福利攀升中扮演强大的助推作用;最后,政府的善意为福利攀升提供了理念上的支撑。三者的结合结果便是政府具有强烈的增加福利供给的意愿。

(一)雄厚财力奠定福利竞赛物质基础

雄厚的财力是政府主导的社会福利不断攀升的物质基础。部分地方社会保险基金受制度设计不合理的影响出现大量结余,也有部分地方经济发展状况较好,财政收入增长较快,资金充裕也迎合了部分地方政府推进民生工程的要求(特别是当社会中存在这方面的需求时),社会福利事业便得以不断扩张。

从各地社会福利体系扩张的实践看,财力雄厚是福利攀升的基础,几乎增加福利支出的地方政府都有强大的基金或财政实力做后盾。资金无处可去,提高福利水平无疑是最能为人们提供看得见的、直接的好处的方式,也因此是最能迎合民心的使用资金的方式,似乎成为福利供给双方双赢之举。因而,财力雄厚使得福利攀升成为可能。

(二)体制因素引导福利竞赛产生

中国财政上的分权与政治上的集权呈现并存状态,1994 年分税制改革以来这种特征尤为明显:地方政府拥有更大的经济自主决策权(于长革,2008:86);财权和事权不匹配,中央财政收入得到提高,但事权没有增加,事权下放造成地方政府面临巨大的财政压力(王文剑,2010:108);政治上,地方官员不由辖区内居民选举产生,而是向上级政府负责,上级政府以 GDP 为核心的考核机制来决定主要地方政府官员的晋升(王文剑,2010:109)。这种体制导致地方政府过度追求经济增长和增加财政收入,为更多地吸引资本,大量财政支出投入到基础设施建设上面,而所谓的非生产性“公共服务”的提供则严重不足(马光荣,2010:66)。

这种“唯经济增长是从”的政策忽视了包括社会福利体系在内的公共服务体系的建设,这是政府在追求经济增长过程中自然产生的缺课,随着这种政策造成的弊端越来越凸显,社会产生巨大福利需求,加之近年来中央政府对民生问题的强调,对“公共支出”进行补课的呼声越来越高,相关体制须对这种需求有所回应,因此,一些地方政府则在官员的考核机制中引入了社会保障水平、公共服务水平等指标,[1]成为推动社会福利水平攀升的重要因素。

地方政府追求经济增长还不可避免地导致地方政府要加入与其他地方政府

---

[1] 深圳官员考核新规:民生净福利指标作为基准[EB/OL].[2013-11-22].http://finance.sina.com.cn/g/20070203/14573309924.shtml.

的竞争中，比如，东部发达地区进入产业升级阶段，为吸引高端人才，其地方政府竞争已经扩展到非生产性的“公共物品和服务”(王文剑，2010：109)。

同时，部门利益纠葛也会推动福利供给的增加，作为政绩的象征，部门之间会增设职能以争取资源，一些福利项目之间因此具有重复性(蔡昉，2008：6)。另外，中国的权威体制也对福利攀升起到了重大作用。在这种体制下，政府特别是中央政府的资源调动能力和集中力量解决“大事”的能力是巨大的，体制因素呼应民众需求的效率较高。当整个体制的关注点缓慢向民生问题转移时，政府就会迅速提升社会福利的供给。值得一提的是，在中国其他领域改革难以推动的情况下，关注民生也许是各个利益集团所能达致的最大程度的共识。短时间内社会福利水平的攀升也就自然发生了。

(三)政府善意助推福利竞赛延续

除了资金支持、体制呼应需求的因素外，政府本身的善意也是推动福利攀升的一个重要因素，这主要体现在家长制政府的思维习惯和积极自由理念所引致的政府及行政官员的行政行为。

家长制政府的思维在我国是长期存在的，它要求政府为人民考虑、解决各种问题。亚诺什·科尔奈在提出后社会主义国家的福利部门改革的九条原则时指出，与其他地区“个人要对自己的生活负责”的文化思维习惯不同，“对于在共产主义制度下成长的几代人而言接受的是相反的灌输：执政党和政府对一切负责，个人必须接受它们的决策，并觉得自己受到了良好的照顾。”(亚诺什·科尔奈，2001：22)这种思维方式，一方面使得人们把更多的问题抛给政府去解决，潜意识中认为政府需要为所有不确定的、有风险的事情负责，另一方面这为政府出于善意或者以“善意”的名义干预人们的生活、增加看得见的福利供给提供了理由。

家长制政府思维与“现代文明”的要求是遥相呼应的。在人们的普遍观念中，现代社会的现代性集中体现在“文明”二字，在物质财富极大丰富的条件下，出现因收入不足导致的生活窘境是与“现代文明”格格不入的，收入不足限制了人们的各种选择的自由。于是，“文明”社会越来越倾向于把自由的理念从否定性转为肯定性，从消极自由转为积极自由，自由被强调是“人们按照自己的愿望进行活动的能力”“我们所拥有的选择越多，我们也就越自由”(H.哈士曼，2005：10)。因此，现代社会中政府维持公共工程和公共机构的职能扩张就得以顺理成章，政府需要对生活处于窘境的人给予帮助(不仅仅是救济)，并协助他们过上一种“体面的”“有尊严的”的生活。

家长制政府思维和对现代文明有失偏颇的理解往往使得政府预设人民是盲目的、无知的、不够理性的(以赛亚·柏林，2011：181)，正如康德所指出的，“家长制政府不把个人当作独立的、负责任的公民，而是把他们看成是不成熟的儿童”（胡万年等，2009：14），进而以仁慈之心干预个人选择，将某种理念强加给民众，甚至对民众予以强制（如社会保险体系）；似乎政府比民众更清楚民众自身需要的是什么，因而以“为了民众自身的利益”的名义不断提高福利水平。近年来，政府对民生问题越来越重视，政府的善意在推动福利攀升的机制中的影响越来越大。但问题是善意的初衷并不意味着美好的结果，超越政府本职的善意就更值得警惕。

四、公共政策决策程序难以约束福利竞赛

在福利需求攀升和供给意愿增强的背景下，有关行政程序的法律制度并不完备，行政权力过大致使仅有的行政程序法律条文流于形式，公共政策因决策程序失控而在一定程度上丧失了科学性和正义性，福利扩张因不受程序控制而不断膨胀，呈现非理性、无规则的竞赛状态，政策也日益功利化、忽视制度建设和长期发展。

如果说西方国家 20 世纪出现的行政权力扩张问题是由于法治观念的退步引发的，中国行政权力的过大则是由于法治社会尚未建立起来导致的，这为行政权力的肆意扩张留下了巨大的空间。行政权力过大往往导致公共政策决策程序失控，政府倾向于行政的“高效”运作，不能充分考虑与政府利益、意见相左的利益诉求，极端情况下，就表现为由权力精英为民做主的政策“内输入”模式（田千山，2011：56），行政长官意志在公共政策决策过程中起到关键作用。这致使《立法法》等法律中规定的仅有的行政程序制度易流于形式，公共政策决策应有的程序无法得到实质性的保障，福利盲目攀升就成为可能，决策正义也就无从实现。这种程序失控主要表现在：①论证会、听证会中公民、民间组织无法有效参与行政决策，公民的意见得不到尊重，公民参与权利缺乏制度保障，无法与行政机关进行平等对话（张泽想，2003：180），且行政机关掌控着公民参与的选择权；而政府的意志则决定了民间组织的利益诉求能否进入政策议程以及在何种程度上实现（杨光斌，2009：22）。②专家论证的独立性不足，政府控制专家论证的条件和范围，缺乏开放的统一平台使得相关专家平等参与，与政府持不同主张的专家易被摒除在外（杨海坤，2006：21）。这就使得不同意见得不到尊重，决策的科学化程度较低，专家论证成为过场性质的论证，政策决策按领导意图行事，政策效果较差。③行政公开性差，公开性是敦促行政机关科学制定政策的有效有段之一，我国在一些法律中规定了公开原则，但目前这一原则仍然得不到实质性的

贯彻，对决策的过程，以及决策结果所依据的理由和对不同意见的解释说明都没有做到有效的公开。④行政机关本身就是一个利益集团，当一项公共政策能为行政机关带来更多物质收益，或者关系到政府的形象、官员的升迁问题时，政府就更为显得短视，公共政策就更容易通过。

由此可以看出，我国公共政策的决策过程依旧是行政权力主导的，政府并没有作为价值的中立者，公共政策决策更容易受到领导意图、社会舆论、利益集团等因素的影响，程序在很大程度上丧失了应有的正义性和科学性。郑秉文教授指出，我国的社保立法缺乏独立调查评估，也忽视对利益集团和公众的咨询和交流，人大作为立法机关效率低下，只注重对制度的追认，无法做出独立的机制改革（郑秉文等，2011：8-9）。因此，缺少程序正义性的公共政策。一方面，难以平衡各方利益，福利攀升的约束性条件更加空洞，福利竞赛就成为必然；另一方面，它并不具有程序正义性，甚至成为社会不公的最重要的根源之一。需要说明的是，在权力主导福利政策的出台与否的时候，它总是表达一定的善意，带着温情的色彩，这样的福利政策受到人们的欢迎，有关弱势群体的福利政策更是为人们所高歌，但权力的善意背后隐藏的利益因素和权力扩张更应为我们所警惕。事实上，程序正义正是从控制行政的过程体现的，不管权力出现的面孔有多温情，也不能成为权力不受程序限制的缘由。这是实现公共政策正义性所必须坚守的底线，也是抑制福利盲目攀升的重要手段。

五、结论与讨论

社会转型期的压力与政府干预理论增强了民众对政府提升福利的需求。而财力雄厚、体制因素与政府的善意等因素相互叠加，使得政府具有强烈的增加福利供给的意愿。在福利需求攀升和供给意愿增强的背景下，有关行政程序的法律制度并不完备，行政权力过大致使仅有的行政程序法律条文流于形式，公共政策因决策程序失控而在一定程度上丧失了科学性和正义性，福利扩张因不受程序控制而不断膨胀，呈现非理性、无规则的竞赛状态，政策也日益功利化、忽视制度建设和长期发展。

因此，福利竞赛是在社会福利体系健全和完善过程中值得警惕的现象，短期内的福利扩张效果并不能遮掩其潜在的隐患将产生的根本性的、制度性的破坏作用。为了切断福利竞赛的形成机制，要在防止强国家主义和政府失灵的同时向社会最少受惠者群提供最基本的福利体系。一味地追求福利的扩张，基本权利和自由反倒受到侵蚀，这反过来进一步强化对福利的需求；相反，在基本权利和自由保障上渐入佳境，则全社会的福利需求不断下降，由此反过来巩固基本权利和自由。关于国家的浪漫主义图景通常认为国家是幸福之所。国家有责任履行其保护之责任，又有顺从民意、建设一揽子确保人人安全无虞的社会福利保障，“让万民过上幸福生活”。显然，浪漫主义图景中的国家职能设定必然超越保护人民基本权利和自由的消极自由范围。而关于国家的现实主义图景则从理论和历史经验两方面证明了政府不是人民追求幸福之所，而是通往幸福的一道桥梁。在政府维度，正确的次序是正义规则优先于建设福利。为此，要抵制福利政策诱惑。福利被唤醒以后，抵制福利政策的致命诱惑需要艰难的理论努力。当然，需要抵制的是强化再分配的福利政策，而不是福利本身。民众的福祉，甚至是全部经济发展的旨归。而一旦把福利作为政策的操作对象，政府竖起福利政策的大旗，则需要理性和冷静应对。在此前提下，我们赞成救济性、辅助性福利制度安排。面对福利需求，措施当按照词典式排列如下：第一，基于一个正义规则下的自由与权利有保障的经济政治环境下，人们自己从市场上挣得自己的“福祉”；第二，宗教组织、非营利机构的救助、捐赠；第三，家庭和其他亲属扶助。最后，仍然有未解决的处境艰难的人群，那么集体行动出场，政府出于救济性原则实施福利政策才是适宜的。

参考文献

[1]H.哈士曼.认真对待各种自由——肯定性自由概念和否定性自由概念[J].国外社会科学，2005(6).

[2]陈水生.中国公共政策过程中利益集团的行动逻辑[M].上海：复旦大学出版社，2012.

[3]胡万年，等.康德政治自由的层次性[J].巢湖学院学报，2009(1).

[4]金刚，等.中国建立覆盖城乡社会保障体系的基本条件分析——基于国际比较的经验[J].人口与发展，2010(2).

[5]景天魁.“底线公平”的社会保障体系[J].中国社会保障，2008(1).

[6]景天魁，等.当代中国社会福利思想与制度—从小福利迈向大福利[M].北京：中国社会出版社，2011.

[7]雷晓康，等.强制首诊和双向转诊——神木“全民免费医疗”的下一步[J].社会保障研究，2011(1).

[8]尼古拉斯·巴尔.福利国家经济学[M].郑秉文，穆怀中等，译.北京：中国

劳动社会保障出版社,2003.

[9]彭华民,等,西方社会福利理论前沿——论国家、社会、体制与政策[M].北京:中国社会出版社,2009.

[10]钱宁.社会科学正义、公民权利和集体主义——论社会福利的政治与道德基础[M].昆明:云南大学出版社,2011.

[11]钱宁.现代社会福利思想[M].北京:高等教育出版社,2006.

[12]秦晖.共同的底线[M].南京:江苏文艺出版社,2013.

[13]秦左手要福利,右手要自由[EB/OL].[2013-06-26].http://www.caogen.com/blog/index.aspx? ID=132.

[14]清华大学凯风发展研究院社会进步研究所."中等收入陷阱"还是"转型陷阱"[J].开放时代,2012(3).

[15]秋风.政府的本分[M].北京:中央广播电视大学出版社,2013.

[16]深圳官员考核新规:民生净福利指标作为基准.新浪财经,http://finance.sina.com.cn/g/20070203/14573309924.shtml.最后登录时间,2013-11-22.

[17]宋士云,李成玲.1992~2006年中国社会保障支出水平研究[J].中国人口科学,2008(3).

[18]田千山.公共政策公共性的偏离和回归——基于善治理论的视角[J].党政干部学刊,2011(4).

[19]王小鲁.灰色收入与国民收入分配[EB/OL].[2013-07-04].http://www.caijing.com.cn/2010-09-06/110514339.html.

[20]威海医保定额结算添3病种[EB/OL].[2013-11-13].http://www.weihai.tv/helper/27687.html.

[21]韦森.大转型——中国改革下一步[M].北京:中信出版社,2012.

[22]萧功秦.从新制度主义看发展中国家的腐败与苏丹华现象[EB/OL].[2013-08-09].http://www.china-review.com/sao.asp? id=16876.

[23]亚诺什·科尔奈.后社会主义国家的福利部门改革:九条原则[J].经济社会体制比较,2001(4).

[24]杨光斌.公民参与和当下中国的治道变革[J].社会科学研究,2009(1).

[25]杨海坤.建立健全科学民主行政决策的法律机制[J].政治与法律,2006(3).

[26]杨建顺.行政裁量的运作及其监督[J].法学研究,2004(1).

[27]以赛亚·柏林.自由论[M].南京:译林出版社,2011.

[28]张维迎.市场的逻辑(增订版)[M].上海:上海人民出版社,2012.

[29]张泽想.论行政法的自由意志理念——法律下的行政自由裁量、参与及合意[J].中国法学,2003(2).

[30]郑秉文,等.英国养老金改革立法过程及其对中国的启示[J].社会保障研究,2011(3).

[31]郑杭生.社会转型论及其在中国的表现——中国特色社会学理论探索的梳理和回顾之二[J].社会学研究,2003(5).

[32]周晓丽,等.公民参与:公共政策合法性的路径选择[J].理论探讨,2005(4).

[33]周佑勇.裁量基准的正当性问题研究[J].中国法学,2007(6).

[34]朱玲.中国社会保障体系的公平性与可持续性研究[J].中国人口科学,2010(5).

推进贵州省公共资源交易监管体系改革的思考*

魏　霞　王鹏平❶
贵州省社会科学院　贵州省国有资产管理委员会

【摘　要】加强公共资源交易监管体系建设，充分利用市场优化公共资源配置，实现公共资源交易的市场化，既是贯彻党的十八大和十八届三中、四中、五中全会精神，进一步建立完善社会主义市场经济体制的必然要求，也是从源头上拓宽防治腐败、促进社会和谐发展的重要举措，具有深远的政治意义和现实意义。本研究从贵州省公共资源交易体系建设及公共资源交易监督体系现状入手，分析了贵州省公共资源交易体系建设及监管体系存在的问题，提出了明晰完善管理体制机制、构建更加完善的监管体系、借助平台实现互联互通、建立健全政策法规体系等推进贵州省公共资源交易监管体系改革四个方面的建议。

【关键词】公共资源交易　监管体系　改革创新

近年来，随着我国经济的持续快速发展和改革的不断深入，公共资源交易活动日益频繁、交易领域不断扩大、交易规模不断增加，公共资源交易发展形势总体良好。目前，我国约有1203个较为集中的公共资源交易有形市场，有2794个包括矿业权出让、土地使用权和国有产权交易、工程建设项目招投标以及政府采购等各类单项交易有形市场。❷ 同时，信息化水平不断提高，相应的电子化交易平台建设加快推进，这对于规范公共资源交易活动，促进公共资源交易在阳光下运行，发挥市场在资源配置中的主体作用，从源头上拓宽防治腐败发挥了积极的作用。

---

* 该论文为2014年贵州省社会科学院“省领导圈示课题”《贵州省公共资源交易监管体系研究》的部分研究成果，获时任省长陈敏尔、省委常委副书记谌贻琴批示。

❶ 魏霞，1965年出生，女，贵州省社会科学院区域经济研究所副研究员。王鹏平，1963年出生，男，贵州省国有资产管理委员会副处长。

❷ 公共资源交易平台建设方案公开征求意见，中国政府采购报2014-06-06.

一、贵州省公共资源交易体系建设现状

随着贵州新一轮西部大开发的推进、特别是国发2号文件的实施，在大力实施工业强省和城镇化带动战略、奋力后发赶超的过程中，政府投资和使用国有资金的工程建设项目、土地和矿产资源开发项目剧增。同时，中央部委的部属项目将按照属地管理和授权原则，下放地方进行招标投标。由于公共资源交易分散在不同部门和行业进行，多年计划经济体制形成“管办不分”的格局和既操办交易、又监督交易的“同体监督”机制，使建设工程发包、土地矿产出让等领域的腐败案件频发，公共资源交易的运行方式和监管机制已不适应当前经济社会发展的需要。为确保公共资源交易公平、阳光、透明，转变资源配置方式，使我省资源优势转换为竞争优势和经济优势，省委、省政府决定将分散设立在各行政主管部门的各类交易市场进行整合，在省、市两级建立集中统一的公共资源交易平台，将隶属于有关部门的政府投资和使用国有资金的工程建设招投标、政府采购、药品采购、国有产权交易、国有土地和矿业权出让转让等交易事项纳入省、市交易中心进行集中交易、统一监管，形成了统一的公共资源交易监督管理模式，明确提出交易活动“政府主导、管办分离，集中交易、规范运行，部门监管、行政监察”的原则，初步实现由决策、实施、监管一体模式向“管办分离”模式的转变。

2012年下半年，贵州九个市(州)和贵安新区结合实际，按照监督、管理、执行“三权分立”的模式和“管办分离、统一交易、统一监管”的原则，开始建立集中交易的公共资源交易中心，以底层突破的方式，全面探索建立公共资源交易体系建设，初步构建了“政府主导、管办分离；集中交易、规范运行；部门监管、行政监察”的公共资源交易监管体系，以解决多年来工程建设领域、招标投标、设备物资采购等工作腐败案件高发、易发的问题。全省9个市(州)的公共资源交易中心均在2012年9月前挂牌，贵安新区公共资源交易中心于2013年4月挂牌运行。2013年5月，省公共资源交易管理办公室成立，对全省公共资源交易进行业务指导和综合监管。按照“高起点规划、高标准建设、高效率推进、高质量运行”目标，2014年6月，省公共资源交易中心挂牌并投入使用。至此，贵州有省、市(州)两级共11个公共资源交易中心，此外14县设立了公共资源交易中心，全省公共资源交易体系基本建成。

省、市(州)、贵安新区公共资源交易中心均实行了“一委(公共资源交易管理委员会)、两办(公共资源交易管理委员会办公室和公共资源交易监督委员会办公室)、一中心(公共资源交易中心)”的公共资源交易管理模式和监督管理体

制，将公共资源交易环节从各行政主管部门剥离出来，基本按“决策、实施、监管”三分离的工作机制运行，实现了“规则制定--规则执行--执行监督”的分离，促进了全省公共资源交易平台建设从无形到有形、从无序到规范的转变，为促进权力在阳光下运行，从源头上遏制和预防公共资源重点领域腐败现象的发生，优化贵州的发展环境做出了积极贡献。

经过近三年的运行实践，贵州各市（州）、贵安新区公共资源交易工作取得了较大成绩，从 2012 年 6 月到 2014 年 11 月底，省、市（州）、贵安新区等两级 11 个公共资源交易中心累计完成交易项目 24937 宗，交易金额 4525.5 亿元，节约和增值资金 80.87 亿元。仅 2014 年 1～12 月，省、市（州）、贵安新区等两级 11 个公共资源交易中心共计完成交易项目 14911 宗，交易金额 2414.68 亿元，节约和增值资金 41.17 亿元。

二、贵州省公共资源交易监督体系现状

（一）公共资源交易活动的监督平台

贵州省公共资源交易监督体系按照行业监督、综合监督和社会监督相结合的模式建立了省、市（州）、县（市）、乡（镇）四级监督平台。

1.行业监督

按照“法定职责必须为、法无授权不可为”的原则，以“管政策、管规则、管监督”的思路设置监督机制；各行政主管部门按照法定职责职能，牵头拟定所管行业的交易项目监督办法，依法履行监管职责；以“规范交易行为、杜绝权力插手、防范围标串标、减少自由裁量”为工作目标。

2.综合监督

公共资源交易管理机构按照授权职责，对公共资源交易平台进行综合监管。各级公共资源交易管理机构对公共资源交易平台进行考核评价，建立了市场主体，以及第三方参与的社会评价机制，促进了本级公共资源交易平台不断规范与服务的改进。

3.社会监督

社会监督、交易活动管理办法的各制定单位在各类规定办法中，明确规定了交易活动必须公开的内容、公开方式、公开时间，并且公开方式多元化，最大限度地让社会公众知晓交易活动情况，确保了社会公众知情权，落实了社会监督功能。

（二）公共资源交易活动的监督分工

按照行政监管与综合监管相结合的思路，公共资源交易的行政监管以法定职责、审批渠道、行业管理等因素作为监管依据：省发展改革委、经济和信息化委、住房城乡建设、交通运输、水利等部门，负责对其审批、管理的工程建设项目的交易活动进行监管；财政部门负责对政府采购活动进行监管；国土资源行政主管部门负责对国有用地使用权、矿业权出让转让活动进行监管；国有资产监督管理部门负责对国有资产交易活动进行监管；卫生与计划生育部门负责对药品、医用耗材、医疗器材集中采购活动进行监管；商务、工商、法院、海关等部门负责对罚没物资拍卖活动进行监管；环保、林业等部门按照法定职责对本行业（系统）相关的交易活动进行监管；公共资源交易管理（公共服务管理）机构负责对公共资源交易平台实施综合监管；行政监察部门负责对行政监督或主管部门、公共资源交易管理机构以及工作人员履行职责实施监督，依法查处违规违纪行为。

（三）公共资源交易活动的行政监督

发改、财政、工信、国土资源、住房和城乡建设、交通运输、水利、商务、卫生、国有资产监督管理等行政主管部门，根据相关的法律法规及职责，履行所管业务的前置审批监管、交易过程监督和违法违规处理执法；审计机关负责对各类公共资源交易项目资金使用情况进行审计监督；监察机关负责对公共资源交易活动的执法监察，主要是查处违纪违法行为。同时，将公共资源交易监督平台建设融入全省电子行政监督平台建设。省及各市州有关部门会同监察机关，结合电子政务监察建设，加快本地区交易中心的电子监督平台的互联互通建设。交易服务平台主要是向行政监督部门、监察机关开放的监管信息通道，不排斥或限制所进行监管的信息内容，并维护监控系统设施，确保在线监督的真实性和可靠性。

（四）公共资源交易活动的综合监督

贵州省公共资源交易管理委员会负责对全区公共资源交易工作中重大事项的研究、指导和协调。省公管办根据省政府授权，负责公共资源交易活动的综合监督、管理和协调，对进入平台交易全程实施综合管理、监督、协调、服务。发展改革、财政、工信、国土资源、住房和城乡建设、交通运输、水利、商务、卫生、国有资产监督管理等部门，根据相关的法律法规，履行行业审批监管和监督执法等职责。审计机关负责对各类公共资源交易项目资金使用情况进行审计监督。监察机关负责对公共资源交易活动的执法监察，严肃查处违纪违法行为。相关部门加强协调配合、形成合力，建立了行业主管、综合监管与行政监察既相互独立与相互制约、又相互合作与补充的公共资源交易监管新机制。

(五)公共资源交易活动的社会监督

建立健全了公共资源交易信息公开制度,改革完善现有的公示内容,确保了公共资源交易参与各方和社会公众对交易活动的知情权。一是在信息平台上及时发布完整的交易信息,及时公布公共资源交易事项核准、交易公告、交易候选人、交易结果、交易代理等信息,特别是对成交结果的公示内容进行改革,既有让社会公众知晓成交结果是怎么产生的内容,又有监督必需的信息,并及时公告对违规交易行为的处理结果,使交易活动真正地实现公开透明。二是通过公共资源交易信息公开,充分发挥市场竞争机制在公共资源配置中的作用,提高公共资源配置效益。对依法必须公开的信息,全面采用网络技术,突破地域和行业限制,实现更及时、更大范围、更多内容的信息公开,便于公共资源交易当事人、其他利害关系人及社会公众真正享有知情权,从而构建行政监督、综合监督、社会监督三位一体的立体监督网络,增强了监督的有效性。

(六)对公共资源交易活动的投诉举报处理

一是明晰处理的权责边界。按照行政监管职责,各行政监督部门接受并处理对其所管理项目在交易过程中产生的举报投诉;监察机关按照职责对行政监管部门实行行政监察。各级监管部门通过网络监管平台,在线对公共资源交易全过程进行实时监督,利用监督平台依法查处交易活动中的违法行为,接受处理公共资源交易活动中的投诉举报;二是各级公共资源交易管理机构,接受并处理对交易平台的举报投诉,协助各级行政主管部门处理交易项目的举报投诉,协调涉及多个部门的项目处理;三是加强和改进处理方法。各级行政监督部门和监察机关逐步减少使用纸质载体的监督管理方式,改革行政审批和核准环节,加强与项目审核、财政资金拨付、项目实施、合同管理等环节的联动,以行政监督的无纸化推动公共资源招标投标全流程的电子化,最大限度地发挥了电子招标投标节约成本、提高效率、促进公开的优势。

三、贵州省公共资源交易体系建设存在的问题

1.“同体”监管的问题依然存在

由于管理体制原因,不少项目还是“规划决策、建设实施、管理监督”一体化,使得这些行政主管部门在公共资源交易活动中的角色难以厘清,无法落实“管办分离”原则。

2.监督手段落后、不到位

目前,对公共资源交易各类业务的监管仍由各行政主管部门根据职责承担

的这一管理体制仍然延续。各行政主管部门过去已对交易活动的管理形成一套监管模式，都依据自身职责制定了相关的管理规章制度。在推行集中交易、剥离交易功能后，他们的职责边界有所变动，但国家层面并未作调整，各地原有的规定制度难以套用。各交易中心成立后，对交易活动监管的沟通工作机制未及时跟上，造成行业监管与交易平台配合不够紧密，监督作用未能得到充分体现。此外，由于没有统一的交易平台机构设置标准，各公共资源交易中心均存在监督部门及招投标监管岗位人员数量偏少、人员不固定，同时还承担其他工作职责，个别交易中心甚至既没有内部监督制度又没有内部监督部门及人员，内部监督、风险防控能力监督设施功能尚在完善之中，客观上造成了对公共资源交易活动的监督责任执行力不足，监管时常缺位，没有切实履行好监督职责。

3.评审专家和中介代理机构的管理亟待加强

评审专家均不同程度存在“专家不专、种类不全、行为失范、参与评标随意性大、劳务费漫天要价”等问题。部分专业专家人数过少，少数专家受利益驱动，在评标过程中发生失职、渎职和徇私舞弊行为，违规履职的情况时有发生。部分中介代理机构在公共资源交易活动过程中，存在违法租借招标代理资质，与招标人或投标人相互串通、组织围标串标，泄露应当保密的信息等违法违规现象，“中介不中”的问题凸显。在公共资源交易活动中，对中介代理机构缺乏统一有效的管理制度和模式，中介代理机构场外的不规范行为缺少监督措施，导致公共资源交易的部分重要工作环节游离在监管体系之外，无法实施有效监督。此外，各交易中心选择管理中介代理机构的方式各异，导致对各交易中心中介代理机构的管理及确定方式不统一。

三、推进贵州省公共资源交易监管体系改革的思考

1.明晰完善管理体制机制

一是组建省级公共资源交易管理委员会，明晰和完善公共资源交易的决策、管理、实施、监督等部门的职责及工作机制决策机制；二是理顺公共资源交易的管理机构和层级，明晰管理权责边界；三是规范公共资源交易平台的定位，解决平台定位不清等问题；四是完善公共资源交易行政监督配套制度，根据我省公共资源交易实际，明确各家行政监管部门的工作及协调机制；五是依据社会征信体系建设的相关要求，建立健全我省公共资源交易领域的诚信建设工作机制，与社会征信体系建设保持沟通流畅，在公共资源交易活动的全过程，使用社会征信体系成果，不断将公共资源交易过程中产生的诚信数据补充到社会征信数据库中；

六是建立健全决策、实施、监督既相互制约又相互协调的公共资源交易监管体制，理顺职能关系，积极推进公共资源交易监管体制改革，探索建立公共资源交易共同监管的新机制。

2.建立健全政策法规体系

根据全省社会经济发展的需要，建立健全符合我省实际的公共资源交易配套政策法规体系。一是编修已经印发的“进场交易目录”“综合评标管理办法”等规定；二是制定出台《贵州省公共资源交易办法》《贵州省公共资源交易服务标准》《贵州省公共资源交易活动监督办法》《贵州省公共资源交易平台建设标准》等基础性地方法规。

3.借助平台实现互联互通

以建成全省统一的公共资源交易“一网三平台”（公共资源交易网，电子业务平台、信息发布平台、监督管理平台）为改革突破口，实现全省的公共资源交易活动在统一的电子化平台上运行、发布、监管，并与国家的公共资源交易系统互联互通。

4.构建更加完善的监管体系

一是严格加强监管。发改、工信、水利、商务、国资、住建、财政、交通运输、税务、审计、监察等部门要按照职责分工，严格按法定权限加强监管，着力解决政出多门，权限交叉、同体监督等问题。发改、住建、财政等部门要依法履行对政府采购活动的监督管理职责；国土资源行政主管部门要负责对土地使用权和矿业权出让活动依法进行监管；国有资产监督管理机构要加强对企业国有资产产权交易的监督管理；交通运输、水利、商务等部门要加强对招标、投标活动的监督；审计部门和价格主管部门要加强对公共资源交易平台收费情况的审计监督和价格监督检查；行政监察部门要按照法定职责，对行政监督或主管部门、公共资源交易平台及工作人员履行职责实施监督，依法查处违规违纪行为；二是创新和转变监督方式。加快建设电子化行政监督系统，各监管部门要通过与各级公共资源交易信息服务系统连接，实现对交易活动的依法监督和自动预警。建立市场主体以及第三方参与的社会评价机制，加强对公共资源交易平台的考核评价。完善公共资源交易平台服务投诉举报处理机制，开辟网上投诉举报电话或渠道，依法处理有关公共资源交易平台违法违规行为。对公共资源有形交易场所收费进行全面清理规范，凡是政府建设的公共资源交易服务场所原则上不得向交易方收取费用，确需实行收费的，必须报请省级价格主管部门按照成本统一核定交易服务收费标准，并向社会公布。建立公平公正的阳光交易平台，确保各类资源最大限度地转化为经济优势和竞争优势。

参考文献

[1]陈敏尔在贵州省人大十二届二次会议政府工作报告[N].贵州日报,2014-01-24.

[2]谌贻琴率队到省公共资源交易中心现场办公[N].贵州日报,2014-05-16.

[3]《整合建立统一的公共资源交易平台工作方案》,2015-08-10,国办发〔2015〕63号,http://baike.baidu.com

[4]梁戈敏.中国公共资源交易管理——理论、实践及制度创新研究[M].北京:经济科学出版社,2013.

[5]刘俊.常德市公共资源交易监管平台建设研究[D].长沙:湖南大学,2012.

[6]吴世扬.深化公共资源交易体制改革[N].汕头日报,2014-06-23.

[7]张书林.把握党的十八届三中全会精神必须理清十大关系[J].学习论坛,2014(1).

精英捕获:精准扶贫的一个现实困境分析

邱明红　冯育林❶

云南大学公共管理学院　云南,昆明　650091

【摘　要】精英捕获(elite capture),是指本应该惠及大众的资源被少数群体(常常是政治或经济上有权力的集团)占有,从而导致在政治和经济上权力较弱的集团的利益受到损害的现象。有关学者研究后发现,这一现象在我国扶贫工作中也屡见不鲜,我国扶贫治理中大量存在着“扶富不扶贫”的精英捕获现象。2014年以来,党和国家提出了精准扶贫的新治贫之道和工作机制,目的是要将国家有限的扶贫资源精确地瞄准到最需要的贫困群体,从而最大限度地消除精英捕获所带来的政策和资源偏离。然而在精准扶贫实践中,彻底解决精英捕获问题还存在一些难题和挑战,需要我们积极地去正视和面对。

【关键词】精英捕获　源瞄准　扶贫治理　精准扶贫

邓小平说,贫穷不是社会主义,一部分人富起来,一部分人长期贫困也不是社会主义。因为社会主义的性质决定了我国必须要不断消除贫困,提高人民生活水平,使人民能够共享改革开放和社会发展所取得的成果,并最终实现共同富裕。扶贫开发是中国共产党和中国政府的一大德政工程、民生工程,我国自1986年扶贫开发以来,通过近30年的不懈努力,取得了举世瞩目的成就,国务院扶贫办官员表示“按中国的扶贫标准,改革开放以来我国累计减少了2.5亿贫困人口;按照国际扶贫标准测算,总共减少了6.6亿贫困人口。”[1]但是,我们在肯定所取得的成绩时,也要看到我国扶贫开发仍然面临着艰巨的任务,根据国家统计局利用农村住户抽样调查数据所做的估计,2013年年底全国共有8249万收入低于2736元的贫困人口。[2]

我国要实现国家治理的现代化,就必须要实现乡村治理的现代化。现阶段我国乡村治理现代化的重要任务就是精准扶贫,让八千多万贫困户脱贫奔小康。

❶　邱明红(1990年—),男,甘肃定西人,云南大学公共管理学院硕士研究生,主要研究方向为政治学理论和公共政策。冯育林(1991年—),男,云南文山人,云南大学公共管理学院硕士研究生,主要研究方向为政治学理论。

本文正是基于乡村治理现代化的视角，对我国改革开放以来农民阶层分化下扶贫资源的瞄准机制加以审视，在此基础上探讨扶贫资源利用过程中所存在的一种重要偏差——精英捕获问题，并对精准扶贫新机制下如何应对扶贫治理过程中精英捕获这一问题进行一些对策性的分析。

一、农民分化与精英阶层的兴起

所谓农民的分化是指“农民由一致性向异质性转变的过程，包括职业、经济、权力和社会关系等方面的分化。其中，经济上的分化是主导，往往会带来其他方面的分化。社会关系上的分化包括居住、消费、生产生活和社会交往等诸方面的分化。农民分化在社会结构上体现为农民被分化为不同的阶层。”[3]我国的农民阶级开始出现比较明显的分化是在改革开放以后，之前由于我国实行人民公社的集体劳动和集体分配制度，农民之间并没有出现大的分化。官方统计数据显示：全国的基尼系数从 1981 年的 0.288 提高到 2012 年的 0.474，不平等程度增加了 65。农村的基尼系数从 1978 年的 0.2124 提高到 2011 年 0.3897，增加了 83。[4]这种贫富分化使一部分农民在经济上获得相对优势，经济上的优势又会通过各种渠道转变为政治和社会地位上的优势，从而获得各种资源的能力居于一般农民之上，这将不可避免地导致农民之间产生分化：“当前，我国多数农村地区的农民已不再是铁板一块，他们被分化为职业取向、利益来源、经济收入、关系重心、价值观念和政治态度差异极大的不同阶层。”[5]

毛丹、任强用社会资源标准即个人生存权利与发展机会的受保障程度而将我国农村社会划为四个阶层：上层（精英阶层）、中上层（代理人阶层）、中层（普通村民），以及下层（弱势群体）[6]，并认为所谓的精英阶层包括农村的政治精英、经济精英和社会精英，这些精英有着一些共同的特点：第一，他们都摆脱了生存压力，在经济上较富裕；第二，他们的活动范围在很大程度上都是超社区的，可能运用超社区的关系网络对社区施加影响；第三，他们的社会关系网的质量较高，因此他们获得的发展机会远远超过普通村民。而弱势群体在资源的拥有、人际关系以及发展的机会上明显处于不利地位，需要享受政府扶贫资源的照顾才能够生活下去。杨华等在经过田野调查的基础上，进一步以土地的占有与耕种为基础，结合经济、权力、知识和社会关系等获得社会资源的方式，将当前我国农村社会划分为 5 个阶层：精英阶层、中上阶层、中农阶层、中下阶层、贫弱阶层五大理想阶层。[7]农民的分化会导致农村社会结构、社会关系、村民自治、干群关系以及人们的精神面貌等发生变化，也会给诸如扶贫开发、农业发展、乡村精神文明建设、劳动力转移、人口流动等工作增加困难。

我国的农民阶级分化与乡村扶贫治理是一个同时进行的过程。这是因为，在我国大力进行农村建设和农村治理的过程中，要依靠人民就要充分调动农民的积极性，鼓励农民通过合法劳动和勤奋工作增加收入，提高生活水平。另一方面又要对那些收入水平低，生活困难的群众进行扶贫，以帮助他们脱贫致富，共享社会主义条件下改革开放和经济发展所带来的成果。如此一来，经济发展一方面使得大量的农民收入增加，因而根本不需要政府扶贫资源的照顾，而在这一过程中逐渐拉大的贫富差距又使得一部分人极需要享受政府所提供的扶贫资源。这样，就出现了一个如何甄别贫困户的难题，这一难题又在农民阶层不断分化，精英阶层不断产生，而政府又必须加紧对分化出来的贫困户实行扶贫，这样在谁是贫困者这个问题上就显得应对不足。这可从审视我国改革开放以来乡村扶贫治理的资源瞄准机制显示出来。

二、乡村扶贫治理资源瞄准机制回眸

扶贫资源投向谁，让哪些人得到有限的资源，即如何确定扶贫的对象或资源的瞄准机制始终是扶贫工作的前提和基础。但是在国家扶贫资源有限的前提下，如何找到穷人，让他们能够真正得到国家政策带来的好处，却一直没有找到一个令人满意的方法。回顾中华人民共和国成立以来我国乡村扶贫政策的历程，可以发现，自中华人民共和国成立以来特别是改革开放以来，我国扶贫政策及其瞄准机制主要经历了四个重要阶段。

第一，体制改革推动式扶贫阶段。20 世纪 70 年代中后期，中国贫困问题在农村表现得十分突出，“1978 年全国乡村人口占总人口的 82.08%，当年农民家庭人均纯收入仅为 133.6 元，农民年消费水平为 138 元。按照当时的农村贫困标准，8 亿农村人口中，超过 30%属于贫困人口。”[8]贫困的主要原因是经济体制束缚了农村生产力的发展，自中共十一届三中全会以后，开始进行农村经济体制改革。改革的结果主要是确立了以家庭联产承包责任制为基础，统分结合的双层经营体制。这一体制极大地增强了我国农村生产生活的活力，农产品的产量迅速翻升，解决了几亿农民的吃饭问题。同时，由于剩余农产品可以在市场自由买卖，使农民的经济收入也得到了大幅度的提升。体制改革释放出来的活力带来了经济增长，而经济增长带来的自发减贫效应对于广大农民减贫、脱贫起到了重大的作用，另外国家还进行了一些救济式的扶贫，主要是将全国最为贫困的甘肃定西、河西和宁夏西海固地区作为“三西”专项建设列入国家计划，每年拨款两亿进行区域性的专项扶持工作。这些工作对于推动 80 年代国家大规模扶贫计划的实施有着重要影响。

第二,20 世纪 80 年代实施的大规模开发式扶贫阶段(1986—1993 年)。我国自 1986 年开始设立专门的扶贫开发机构——贫困地区经济开发领导小组,来有计划、有组织的在农村地区开展大规模的扶贫开发,这一阶段政府在乡村扶贫的政策上开始改变过去单纯以经济和物资援助为主的救济式扶贫,开始在我国经济发展落后,自然条件差,人民生活水平低下的地区进行有针对性的、大规模的综合扶贫开发。这一阶段在扶贫的对象瞄准上,主要是以县级区域为瞄准对象,贫困县是分配各项扶贫资金的主要依据,贫困村和农户则是使用扶贫资金的主体。1985 国家确定的贫困县标准为年人均纯收入低于 150 元的县和年人均纯收入低于 200 元的少数民族自治县;对民主革命时期做出过重大贡献,在海内外有较大影响的老区县,则放宽到年人均纯收入 300 元。到 1986 年,全国共确定贫困县 331 个。研究发现,贫困县瞄准一方面排除了非贫困地区贫困人口,大约有 30%的农村贫困人口分散在非贫困县中无法受益于扶贫资源;另一方面贫困县中非贫困人口却受益于扶贫资源,因为在贫困县,也只有 27.8%的农村人口生活在贫困线以下。[9]

第三,八七扶贫攻坚阶段(1994—2000 年)。1991 年中央召开了第一次全国扶贫开发工作会议,对扶贫开发工作做出了全面部署,国务院颁布了《国家八七扶贫攻坚计划(1994—2000)》,这是我国历史上第一个有明确目标、对象、措施和期限的扶贫开发行动纲领。1994 年,国家对贫困县的标准进行了一次调整:以县为单位,凡是 1992 年年人均纯收入低于 400 元的县,全部纳入国定贫困县扶持范围;凡是 1992 年年人均纯收入高于 400 元的原国定贫困县,一律退出国家扶持范围,贫困县增加到 592 个。

第四,新世纪整村推进扶贫开发阶段(2001 年至今)2001 年 5 月中央召开全国扶贫开发工作会议,总结了以往扶贫开发的成就和经验,部署了今后 10 年的扶贫开发工作。根据会议的精神,国务院颁布了《中国农村扶贫开发纲要(2001—2010 年)》。根据以前扶贫开发取得的成果,到 2000 年,生活在贫困县的绝对贫困人口占全国总贫困人口的 54.3%;有大约一半的贫困人口生活在非贫困县。[10]国家改变以往扶贫开发以县域为瞄准点的做法。开始以村为单位进行整村推进 2002 年,国家共确定了 14.8 万个贫困村。

回顾我国三十多年扶贫开发政策尤其是扶贫资源的瞄准机制,可以看到,在确定扶贫资源的对象上,经历了从 1982 年国家对"三西"地区的扶贫到对 18 个连片贫困区的投入,从 1986 年 331 个国定贫困县的确定到"八七扶贫攻坚"期间

592 个国定贫困县的调整，再到 2002 年全国 14.8 万个贫困村的确定，说明随着贫困监测水平的提高，贫困目标的锁定越来越精确、越来越具体。理论上来说，在扶贫工作中将对象下移到村一级，应该能够发挥出政策的效益，使贫困户真正受益，但是大量研究发现，这一政策的实施并没有解决贫困农户被排斥在扶贫资源享受之外的问题，大量的扶贫资源仍然被富裕农户所获取，扶贫资源还是没有发挥最大的效应。

三、精英捕获：扶贫治理的一个现实困境

精英捕获（elite capture），是指本应该惠及大众的资源被少数群体（常常是政治或经济上有权力的集团）占有，从而导致在政治和经济上权力较弱的集团的利益受到损害的现象（Dutta，2009）。Jean－Philippe 在对一些社区或参与援助项目的研究中发现，由于在这类项目中有大量的外部资源或上级资源进入，但在地方层面上这些项目的资源很容易被精英所捕获，必须减轻这一问题，这样大部分的援助基金因此就可以支付到达指定受益人。作者认为援助基金的顺序和条件释放可能不足以控制精英捕获，因此有必要采取援助机构之间的协调机制，如多边声誉机制等来解决。[11]这种由于外部资源进入，基层又要对这些资源进行分配，在此过程中，真正应该享受资源的人被排斥在外，而地方层面在政治、经济等方面比较有优势的个人或集体占据了大部分资源的现象就是精英捕获。

李小云等在广西、宁夏、江西和云南的调研发现，扶贫项目对贫困群体的覆盖率只有 16%，对中等户与富裕户的覆盖率则分别为 51% 和 33%。[12]根据李小云等的研究，在一些农村扶贫项目的实施过程中，存在着明显的“门槛效应”。这类项目主要是产业发展项目、小型基础设施建设项目，都需要农户承担配套资金，贫困农户不具备项目实施的必要条件而被排斥在外，富裕农户在争取这些项目资金的时候具有竞争优势。汪三贵对云、贵、川三省 60 个村 1200 户的调查发现，2013 年建档的农户中 40% 的农户收入高于贫困线，而在非建档的农户中 58% 的农户收入低于贫困线。[13]这说明，“扶富不扶贫”这种扶贫资源和政策严重倾斜甚至异化的精英捕获现象在农村扶贫工作中一定范围内是真实存在的，需要引起我们足够的重视。其他学者的研究也显示出同样的结果，张倩在关于内蒙古牧区贫富分化的研究中发现，贫困陷阱和精英捕获同时作用导致当地贫富分化越来越显著，一些牧户基于其经济和社会资本获得更多项目支持，抗灾能力增强；而另一些牧户却由于基础设施差和资金缺乏等原因，牲畜越来越少，最终成为无畜户。[14]

在以往瞄准区域和县为扶贫开发目标的过程中，我国主要是在这些贫困区域和贫困县实施基础设施建设和一些到户项目（如水窖、沼气等），基础设施的改善，以及入户项目的实施按理来说会给贫困户带来实实在在的利益，但实际情况却并非如此，原因就在于贫困户由于缺少配套资金和必要的商业头脑很难利用基础设施的完善（如道路）来提高经济收入，往往获利的是富裕农户。甚至在到户项目中由于缺乏必要的配套资金而让扶贫资源流入到比较富裕的农户之中。金融性的政策扶持就更是如此，因为需要抵押和担保，贫困户往往因不具备条件而被排斥在政策利好之外，此外，在扶贫异地搬迁等过程中贫困户因缺少配套资金真正能够享受到的就更是少之又少。

有学者研究发现，导致精英捕获的因素很多：政治因素如当地的权力结构和意识水平；经济因素如收入水平和贫困；社会因素如社区的同质性；制度因素如监测和惩罚官僚腐败的高额成本；还有项目设计方面如项目规模、官方评判标准以及项目是否关注公共或私人物品的分配等（Pan&Christiaensen，2012）。从以上研究中可以看出，精英捕获就是“精英”将一些外部流入的资源通过一定的方式来让自己获得某些方面的受益，而另一些该获得资源的人失去了机会。所以在这一过程中，“精英”们肯定不会明目张胆地行事，而是将事情做得相当隐蔽，因此，也给准确分析和把握这一问题带来了一些困难。

四、精准扶贫：应对精英捕获的可能出路

在吸取我国三十多年扶贫开发资源瞄准机制存在的扶贫资源得不到最大化利用的经验教训基础上，为引导和实现各类扶贫资源的最优配置和最大效益，针对不同地区、不同贫困人口的特点提供差异化和精准化的扶持，国家于 2014 年提出“精准扶贫”的新工作方法和工作要求，目标是要“通过对贫困户和贫困村精准识别、精准帮扶、精准管理和精准考核，引导各类扶贫资源优化配置，实现扶贫到村到户，逐步构建精准扶贫工作长效机制，为科学扶贫奠定坚实基础。”可以看出，在实施精准扶贫过程中放在第一位的仍然是如何对贫困户的精准识别问题，官方的表述是要通过申请评议、公示公告、抽检核查、信息录入等有效的方法和步骤，将贫困户和贫困村有效识别出来，并建档立卡。

精准扶贫这一扶贫开发中的新举措和新机制的出台，对于改变以往我国在扶贫资源瞄准机制上的目标偏离来说，具有很强的技术指导意义和实践价值。有学者研究认为，“精准扶贫本身就是对中国扶贫工作在为由特定区域扶贫转向特定群体扶贫这一转型过程中所暴露出的瞄准偏离问题和精英捕获现象开出

的新药方。”[15]从精准扶贫这一扶贫新思路的提出来看,就是对我国长期在扶贫工作中长期没有弄清楚我国贫困人口到底有多少,农民贫困的具体原因不清楚,扶贫采取的措施和方法针对性不强,大量扶贫资金和项目没有发挥出其最大效应的一次有效回应和应对。

精准扶贫就是要真扶贫,在具体的做法上要改变过去我们将扶贫精准到区域,然后精准到县,再精准到村的做法,这次提出的精准扶贫是要精准到村、到户,是要针对不同贫困区域环境、不同贫困农户状况,通过农户申请、群众评议、初步公示、听取意见、深度核查、民主评定、公示公告等有效程序精确识别出贫困户,然后在精准识别的基础上实施精确帮扶、精确管理。

精准扶贫这一扶贫机制的新思路,对于应对乡村扶贫中所存在的精英捕获现象,可能是一剂良方。以甘肃省推出的“1+17”精准扶贫工作方案为例,1 就是要确保到 2020 年与全国一道实现全面建成小康社会的目标,17 就是要在饮水安全、贫困村动力电覆盖、交通、危房改造、教育、卫生、金融、干部培养等 17 个领域对贫困村展开全面帮扶。[16]而且在每一个方面都确定了时间表和任务图,在形式上确实展现出了精准性和组合型的特点,在扶贫对象的确定上,实行“市县乡村四级联动,按照贫困户‘五清’(底数清、问题清、对策清、责任清、任务清)和贫困村‘六有’(有村情档案、有问题台账、有需求清单、有村级规划、有单位帮扶、有脱贫时限)要求[17]”。这样,在精准扶贫精准识别上“精准人”、在资源上精准投入,在扶持上精准到贫困户的需求上。这种工作思路如果落实到位,将有效地防止精英捕获现象的产生,而从现实情况来看,要杜绝这种现象的出现,还存在着一些困难和挑战。

五、愿景展望:精准扶贫的实践难题及其化解

从现实情况看,要识别贫困村相对简单,而要精准识别贫困人口并不是一件容易的事情。由于我国经济长期稳步增长的自然减贫效应加上三十多年政府扶贫开发所取得的成效,我国贫困人口的绝对规模已经大大减少,而建立在贫富分化基础上的相对贫困人口基数仍然很大。精准扶贫就是要在相对贫困人口中找出最贫困、最需要扶持的贫困户来。相较于绝对贫困,相对贫困识别的难度要大很多,而要在此过程中进一步识别最困难和最需要扶持者就难上加难,至少,还存在着一些现实的挑战等着一线操作者来应对。

在精准识别的标准上,国家的国定标准是按照 2013 年人均纯收入低于 2736 元来进行识别,根据国家统计局利用农村住户抽样调查数据的估计,2013 年年

底全国共有8249万收入低于2736元的贫困人口。另外,就是贫困人口的分布状况发生了变化,由20世纪80年代的普遍式分布为主转变为相对集中于少数自然条件艰苦的地理片区,以及分散各地的“插花贫困”和社区里的个别贫困为主。这样,对贫困人口的收入进行确认和准确识别,是一件难度很大的事情。

从实际的操作情况来看,这一工作往往由村一级来完成,村一级在识别的过程中又不能简单地以人均收入为标准,往往还要考虑农户的劳动力状况、家庭负担、身体状况,以及人际关系等因素。单纯的按照收入来对贫困户进行识别在村一级是很难办到的,结果就是村一级在具体实施过程中往往按照农户申请、民主评定、公示公告等办法来进行,而在这种看似公正公开的民主评议下,在有关专家的田野调查中却存在着严重的目标偏离,识别结果存在着50%的错误率。[13]

精准扶贫实践中存在的这些难题,需要积极地去正视和面对,探索并进一步发展和完善扶贫工作新机制和新方法。否则,将影响政策的地气和实效,让政策效果大打折扣。在探索中,成都市提出的以“村民议事会”为突破点的新的农村治理机制就很有创新,这种机制通过民选代言人,实行三级授权、“民事民议、民权民定”等具体措施,有效地解决了包括扶贫资源分配在内的一系列村治难题。[18]另外,要进一步开拓党组织领导核心地位的实现途径,发挥村级党组织在农村扶贫资源分配中的重要作用,使党和国家的政策真正落到实处。当然,问题总是和解决问题的办法一同产生的,相信在人民群众的伟大实践中,将会有更多的措施和办法来应对这一难题。

参考文献

[1]人民网.改革开放以来我国减少贫困人口6.6亿[EB/OL].[2015-09-27].http://he.people.com.cn/n/2014/0127/c192235-20485519.html.[引用日期:2015-09-27].

[2]国家统计局.2013年国民经济和社会发展统计公报[EB/OL].[2015-09-27].http//www.stats.gov.cn/tjsj/zxfb/201402/t20140224-514970.html.

[3]杨华.农民分化程度与农村阶层关系状况[J],人文杂志,2014(122).

[4]国家统计局住户调查办公室.中国住户调查年鉴2012[M].北京:中国统计出版社,2012:156.

[5]陆学艺.当代中国农村与当代中国农民[M].北京:知识出版社,1991:45.

[6]毛丹,任强.中国农村社会分层研究的几个问题[J].浙江社会科学,2003

(96).

[7]杨华."中农阶层":当前农村社会的中间阶层[J].开放时代,2012(72).

[8]林闽钢,陶鹏.中国贫困治理三十年:回顾与前瞻[J].甘肃行政学院学报,2008(51).

[9]张新伟.扶贫政策低效性与市场化反贫困思路探寻[J].中国农村经济,1999(52).

[10]汪三贵,Park A,Shubham Chaudhuri 等.中国新时期农村扶贫与村级贫困瞄准[J].管理世界,2007(56-64).

[11]Platteau J P. Monitoring elite capture in community—driven development. Development and Change,2004(2):223—246.

[12]李小云,张雪梅,唐丽霞.我国中央财政扶贫资金的瞄准分析[J].中国农业大学学报(社会科学版),2005(1-6).

[13]汪三贵.中国农村的精准扶贫问题[J].贵州社会科学,2015(149).

[14]张倩.贫困陷阱与精英捕获:气候变化影响下内蒙古牧区的贫富分化[J].学海,2014(132).

[15]左停,等.精准扶贫:技术靶向、理论解析和现实挑战[J].贵州社会科学,2015(157).

[16]中国甘肃网.什么是甘肃省精准扶贫的"1+17"?[EB/OL].[2015-06-12].http://gansu.gscn.com.cn/system/2015/06/12/011037370.shtml.

[17]中共中央党校第 38 期中青一班四支部陇南调研组.精准扶贫在陇南——关于甘肃省陇南市扶贫开发工作的调查与思考[J].中国党政干部论坛,2015(89-93).

[18]陈红太:成都市新型村级治理机制调研报告[EB/OL].[2011-01-28].http://economy.caixin.com/2011-01-28/100222343-all-html.

适应贵州发展新常态，完善坚守“两条底线”实绩评价体系的思考

安和平❶

贵州大学公共管理学院　贵州，贵阳　550000

【摘　要】通过对我省“两条底线”绩效评价体系建设的沿革及现状进行梳理，得出探索体现科学发展观和正确政绩观要求的干部考核评价制度，我省始终走在全国的前列，使贵州进入后发赶超、加快全面小康社会建设的重要阶段，正在探索走一条有别于东部、不同于西部其他省份的发展新路，走向“守底线、走新路、奔小康”的新阶段。其关键是坚持党的领导，不断探索和创新坚守“两条”底线，处理好“快”与“好”的关系，努力实现以坚守“两条”底线抓党政干部队伍建设，党政干部队伍建设促进坚守“两条”底线不断创新，一届接着一届持续努力探索可持续发展新模式的结果。分析了新常态、新阶段“两条底线”实绩评价需要完善的工作和面临挑战，制定落实《责任追究办法》实施细则，提高操作的可行性；加快生态环境监测网络建设，支撑坚守生态底线实绩评价等完善“两条底线”实绩评价体系的建议。

【关键词】两条底线　新常态　实绩　评价体系　底线指标　激励性指标　责任追究

一、引言

2015年6月，习近平总书记在视察贵州重要讲话中，提出“希望贵州协调推进‘四个全面’战略布局，守住发展和生态两条底线，培植后发优势，奋力后发赶超，走出一条有别于东部、不同于西部其他省份的发展新路”，赋予了贵州“守底线、走新路、奔小康”新使命。习近平总书记对贵州发展提出的殷切希望，言简意丰、语重心长、振奋人心，给贵州科学认识新常态，主动适应新常态，把握新机

❶　安和平，1958年出生，男，研究员，贵州大学学术学科带头人，享受国务院政府特殊津贴专家。长期从事人口与资源环境、可持续发展理论与实践、环境社会学、生态文明等领域研究与教学。

遇,实现新发展,创造新未来指明了方向;是贵州实现科学发展、后发赶超的“线路图”,是落实“四个全面”战略布局,推动贵州守住发展和生态底线、走出一条发展新路和与全国同步全面建成小康社会的重要指南和行动纲领。❶❷ 落实习近平总书记对贵州发展提出的殷切希望,必须以“四个全面”战略布局为引领,把坚守“发展和生态”两条底线的要求贯穿到各项工作中去,其根本措施是建立和完善“守住发展和生态两条底线”的政绩评价考核制度。

陈敏尔书记在2015年8月29日“守底线、走新路、奔小康——深入学习习近平总书记视察贵州重要讲话精神理论研讨会”上提出“把守住两条底线作为核心要义,坚决守住速度、收入、脱贫、安全四条发展底线,守住山上、天上、水里、地里四条生态底线,把守住两条底线转化为量化指标、具体政策、工程项目,以‘钉钉子’精神抓好落实,推动总书记讲话精神在贵州落地生根、开花结果”,赋予了“守底线、走新路、奔小康”新内涵和新要求,给建立和完善“守住发展和生态两条底线”的政绩评价考核制度指明了方向。因此,认为落实习近平总书记对贵州发展提出的殷切希望,落实陈敏尔书记提出“守底线、走新路、奔小康”的新内涵和新要求,必须全面准确把握习近平总书记视察贵州重要讲话精神,结合贵州实际,认真贯彻落实党的十八大、十八届三中、四中和五中全会精神,科学制定“守住两条底线”的政绩考核指标体系,依靠制度建设,建立全社会监督机制,向改革要动力、要保障。以完善坚守“两条底线”实绩评价体系为切入点,增强广大干部牢固树立“保护生态环境就是保护生产力,改善生态环境就是发展生产力”的理念,形成牢牢“守住发展和生态两条底线,以生态文明理念引领经济社会发展既要金山银山、又要绿水青山”的行动和政绩观,才能带领贵州广大群众走出一条“守底线、走新路、奔小康”的可持续发展道路。

二、“两条底线”绩效评价体系建设的沿革及现状

新中国成立后,我们国家的干部考核评价机制经历了以政治思想为主导因素的考评制度、向以经济发展为主导因素的考评制度、再向以科学发展为主导因素的考评机制的历史演变。❸ 探索体现科学发展观和正确政绩观要求的干部考核评价制度的探索我省始终走在全国的前列。改革开放以来,我省针对贵州省

❶ 赵克志.守住生态和发展两条底线 抒写美丽中国的贵州篇章[N].人民日报,2014-07-12.

❷ 陈敏尔.牢牢守住发展和生态两条底线 加快创建全国生态文明先行区[J].行政管理改革 ,2014(6).

❸ 陈东辉.新中国干部考核评价机制的历史演变及启示[J].上海党史与党建,2010(5):16-18.

情，从探索解决人地关系矛盾开始，探索欠发达地区可持续发展模式，到今天走向生态文明新时代，形成以毕节“开发扶贫，生态建设”试验区为代表的科学发展的“试验田”，生态文明贵阳模式等科学发展模式，到今天全省建设全国生态文明先行示范区，主要得益于各级党政干部不断深化不同发展阶段的认识，解放思想、更新观念，不断探索和创新坚守“两条”底线，处理好“快”与“好”的关系，努力实现以坚守“两条”底线抓党政干部队伍建设，党政干部队伍建设促进坚守“两条”底线不断创新，探索可持续发展新模式。下面主要介绍新世纪以来的情况。

(1)实施可持续发展战略，“可持续发展”作为政府班子考核评价的主要内容。在2005年出台的《贵州省县市、区、特区党政领导班子和领导干部考核评价试行办法》中，县级党、政班子实行分类考核，县级党委班子按照党的建设、经济发展、社会发展、廉政建设和自身建设五个类别，政府班子按照经济发展、社会发展、可持续发展、廉政建设和、自身建设五个类别进行考核。第一次将“可持续发展”作为政府班子考核评价的主要内容，开始探索党政领导班子和领导干部体现科学发展观要求的考核评价机制。

(2)从全面落实科学发展观的要求出发，保住青山绿水、推进生态文明建设的成效纳入干部考核评价体系。中共贵州省委、省政府积极探索体现科学发展观和正确政绩观要求的干部考核评价体系，把“青山绿水”作为贵州的后发优势，努力避免东部“先污染、后治理”的老路，走一条青山绿水与富民产业共存共荣的绿色发展之路，闯一道环境保护与经济增长协调、人民幸福感强的生态现代化之路。要求各级领导干部不仅要创造经济建设的政绩，还要创造政治建设、文化建设、社会建设的政绩，同时也要创造统筹人与自然和谐发展、实现绿水青山的政绩[1]。2007年4月中共贵州省第十次代表大会明确提出：要“树立保住青山绿水也是政绩的理念，坚持把保持良好的生态环境作为我省最突出的竞争优势之一，坚持在保护中开发、在开发中保护，寓生态建设于资源开发之中，融资源开发于生态建设之中，增创生态环境新优势，努力构建长江、珠江上游生态屏障”。“树立保住绿水青山也是政绩的理念”这一战略理念，既是多年来贵州各级党委、政府推进生态建设、绿化贵州政策和实践的升华，更是全省各级领导班子走绿色发展之路的郑重承诺。“保住青山绿水也是政绩”的精神实质就是：既要求保住青山绿水，为贵州的可持续发展夯实基础，又要求贵州以高于全国平均水平的增长速度持续加快发展，决不能以破坏生态甚至危及人民群众生命健康为代

[1] 贾治邦.绿水青山也是政绩[J].求是，2006(22)：53.

价来谋求一地一时的发展。“保住青山绿水也是政绩”是省委结合贵州实际认真贯彻落实科学发展观的具体体现，是从新的高度对生态文明建设在经济社会发展全局中重要作用的深刻认识，成为树立符合科学发展观的用人导向，[1]完善体现科学发展观和正确政绩观要求的干部考核评价体系的重要依据。2008 年中共贵州省委组织部制定下发了《关于开展市、县党政领导班子工作实绩分析评价工作的实施意见》（黔组通〔2008〕99 号），把“保住青山绿水也是政绩”的政绩观，保住青山绿水、推进生态文明建设的成效纳入干部考核评价体系之中。2010 年贵州省出台《关于建立促进科学发展的党政领导班子和领导干部考核评价机制的实施意见》，提出了 6 个方面的要求和 18 条具体措施。其最大特点是更加强化“保住青山绿水也是政绩”对干部的考核，并提高其考核指标权重，切实把能否坚持科学发展观和正确政绩观，创造经得起实践、群众和历史检验的政绩，作为考察评价干部的重要依据。

（3）体现科学发展观和正确政绩观要求的全面建设小康社会的统计监测指标体系基本建立，并得到实施。2013 年 1 月，中共贵州省委认真贯彻落实党的十八大精神，确保到 2020 年贵州与全国同步全面建成小康社会，出台了《中共贵州省委贵州省人民政府关于以县为单位开展同步小康创建活动的实施意见（黔党发〔2013〕3 号）》（简称《小康实施意见》）。明确提出以县为单位开展同步小康创建活动，强调全面提高县域经济社会发展的整体性、协调性、可持续性，着力增强县域经济实力和发展活力，着力增加城乡居民收入，着力提升民生保障水平，着力提高生态环境质量，着力加快民主法制、精神文明与和谐社会建设，走追赶型、调整型、跨越式、可持续发展路子，力争县县建成一个不含水分、实实在在、群众得实惠、老百姓认可的全面小康社会。同年 4 月贵州省全面小康建设工作领导小组印发《贵州省以县为单位开展全面建设小康社会统计监测工作实施办法（试行）》（贵康发〔2013〕4 号），该办法以县为单位，从包括经济发展、社会和谐、生活质量、民主法制、文化教育、资源环境六个方面、25 项指标对全面建设小康社会进程进行统计监测。实行同步小康创建目标责任制，将同步小康创建纳入省直部门、各市（自治州）、县（市、区）的年度考核。该办法对经济发展（29）、社会和谐（15）、生活质量（21）、民主法制（11）、文化教育（14）、资源环境（10）六个方面、25 项指标实行不同权重，同时按发展水平（发展先进县、发展中等县和发展困难县）采取分类推进政策。

2013 年对 2011 版《贵州省市县经济发展水平综合测评试行办法》进行修订

[1] 杨绍东.论保住青山绿水也是政绩_对贵州的重要意义[J].理论与当代，2009(2)：14-16.

和完善，修改制定《贵州省市县经济发展综合测评办法》从经济总量、投资规模、产业发展、科技进步与就业、财政税收、居民收入、生态环境、群众满意度等 8 个方面，共 35 项指标进行考核，并市级、经济强县和非经济强县分别设置测评指标权重，并上了调环境质量指标权重。至此，一个体现科学发展观和正确政绩观要求的以县为单位考核全面建设小康社会的统计监测指标体系开始运行，成为考核县级党、政领导干部的依据。

（4）完善发展成果考核评价体系，地方党政领导班子和领导干部政绩考核评价进入考核改革和完善新阶段。贯彻落实党的十八大和十八届三中全会提出“要完善干部考核评价制度，改革和完善发展成果考核评价体系，纠正单纯以经济增长速度评定政绩的偏向”和习近平总书记先后多次强调“再也不能简单以国内生产总值增长率来论英雄了”的精神，2013 年 12 月 6 日中共中央组织部印发《关于改进地方党政领导班子和领导干部政绩考核工作的通知》，要求以“政绩考核要突出科学发展导向，要看全面工作，看经济、政治、文化、社会、生态文明建设和党的建设的实际成效，看解决自身发展中突出矛盾和问题的成效，不能仅仅把地区生产总值及增长率作为考核评价政绩的主要指标，不能搞地区生产总值及增长率排名；要强化约束性指标考核，加大资源消耗、环境保护、消化产能过剩、安全生产等指标的权重。更加重视科技创新、教育文化、劳动就业、居民收入、社会保障、人民健康状况的考核；对限制开发区域不再考核地区生产总值。对限制开发的农产品主产区和重点生态功能区，分别实行农业优先和生态保护优先的绩效评价，不考核地区生产总值、工业等指标。对禁止开发的重点生态功能区，全面评价自然文化资源原真性和完整性保护情况。对生态脆弱的国家扶贫开发工作重点县取消地区生产总值考核，重点考核扶贫开发成效；把政府负债作为政绩考核的重要指标，强化任期内举债情况的考核、审计和责任追究，防止急于求成，以盲目举债搞‘政绩工程’。注重考核发展思路、发展规划的连续性，考核坚持和完善前任正确发展思路、一张好蓝图抓到底的情况，考核积极化解历史遗留问题的情况，把是否存在‘新官不理旧账’‘吃子孙饭’等问题作为考核评价领导班子和领导干部履职尽责的重要内容等”。

2014 年 7 月 1 日，贵州省出台的《生态文明建设促进条例》明确要求，对限制开发区域和生态脆弱的国家扶贫开发工作重点县取消 GDP 考核，8 月 22 日，赵克志书记强调，既要 GDP，又要绿色 GDP。从体现加速发展导向、加速转型、分类指导、科学客观导向 2014 年再次修订了《贵州省市县经济发展综合测评办法》（黔府办发〔2014〕36 号）。按分类指导的原则：县组级分“经济强县”“非经济强县”和“10 国家扶贫工作开发重点县”三类分别测评。构建 10 国家扶贫工作开发重点县经济发展综合测评指标体系，将原有35个指标调整为33个指标，取消6项GDP有关指标和2项税收指标，调整1项农业发展类3项投资与消费类指标。为体现重点功能县加快发展、特色发展的要求增高3项农业发展指标；为引导各县发展旅游产业。突出旅游产业发展的质量与效益，增高1项旅游产业发展类指标；突出科学发展、可持续发展、包容性发展的要求增设2项生态环境类指标。

为贯彻落实《中共中央组织部、国务院扶贫办印发<关于改进贫困县党政领导班子和领导干部经济社会发展实绩考核工作的意见>的通知》（组通字〔2014〕43号），经省委、省政府同意，现将《贵州省贫困县扶贫开发工作考核办法》修订为《贵州省贫困县党政领导班子和领导干部经济社会发展实绩考核办法》（黔党办发〔2015〕6号），该办法从扶贫成效、经济发展、基本生产生活条件和公共服务、投入和管理、党的建设和组织领导等六个方面，44个指标对2015年至2020年50个贫困县党政领导班子和领导干部经济社会发展实绩进行考核。将扶贫成效列为党政领导班子和领导干部的主要考核内容，农村贫困人口减少和农村居民人均可支配收入增长率分别占考核指标10%的权重，为44个考核项目权重的最高值；在取消10个贫困县GDP考核的基础上，弱化40个贫困县的GDP考核，人均GDP权重由8%下降至4%。在新的考核办法中，贫困县特色优势产业发展、村级集体经济增长比例、农村基础设施建设等成为新的重点。同时，生态文明被着重提出，增加了石漠化面积减少幅度考核指标，提高了森林覆盖率指标的权重。考核结果将作为评价贫困县党委、政府领导班子和主要领导干部实绩的重要内容，作为干部选拔任用、年度考核等次确定和奖惩的重要依据。不仅关系党委、政府领导班子和主要领导干部的提拔任用，也关系到贫困县获得项目资金奖励的多少，从而关系到百姓的幸福。建立贫困县百姓参与考核评价的途径和机制成为新的趋势。

（5）生态环境损害党政领导干部问责的实施，成为坚守生态底线的重要保障。落实党的十八大提出“保护生态环境必须依靠制度，加强环境监管，健全生态环境保护责任追究制度和环境损害赔偿制度。”落实十八大三中全会提出“划定生态保护红线、建立生态环境损害责任终身追究制。”落实中共贵州省委十一届四次全体会议提出“保护生态环境是必须坚守的一条底线”，要“创新生态文明建设体制机制”“建立健全生态补偿机制和环境保护管理体制”等要求。适应与全国同步实现小康的需要，保护现有良好生态环境的需要，推进依法治省的需要，建设全国生态文明建设先行示范区，在全国率先探索欠发达地区立足自身优势转变发展方式，为我国生态文明建设积累经验、提供示范等需要，依据新《环保法》《森林法》《贵州省森林条例》《贵州省生态文明建设促进条例》等法律法规，贵州省委办公厅、省人民政府办公厅印发了《贵州省林业生态红线保护党政领导干部问责暂行办法》（黔委厅字〔2015〕24 号）和《贵州省生态环境损害党政领导干部问责暂行办法》（黔委厅字〔2015〕25 号），首次将党委系统纳入生态保护、生态环境损害问责体系，消除了以往党委系统置身事外的弊端。上述两个问责办法是贵州首次系统明确处罚损害生态环境行为的问责办法，率先在全国明确对生态保护、生态环境损害、森林资源的发展和保护问题进行问责对象既包括地方各级党委政府、具有生态环境保护管理职能的部门，也包含国有企事业单位，实行"党政同责"，明确消除了以往只在行政系统问责、而同样负有领导责任和决策责任的党委系统却置身事外的弊端。两个问责办法共规定了 50 余种问责情形，领导干部在经济社会发展决策和生态环境监督、生产经营管理过程中，违反有关生态环境保护法律法规和决策，不履行或不正确履行职责造成环境污染和生态破坏的，都将被问责并向社会公布，轻则公开道歉、重则停职检查、引咎辞职、责令辞职、免职。同时规定，需要追究纪律责任的，依照有关规定给予党纪政纪处分；涉嫌犯罪的，移送司法机关依法处理。

上述两个问责办法把法律监督、纪律监督和社会监督做了统一，使解决行政不作为、乱作为等问题有了统一规范的责任追究依据和标准。对进一步深化生态文明体制改革和推进生态文明建设，促进党政领导干部及部门、监管部门、生产经营部门转换思路，转变观念，增强法制和纪律意识、约束意识也将起到积极的作用。

探索体现科学发展观和正确政绩观要求的干部考核评价制度，我省始终走在全国的前列，使贵州进入后发赶超、加快全面小康社会建设的重要阶段，正在探索走一条有别于东部、不同于西部其他省份的发展新路，走向"守底线、走新路、奔小康"的新阶段。其关键是坚持党的领导，各级党政干部不断深化不同发展阶段省情的认识，解放思想、敢于创新、更新观念，不断探索和创新坚守"两条"底线，处理好"快"与"好"的关系，努力实现以坚守"两条"底线抓党政干部队伍建设，党政干部队伍建设促进坚守"两条"底线不断创新，一届接着一届持续努力探索可持续发展新模式的结果。在新常态、新阶段，认真落实科学发展观和习近平总书记系列重要讲话，全面从严治党是推动贵州"守底线、走新路、奔小康"的重要保证。构建坚守"两条底线"实绩评价体系，落实全面从严治党要求，完善科学发展观和正确政绩观要求的干部考核评价制度是适应"守底线、走新路、奔小康"的新阶段的重要保证。

三、"两条底线"绩效评价需要完善的工作和面临挑战

不同时期的干部考核评价有不同的重点要求，贵州"守底线、走新路、奔小康"的发展方向对干部考核评价提出了新的要求。这就是要严格贯彻中央关于改进考核工作的新精神新要求，紧密结合贵州经济社会发展实际，调整考核指标体系，更加科学地设置考核指标，使政绩考核覆盖全面工作，考核经济、政治、文化、社会、生态文明建设和党的建设的实际成效，不简单以地区生产总值及增长率排名评定政绩和考核等次。

（1）"守底线、走新路、奔小康"新常态，需要进一步完善干部考核评价机制。从落实中央组织部《关于改进地方党政领导班子和领导干部政绩考核工作的通知》来看，已将《贵州省贫困县扶贫开发工作考核办法》修订为《贵州省贫困县党政领导班子和领导干部经济社会发展实绩考核办法》（黔党办发〔2015〕6号），对贫困县党政领导班子和领导干部进行考核；非贫困县政领导班子和领导干部又如何考核？目前虽有"以县为单位开展全面建设小康社会测评办法"和《贵州省市县经济发展综合测评办法》（黔府办发〔2015〕36号）等具有考核党政领导班子和领导干部功能的相关办法，但没有明确为"地方党政领导班子和领导干部政绩考核制度"，如何构建一个反映和适应贵州"守底线、走新路、奔小康"新常态需求的，适应"坚守两条底线"党政领导班子和领导干部实绩评价体系，同时避免多重考核、适合不同主体功能区、不同发展水平区域的既统一又有差异的考核体系，仍是需要完善的工作。同时，现有的考核指标体系与陈敏尔书记提出的"把守住两条底线作为核心要义，坚决守住速度、收入、脱贫、安全四条发展底线，守住山上、天上、水里、地里四条生态底线，把守住两条底线转化为量化指标、具体政策、工程项目。"仍有较大差距，地方政府的绩效考核与主体功能区功能定位、国家生态文明先行示范区建设目标体系等结合不够紧密。目前，各地正在编制"十三五"纲要，结合纲要的编制，落实《中共中央国务院关于加快推进生态文明建设的意见》提出的坚定不移地实施主体功能区战略，推进市县落实主体功能定位，推动经济社会发展、城乡、土地利用、生态环境保护等规划"多规合一"，形成"一个市县一本规划、一张蓝图"，"加大自然生态系统和环境保护力度，切实改善生态环境质量"和"严守资源环境生态红线"，结合主体功能区战略实施构建"生态底线"考核指标体系，在县域生态环境质量考核引入"一票否决制"。落实《中共中央国务院关于深化体制机制改革加快实施创新驱动发展战略的若干意见》《国务院关于大力推进大众创业万众创新若干政策措施的意见

（国发〔2015〕32 号）》《关于加大改革创新力度加快农业现代化建设的若干意见》、落实《国家新型城镇化规划（2014—2020 年）》，落实“推动技术创新和结构调整，提高发展质量和效益，全面促进资源节约循环高效使用，推动利用方式根本转变”，结合全省五个一百的实施，构建经济社会发展的底线指标和激励性指标。

（2）落实《党政领导干部生态环境损害责任追究办法（试行）》（简称《责任追究办法》），需要完善追责程序启动的可行性。关于追责程序启动，《责任追究办法》做了明确规定：“各级政府负有生态环境和资源保护监管职责的工作部门发现有本办法规定的追责情形的，必须按照职责依法对生态环境和资源损害问题进行调查，在根据调查结果依法作出行政处罚决定或者其他处理决定的同时，对相关党政领导干部应负责任和处理提出建议，按照干部管理权限将有关材料及时移送纪检监察机关或者组织（人事）部门。”这种责任追究启动程序，实际上是让“下级建议处理上级”，在实践中是很难具体操作的。下级发现了应当对上级领导追责的情形，下级有无能力、有无胆量建议纪检监察机关或者组织（人事）部门对其追责，这确实是应当认真考虑的问题。

（3）实施《责任追究办法》，需要建立健全自然资源资产评估体系。领导干部上任与离任需要有经科学、客观评估后的自然资源资产清单的交接。因此，建立健全自然资源资产评估体系为领导干部自然资源资产离任审计提供科学依据。全面从严治党，不仅要做好“廉政审计”，同时也要做好“领导干部自然资产离任审计”。要让领导干部清楚上任时，有多少生态资源，水、耕地、森林、草地等自然资源资产。离任时，移交的自然资源资产经审计是否在目标红线范围，生态产品是增还是减。

（4）生态环境损害客观评价和责任追究需要健全的生态环境监测网络体系支撑。生态环境监测网络数据是考评党政干部坚守生态底线实绩的重要支撑和客观依据。由于我省生态环境监测网络体系建设不健全，当前的生态环境监测网络现状难以满足生态文明建设，加上实施《责任追究办法》，需要有客观、公正的评价手段和标准，让损害者‘服’，是落实《责任追究办法》的重中之重，需要尽快研究制定确定责任的评价方法。目前主要存在，网络范围和要素覆盖不全，部门间环境监测网络规划布局不统一，技术规范、评价方法不统一，数据缺乏可比性，信息化水平和共享程度不高，监测与监管结合不紧密，监测数据质量有待提高等突出问题，难以满足生态文明建设需要，影响了监测的科学性、权威性和政府的公信力。由于生态环境损害的概念并不仅仅只是重大环境突发事件，也包括了常年累计的环境问题。比如领导干部任期结束了，环境持续恶化，这就要追责；如果领导干部离任，环境问题也需要终身追责。

(5)评价坚守生态底线的实绩，需要科学、客观、公正的信息支撑。生态环境统计信息的发布除制度化、公开化外，要强化公信力。要加强生态环境统计的审计，为科学、客观、全面地反映坚守生态底线的实绩提供依据。避免出现上一级环境状况公报对某区域评价为“变差”的信息数据，而下一级环境状况公报对该区域评价为“变好”的信息数据，我们在研究中曾遇到这样的情况，在做咨询服务时感到十分的困惑。

四、完善“两条底线”绩效评价体系的建议

(1)科学确定坚守两条底线的底线指标和激励性指标。“十三五”时期贵州最大的经济社会背景，就是我国经济进入新常态，贵州进入“守底线、走新路、奔小康”的发展新阶段。在这个发展新阶段，更要主动适应新常态，把握新机遇，建立和完善“守底线、走新路、奔小康”的干部考核指标体系，主动适应守住发展和生态“两条”底线，加快“赶”和“转”的要求，实现新发展，创造新未来，走出一条有别于东部、不同于西部其他省份的发展新路。

完善党政干部考核指标，面对“十三五”，按照科学性、系统性、导向性和连续性等原则，综合体现全面建成小康社会目标、“五位一体”总体布局要求、全面从严治党、全面深化改革和全面依法治国的成果。把预期性指标占比的减少与约束性指标占比的增加作为由重经济发展向科学发展转变的导向。以“把守住两条底线作为核心要义，坚决守住速度、收入、脱贫、安全四条发展底线，守住山上、天上、水里、地里四条生态底线，把守住两条底线转化为量化指标、具体政策、工程项目。”基本要求。“十三五”规划在保持“十二五”规划的约束性指标体系连贯性的同时，从适应新常态、新阶段发展，坚定不移实施主体功能区战略，坚持“绿色低碳循环”的发展，生产安全、社会稳定、责任政府等方面对约束性指标做出局部调整和完善。同时增加约束性指标权重可以有效增强党政干部在公共服务和涉及公共利益领域的职责履行，切实把经济社会发展转入以人为本的可持续发展轨道，实现人口、资源、环境三者的协调发展；完善预期性（激励性）指标，注生考察“转”与“创新发展的能力”。

(2)适应“守底线、走新路、奔小康”新常态，以绿色发展为导向完善资源环境约束性指标。将现行单位 GDP、单位二氧化碳排放，调整为总量指标与单位强度相结合的双约束、双控制指标；继续坚持耕地保有量同时，切实耕地保护指标管理过于粗放，“占优补劣”情况。建议在新增优质耕地所占耕地总量比例指

标，实现在保护耕地数量的同时，强化对耕地质量的要求；在绿色环境方面，增加PM2.5指标；同时尽可能与《国家生态文明先行示范区建设目标体系》相对接，支撑《贵州省生态文明先行示范区建设》成效体现的科学性、引领性。适应创新驱动发展要求，增加衡量R&D、知识产权保护，普及15年教育处等指标；强化生产安全考核，在单位地区生产总值生产安全事故死亡率的基础上，积极探索和构建特大生产安全事故预防和责任指标。在民族地区要把少数民族特色村落保护纳入考核指标；在民生改善方面，增加农产品安全、食品安全指标，完善划分绝对和相对贫困的标准，完善扶贫成效指标，由以县为单位考核向以乡（镇）为考核单位延伸，增加精准扶贫考核指标，衡量收入不平等的基尼系数、农村基层综合公共服务平台等指标；在经济发展质量方面，增加战略性（包括“五大”）新兴产业增加值占GDP比重、农产品中无公害、绿色、有机农产品种植面积比例、农业生态服务价值。把政府负债作为政绩考核的重要内容，强化任期内举债情况的考核、审计和责任追究，防止“新官不理旧账”“吃子孙饭”等行为。对禁止开发区域实行自然文化遗产保护优先的绩效评价，主要评价自然文化遗产保护的情况和公共服务水平。巩固拓展党的群众路线教育实践活动成果、促进干部直接联系和服务群众工作常态化长效化，考核指标中设置了“干部直接联系和服务群众情况”，切实将中央、省委的新精神、新要求落到实处。

建议参照《国家生态文明先行示范区建设目标体系》结合生态环境监测网络体系建设确定生态建设与环境保护、资源能源节约利用考核指标，并引入“一票否决制”，形成坚守生态底线的考核指标，并反映在“十三五纲要”，类似于“五年规划纲要的约束性指标”。在经济发展质量方面增加战略性（包括“五大”）新兴产业增加值占GDP比重、农产品中无公害、绿色、有机农产品种植面积比例、农业生态服务价值等作为激励性指标。

（3）坚定不移实施主体功能区战略，完善主体功能区差别化分类考核指标。以十八届三中全会“坚定不移实施主体功能区制度，建立国土空间开发保护制度，严格按照主体功能区定位推动发展”为指导，完善主体功能区政绩指标，对承担不同功能的地方党政干部进行差别化分类考核，激励地方党政干部推进全面协调可持续发展的积极性，促进区域之间协调互利共赢的可持续发展；引导各地扬长避短发挥优势，实现经济社会与自然和谐发展。首先，在编制“十三五”纲要中，要认真落实《中共中央国务院关于加快推进生态文明建设的意见》提出的坚定不移地实施主体功能区战略，推进市县落实主体功能定位，推动经济社会发展、城乡、土地利用、生态环境保护等规划“多规合一”，形成“一个市县一本规划、一张蓝图”，“加大自然生态系统和环境保护力度，切实改善生态环境质量”和“严守资源环境生态红线”的要求，结合主体功能区建设，构建市县“生态底线”考核的通用指标和特色指标，对县域生态环境质量考核引入“一票否决制”。

按主体功能差异，构建差异化的激励性（预期性）指标，科学地引导各地区协调发展。在保持“十二五”规划和现行考核指标边疆性的基础上，认真落实《中共中央国务院关于深化体制机制改革加快实施创新驱动发展战略的若干意见》《国务院关于积极推进“互联网+”行动的指导意见（国发〔2015〕40号）》《国务院关于大力推进大众创业万众创新若干政策措施的意见（国发〔2015〕32号）》《关于加大改革创新力度加快农业现代化建设的若干意见》、落实《国家新型城镇化规划（2014—2020年）》，落实“推动技术创新和结构调整，提高发展质量和效益，全面促进资源节约循环高效使用，推动利用方式根本转变”，结合各地特点、五大新兴产业（大数据、大健康、现代山地高效农业、特色的文化旅游业和新型建筑建材产业）、五个一百的实施，构建符合主体功能定位和科学发展的激励性（预期性）指标。

在落实主体功能定位中，设置创新性激励指标。在服务大局的基础上创新发展模式，探索禁止开发区域、限制开发区域增强生态产品供给的路径，与重点开发区域协同创新、探索加快“赶”与“转”的新模式。尤其是我省市县区域在国家、省级层面上是某个主体功能，但区域内有镶嵌有其他类型的功能类型，如清镇市无论在国家、省级层面上均属重点开发区域，但市内又有像“红枫湖”禁止开发区域和以农产品为主的限制开发区域。如何加强“红枫湖”的保护和环境治理，提升生态产品供给能力服务，如何提升农产品和农业生态服务价值实现与清镇市、贵阳市、贵安新区的建设的融合共生，需要辩证地认识、科学设置底线指标和激励性指标。因此，按主体功能区设置考核指标，需要有辩证思维，科学设定底线指标、激励性和创新性指标，增强干部的责任和提升科学发展的能力。

（4）制定落实《责任追究办法》实施细则，提高操作的可行性。积极推进《责任追究办法》的试点实施，积累经验，不断完善。实施过程中，应注意五个方面[1]：一是注意与现行法律法规及相关规定的衔接，并结合主体功能区、生态红线、生态补偿、自然资产负债表、生态环境监测核算等相关制度进行综合实施；二是实事求是、因地制宜制定实施细则，鉴于生态环境问题的复杂性、多样性以及发展与环境的演变规律，可选择不同类型问题和不同地区优先开展试点，根据不

[1] 为权力行使划定生态红线[N].人民日报，2015-08-19.

同地区特点，以环境健康安全等重大责任事件和风险为重点，制定具体执行程序和细则，开展地方制度探索三是对重大追责事件开展独立的科学评估，确定合理的追诉时空边界和进行全生命周期影响评价；四是在条件许可的情况下，增加对资源环境绩效显著提高、绿色转型发展成绩突出的领导干部的鼓励条款；五是建立社会公众监督机制，力争环境损害追责在更加公开透明的环境下进行，使公众可以看到和监督追责的效果，提高党委政府的公信力。

探索和完善追责程序启动的可行性。建立符合贵州省省情的自然资源资产评估体系和核算制度；建立由上级机关对下级党政领导的上任和离任进行生态环境和资源审计机制，完善追责程序启动的可行性。

五、加快生态环境监测网络建设，支撑坚守生态底线实绩评价

加快我省生态环境监测网络建设，支撑全国生态文明先行示范区建设，为实施党政干部考核提供科学依据。认真落实《中共中央关于全面深化改革若干重大问题的决定》提出："建立和完善严格监管所有污染物排放的环境保护管理制度，独立进行环境监管和行政执法。"《中共中央国务院关于加快推进生态文明建设的意见》提出："利用卫星遥感等技术手段，对自然资源和生态环境保护状况开展全天候监测，健全覆盖所有资源环境要素的监测网络体系。"《环境保护法》要求："国家建立、健全环境监测制度。加快落实《生态环境监测网络建设方案（国办发〔2015〕56号）》的要求，要加强生态环境监测预警，服务于生态文明建设，建设美丽中国。"按照"全面设点、全国联网、自动预警、依法追责"的指导思想，加快扩大覆盖范围、统一信息发布、明晰政府和企业监测事权、加强监测与执法联动、强化问责机制等多方面着力，形成政府主导、部门协同、社会参与、公众监督的生态环境监测新格局；开创生态环境监测将及时提供统一、完整、实时、科学的生态环境监测信息，以确保环境污染治理和生态环境保护能够有的放矢、精准发力。

加快体制机制创新，着力解决生态环境监测存在的突出问题。面对当前生态环境监测的现状和扎实推动环境监测领域相关改革，积极争取国家大气、水、土壤环境质量、监测事权上收试点在我省的开展，真正实现"国家考核、国家监测"。着力解决目前生态环境监测存在部门间环境监测网络规划布局不统一，技术规范、评价方法不统一，数据缺乏可比性等问题，整合优化环境质量监测点位，建设涵盖大气、水、土壤、噪声、辐射等要素，布局合理、功能完善的环境质量

监测网络。建立统一的生态环境监测网络,有利于促进将山水林田湖作为一个统一的生命共同体,及时掌握影响这一生命共同体健康发展的各种信息,对环境污染和生态建设的形势进行研判,促进环境保护和生态文明建设。着力解决不同部门的监测、评价、发布规范不统一,同一部门不同层面同一指标信息不统一,“报优”不忧,影响政府权威性和公信力等问题。加快生态环境监测信息传输网络与大数据平台建设,可以推动全社会关注和利用监测信息,有利于污染治理和生态保护。加强重点排污单位污染源监测建立监测与执法相结合的快速响应体系,实现监测与监管有效联动。

社会治理视角下我国孤残儿童救助安置与保护*

高圆圆　韦仙云❶
贵州大学 公共管理学院贵州，贵阳 550025

【摘　要】孤残儿童的救助安置是政府和社会义不容辞的责任。而社会力量在孤残儿童救助安置上的关注和支持，是孤残儿童救助安置工作的另一重要保障。事实上，政府和社会都在不同程度上给予了孤残儿童救助和保护，但因未能充分调动社会和个人的力量，导致一些孤残儿童未能得到救助，救助安置工作无法取得良好成效。只有明确好各个治理主体的功能和作用，由政府起到对孤残儿童救助安置的主导作用，由社会以及个人对孤残儿童的救助起到重要的辅助和补充作用，才能使孤残儿童救助安置事业健康发展。

【关键词】孤残儿童　社会治理　救助　安置

民政部 2008 年对孤残儿童的不完全统计，我国现有失去父母或事实无人抚养的孤残儿童约 71.2 万名。[1] 孤残儿童是最为不幸的，他们还没有被救助之前，大多都生存在困境中，生活没有保障、得不到医疗救治，生命随时受到威胁。孤残儿童如何被发现，如何被救助，一直是民政部门和社会各界所关注的问题。了解我国孤残儿童救助安置现状，从中发现我国孤残儿童救助安置中出现的问题及不足，找出治理我国孤残儿童救助安置问题的有效措施，是提高我国孤残儿童救助安置工作效率的必要手段。

---

* 教育部人文社会科学基金青年项目“我国残疾儿童福利制度评估与转型研究——基于培育残疾儿童参与社会能力的视角”（批准号 12YJC630052）；贵州大学引进人才科研项目“民族地区残疾儿童福利政策评估与对策研究”（合同编号（2013）037 号）。

❶ 高圆圆，女，管理学博士，贵州大学公共管理学院副教授，硕士生导师。研究方向为公共治理和社会保障。

一、我国孤残儿童救助安置中的治理现状

1.孤残儿童的发现方式

目前孤残儿童的发现渠道中，社会渠道发挥着重要的作用，如捡拾弃婴、社区上报。而政府渠道主要以破获拐卖儿童案为主。

（1）公民捡拾后报公安部门。任何公民捡拾到弃婴，都要一律报送当地的公安部门，并协助公安部门出具捡拾证明，由公安部门认真地查找弃主，查找孩子的生父母，同时对弃婴要进行必要的检查和治疗。公安部门在确认查找不到弃婴的生父母，同时又确认这弃婴未患有各种传染性疾病，依照一定的程序一律送到当地的儿童福利机构。当然公民如果想收养这些弃儿，且符合法定收养条件，到相关部门办理收养手续，即可收养该残疾儿童。

（2）基层部门发现上报。流浪在各社区及农村的孤残儿童，社区居民及农村村民一经发现，需立即对被发现的孤残儿童进行简单的救助，然后告知社区管理部门或农村基层部门。基层部门应将发现情况上报上一级部门，由上一级部门负责安排这些被发现孤残儿童的救助安置事宜。各辖区管理人员负责对所在辖区孤残儿童资料进行较为全面的掌握，以配合上一级部门的工作。

（3）公安机关破获拐卖儿童案件发现的孤残儿童。拐卖儿童犯罪行为，严重侵犯了儿童权利，导致家庭骨肉分离，严重破坏了社会秩序。1991 年在全国范围内成立了打击拐卖儿童专项行动，公安部门依法加大打击力度，侦破了一大批拐卖儿童犯罪案件，到目前为止解救了上万名被拐卖儿童，这其中也包含相当一部分的残疾儿童。经全国打拐数据库 DNA 比对后，确认被拐儿童父母；无数据比对的，发布被拐儿童信息，等待被拐儿童亲人前来认领。一般来说，等待认领的期限都比较长，在被认领之前，被解救儿童经公安部门委托的当地民政部门统一安置。

2.孤残儿童的救助安置中的治理

随着经济社会的发展，孤残儿童救助安置工作进入了全新时期。妥善救助安置孤残儿童，促进其健康成长和发展，最大限度地维护他们合法权益是当前的重要任务。但是，无论是临时安置还是长期安置，社会人士都起到至关重要的作用。

（1）临时安置。临时安置中，社会上收养家庭和寄养家庭发挥的作用较大。临时安置主要是针对身份未明确的或是身份已明确但还未找到亲人的残疾儿童。对于暂时无人认领的残疾儿童，安置在条件较好的福利机构或公办学校，暂

时集中养育或在学校寄宿,然后通过电视、报纸、广播等途径向社会发布认领信息,让残疾儿童家人看到认领信息,然后前往福利机构或公办学校认领。对于临时安置有困难的,可以由民政部门协调到经济发达省份在其大中型城市的福利机构进行妥善安置。尽管如此,这些残疾儿童临时安置在福利机构最终可能会回到收养或寄养家庭,享受家人关爱;有可能最后也没人认领,变成不幸的孤残儿童,当然在政府和社会的帮助下,他们也会得到政府和社会的救助。

(2)长期安置。残疾儿童待身份确认后且不存在亲人或事实抚养人的情况,就应该考虑他们的长远发展,基于其生存、发展、参与社会等方面的需求,在经过长期的探索下,我国孤残儿童长期救助安置包括三种:机构集中供养、家庭寄养、家庭收养。在我国传统文化中,非常重视家庭观念和家人关怀的价值理念,但在孤残儿童救助安置领域,却更注重福利院这种集体的概念。[2]充分利用儿童福利机构救助安置孤残儿童,将孤残儿童集中在儿童福利院内生活,为其提供抚养、医疗康复、教育等服务,财政对福利机构养育的孤残儿童所需经费采取全额拨付。机构供养成为我国目前孤残儿童最主要的救助安置渠道,它对妥善安置孤残儿童的生活发挥了最直接的保障作用。

但是,为了更好地满足孤残孩子的精神需求,政府在机构供养基础上发展了一种新的养育模式。即由福利院将孤残儿童寄养在社区家庭中养育。[4]福利院仍是孤残儿童的监护人,寄养的家庭仅仅作为抚养人。福利机构作为家庭的替代形式集中为儿童提供照顾时,在很大程度上并不能满足儿童成长中的情感需求,长期生活在福利机构中的儿童往往会出现性格孤僻、心理封闭、社会适应能力差等方面的问题。而开展家庭寄养,可以使孤残儿童对寄养的父母产生较好的认知感,对寄养家庭产生较强的归属感,从而有效地促进孤残儿童的身心健康成长,使他们更好地适应家庭、回归社会。

此外,部分孤残儿童、弃婴还可以交由国内或国际有关社会家庭收养。家庭收养可以让孤残儿童感受正常家庭的温暖,有利于孤残儿童的健康发展,这也成为孤残儿童最理想的安置渠道。为保障孤残儿童的健康成长,收养人除具备法律规定的条件外,还应具备一定的与收养孤儿有关的心理、教育、交流等方面的能力,收养孤残儿童,更应具备有关的医疗康复知识。孤残儿童由收养父母的照顾并由其全权负责医疗救助、教育、就业等方面,可以说家庭收养是孤残儿童最理想的救助安置方式。当然,这些费用支出占收养家庭支出的很大比例,因此大多收养家庭更愿意倾向收养身体健康的孤儿。

二、我国孤残儿童救助安置中的治理问题

1.政府的福利制度仍不完善

在国家监护抚养的儿童中,因身有残疾且未能得到有效康复和治疗而被亲人遗弃占到80%以上。[5]出生缺陷是孤残儿童被遗弃的重要原因,据2005年的调查显示,我国婴儿出生缺陷率将近1.4%,每年约有100万出生婴儿身带缺陷。他们一出生便带有一定智残或是肢残,受长期传统封建思想的影响,有些父母遗弃了带有残疾的孩子。而由于我国社会保障体系不完善,特别是许多重大疾病的儿童,无法得到政府的医疗救助,大病保险仍不能解决病童的问题,导致了遗弃现象的发生。

2.缺乏主动发现机制

从以上政府和社会发现渠道可以看出,儿童基本是被动发现。当孤残儿童被发现后,才被予以救助安置。而在之前,这些还未被发现的孤残儿童有可能饥肠辘辘,有可能病情加重,也有可能面临死亡,任何不好的情况都有可能发生,生命随时受到威胁。例如,2012年11月16日,贵州毕节市城郊接合部发生了五个流浪孩子垃圾堆烧火取暖被闷死事件,就充分暴露出政府救助安置工作的漏洞。这些流浪儿童本不应该进入垃圾堆生火取暖,因为政府和社会工作人员未能及时介入,才酿成悲剧发生。这些流浪儿童为什么没有进入到救助视线,为何没有监护人看管,不仅是政府的问题,也是社会的问题。正是没有形成主动去发现弱势儿童的机制,才会让包括孤残儿童在内的弱势儿童流落街头甚至死亡。

3.缺乏资金保障

目前孤残儿童救助安置的资金来源的主体是政府财政,政府在孤残儿童救助和全力保障方面承担主要责任,采用零基预算方法,需要每年年初向市、县(区)财政申请。由于救助安置资金由地方政府统筹,全国各地经济发展程度不一,致使许多贫困地区孤残儿童救助安置资金很难筹集到位,也并没有形成联动的资金增长机制,导致孤残儿童救助安置缺乏政府财政的保障。社会捐赠资金也可起到一定的补充作用。社会捐赠有一部分直接捐赠给受捐者,一部分进入慈善组织,还有一部分进入隶属于政府的社会救助机构。近年来,在社会救助资金中,有将近一半进入政府社会救助机构(县级以上人民政府及其部门),但总体规模非常有限。捐赠规模小的原因在于:社会捐赠税收扣除流程和环节相当繁杂和社会公众捐赠意识淡薄。

4.缺乏责任划分机制

在孤残儿童的生活照顾、医疗康复、教育等各环节,政府都在不同程度上给予相应救助,社会和个人也在孤残儿童救助安置上扮演着重要的角色。早在2006年,民政部联合各部门就下发了《关于加强孤儿救助工作的意见》,意见中指出要建立政府领导、民政牵头、部门配合、社会参与的孤儿救助保护工作机制,明确部门责任,制定优惠政策,加大资金投入,广泛动员社会力量,满足孤儿生活、医疗、教育等方面的基本需求,营造保障孤儿合法权益、利于孤儿健康成长的良好环境。[6]政府是社会救助的第一责任人,社会以及个人对社会救助起辅助作用,只有划分好各自职责,才能使社会救助事业健康发展。在实际工作中,主要负责孤残儿童救助安置和权利保护机构是民政部门,其他相关部门、社会公益组织、各企事业单位及个人协调配合。但是孤残儿童救助安置没有将政府、社会及个人的责任划分明确,相关工作没有起到预期效果。[7]

三、完善我国孤残儿童救助安置的治理策略

1.提高社会成员对孤残儿童的防范和保护意识

从社会治理的角度,应加大孤残儿童的法律知识的宣传教育活动,让社会人士加入到防范工作当中,减少孤残儿童发生率。首先要对弃婴的产生要有防范措施。要深入做好思想工作,各基层部门要建立有效的防范措施,计划生育部门要对所有育龄妇女(包括外来育龄妇女)全面纳入管理范围,从源头上堵截弃婴的产生。其次对有残疾儿童的家庭,要改善其陈旧思想,要他们在力所能及的范围内承担相应责任,政府和社会要为家庭困难人员提供援助,使其没有因为担负不起而遗弃孩子。当然家庭有遗弃、虐待等情况,应当追究其法律责任。再次,公民见到遗弃婴儿要及时报警。弃婴是个人行为造成的,全社会捡拾到弃婴应该报公安部门,查找弃婴的父母,公安部门在确认查找不到弃婴的生父母,同时又确认这弃婴未患有各种传染性疾病,依照一定的程序一律送到当地的儿童福利机构。

2.形成主动发现机制

要形成孤残儿童主动发现机制,让孤残儿童被及时救助。首先,政府及其部门应该创新推出主动巡查模式,调出一定的人力物力投入到孤残儿童救助中,采取一定措施阻止残疾儿童被遗弃事件的产生;组织相关人员,建立主动发现小组,划分好巡查区域,对流浪儿童经常出现区域采取重点巡查;向市民发放救助宣传卡,宣传孤残儿童救助政策,鼓励公民加入到发现流落在各区域的孤残儿童

的工作上，给予孤残儿童最及时的救助；基层人员履行好各自职责，做好各自辖区社会救助工作，配合相关部门做好跨区域工作。其次，公民捡拾到弃儿要主动上报公安部门，配合公安部门查找弃主、办理捡拾证明、安置孤残儿童等工作；发现公民私自收养捡拾的残疾儿童，没有进行收养登记的，可以上报相关部门，履行好社会监督职责。

3.建立财政资金保障机制

政府应尽快出台保障孤残儿童救助安置经费机制。孤残儿童救助安置事业作为社会保障事业的一部分，政府应当承担孤残儿童的救助责任。中央政府应该尽快制定出相关规定，明确孤残儿童救助对象、救助标准、保障经费来源等。地方政府要更多地承担组织管理责任，承担孤残儿童救助费用的运行，支撑孤残儿童救助安置事业的发展。其次，各级部门要将孤残儿童救助安置经费纳入财政预算。应根据各地区孤残儿童的需求，预算所需的救助安置经费，并纳入各级政府财政预算。再次，要落实合理的救助和补助标准。救助对象不仅要包括儿童福利机构养育的孤残儿童，而且还应该将社会散居的孤残儿童也纳入财政救助范围。救助的标准应该考虑居民消费指数的影响，政府应根据孤残儿童人数增减变动情况及居民消费指数的上涨，及时调整养育经费标准，实行财政投入动态增长制度，使其供养标准与人均可支配收入保持同步增长。当然，社会的力量是不容忽视的，要充分调动社会力量加入到孤残儿童经费筹集的工作当中。

4.确立以政府为主、社会与个人为辅的治理机制

政府应该承担主要救助责任。救助孤残儿童，是政府不可推卸的责任。《联合国儿童公约》及《中国儿童发展纲要2001—2010年》都明确提出儿童的生存和发展权利不容侵犯。这就要求政府都要把孤残儿童放在心上，采取必要措施保障其权利的实现，使他们和其他小朋友一样，同在一片蓝天下健康幸福成长。因此，在救助孤残儿童方面，政府应当承担主要的救助与保护责任，负责不仅包括是机构供养的还应包括社会散居的孤残儿童的基本生活、医疗康复、教育、就业等方面救助，这种救助并非象征性的一般救助，而是全力以赴的。

社会的救助责任。各新闻媒体要大力宣传孤残儿童救助工作的重要意义和感人事迹，弘扬慈善精神，提高全社会对孤残儿童救助工作的认同感，使各社会主体支持并参与其中，营造全社会关爱孤残儿童的良好氛围。各社会团体、单位和企业，要把关注和爱护孤残儿童作为一项基本工作内容。鼓励各种社会力量，采取多样形式参与到孤残儿童的救助安置中。只有通过社会宣传，动员全社会

共同努力,采取多种形式,协调各方面力量都来关注孤残儿童,才能使孤残儿童摆脱困境,得以健康成长。[8]

个人的救助责任。个人发现社会遗弃婴儿要及时报警。全社会捡拾到弃婴要对其进行简单救助,及时报公安部门,查找弃婴的生父母。有残疾儿童的家庭,有能力承担残疾儿童生活、医疗康复与教育的,其费用由家庭承担;家庭困难的残疾儿童,由家庭在力所能及的范围内承担相应的责任,政府和社会提供必要的援助。[9]家庭应当履行抚养残疾儿童的责任,如果遗弃、虐待等,应当要追究其法律责任。

四、结语

在社会治理视角下,保障孤残儿童的生存权,保障基本的人格发展,增进孤残儿童健康是预防和保护孤残儿童的重要任务。从救助对象的需求看,要建立综合的救助体系,创新治理模式。考虑到民政部门的能力有限,要以协同治理为基本原则,让社会人员参与到发现、预防孤残儿童发生的工作中,提高其甄别和防范的能力;并整合财政力量和社会资源,充分发挥社会收养和家庭寄养的作用,从孤残儿童的差异性考虑,安置好孤残儿童的基本生活,使孤残儿童享受到社会经济发展的成果。

参考文献

[1]陈静.孤残儿童社会保障现状及发展路径研究[J].残疾人研究,2012.

[2]梁歆歆.跨文化交际视角下中外孤残儿童安置模式比较[J].商品与质量,2012(2).

[3]李瑛.以人为本促进孤残儿童福利事业新发展[C].中国儿童福利政策研究暨第五届全国儿童福利院院长论坛论文集,2009.

[4]李迎生.一种有特色的社会救助模式—昆明“孤残儿童家庭寄养模式”评析[J].云南社会科学,2003.

[5]尚晓援,高华俊等.中国儿童福利政策报告 2011[R].北京:北京师范大学壹基金研究院,2011.

[6]晋长华.规管与非政府社会服务组织的生存空间[D].天津:天津科技大学,2008.

[7]袁林,石奎,岳嘉仪.重庆市孤残儿童救助与权力保障问题研究[J].西华大学学报,2010.

[8]中国社会工作协会,香港社会服务联会.第二届中国社会工作论坛暨第五次内地与香港社会福利发展研讨会论文集[C].北京:中国社会工作协会,2004:470~481.

[9]袁林,石奎,岳嘉仪.重庆市孤残儿童救助与权力保障问题研究[J].西华大学学报,2010.

转型期地方政府社会治理创新研究

——以贵州省Y县社会保障政策为例

杨成来 张 辉❶

贵州财经大学 公共管理学院,贵州,贵阳 550025

【摘 要】20世纪90年代以来,地方政府在推动经济社会发展中扮演了关键性角色,地方政府社会治理的有效性逐渐被重视和研究。社会治理是地方政府公信力和合法性的重要关节点,政策治理的创新必然带来社会治理的变迁和效益的提高。本文通过建构"高政府主导—低公民参与"理论框架,采取实地调研、深度访谈和个案法,以贵州省Y县社会保障政策的创新为个案阐释和论证地方政府社会治理的有效性,以实现提高社会治理的有效性和地方政府能力。研究发现,地方政府在社会治理中仍然居于主导地位,其他社会组织和公民参与度较低;一定程度上,转型期地方政府的合法性依赖于社会治理的实效性;伴随政府职能转变,社会治理理念的更新,社会组织和公民社会的大量培育,多元化参与社会治理必然成为一种趋向,以实现社会治理的整体效应。

【关键词】地方政府 社会治理 社会保障 政策创新

20世纪90年代以来,我国社会发生了巨大的制度变迁,地方政府在经济社会发展中发挥作用显著且日益受到重视和研究,人们普遍开始关注在这一重大的社会变迁中,地方政府在社会治理中所扮演的角色和功能及如何持续创新社会体制和机制以正确履行政府职能,真正实现从"社会管理"向"社会治理"的转变。党的十八大召开以后,社会治理更是成为学术界和社会舆论广泛讨论的重要议题;随之,党的十八届三中全会明确提出创新社会治理体制,推进国家治理体系和治理能力现代化,党的十八届四中全会则强调推进多层次多领域依法治理,提高社会治理法治化水平。而社会治理是一项复杂而又系统性的工程,加之

❶ 杨成来(1992-),男,贵州财经大学公共管理学院行政管理专业硕士研究生,主要研究方向为公共行政与地方政府治理、地方政府行为、地方政府与社会组织协作治理。张辉(1972-),男,中国社会科学院法学博士,贵州财经大学副教授,硕士研究生导师,主要研究方向为社区社会组织、地方政府治理、劳工研究。

我国正处于转型期,各种问题和矛盾集中突显,因此,研究转型期地方政府社会治理具有重要的现实和理论意义。本研究正是基于此背景,通过对贵州省Y县的实地调研和对其相关职能部门的深度访谈,以及个案记录等方法,着眼于Y县社会保障政策的创新和社会治理路径,以探究如何提高社会治理效果和促进社会和谐,以及回应公民的诉求,以实现社会治理的有效性、提升地方政府能力和公信力。

一、问题的提出及个案选择

自分税制和分权化改革始,对地方政府的关键性作用就引发了各位学者们的深入探讨和研究,然而此时更多的是研讨地方政府的经济功能,这与当时的经济发展水平和社会背景是密切关联的,但是随着社会发展出现了“中国经济奇迹”之后,学者则把中心转移到了如何实现社会的有效治理,提高地方政府的能力上,有关治理的议题被渐渐地详细加以论述。

渠敬东等学者对中国30多年改革历程进行社会学分析,划分了“三个阶段”:一是以双轨制为核心机制的二元社会结构,二是市场与权力:社会分配新格局的确立,三是治理问题与行政科层化的双重效应;最后推演出改革前的总体性支配权力为一种技术化的治理权力所替代。[1] 反观现实世界,我国地方政府正在强化工具治理的有效性和注重制度和秩序运作,即科层式治理,技术化的治理得以加强,整体性治理权力被消解或稀释。姜晓萍则从认识社会治理体制与国家治理的内在逻辑关系入手,明确了创新社会治理体制在推动国家治理体系和治理能力现代化具有重要现实意义,并从“八大社会体系”方面即完善社会政策体系、构建公民权利保障体系、优化基本公共服务体系、强化社会组织培育体系、建立社会行为规范体系、创新社区治理体系、巩固公共安全体系、健全社会风险预警与应对机制,提出相应的体制创新建议,促进国家治理现代化。[2] 这就为社会治理和体制的建设引发新颖的启发和研究思路。

而范如国等学者从社会本质上是一个复杂协同的网络出发,重新认识社会治理,并借鉴复杂系统理论作为社会治理研究新的研究范式,主张社会治理应从“单中心主义”到“多中心主义”转变,也就是由于环境和社会事物的复杂性和不

[1] 渠敬东,周飞舟,应星.从总体支配到技术治理——基于中国30年改革经验的社会学分析[J].中国社会科学,2009(6):1.

[2] 姜晓萍.国家治理现代化进程中的社会治理体制创新[J].中国行政管理,2014(2):24.

确定性,传统由政府主导的线性管理模式不能对复杂社会问题给出有效的解释和应对方案,有必要引入新的管理范式。❶ 这给予后续研究者提供了新的理论视角,增添对社会治理研究的视阈。陈家刚通过三个地方政府的创新案例证明了政府创新推动治理的变迁,并且以"多样性治理"概括我国自改革开放以来地方政府的治理"运动",他认为地方政府层级的改革是各地政府同时进行的,并不是自上而下的有序推进,其改革的动力来源于"危机情势"即权威危机与管理性危机,❷而且没有止境;但是依然没有改变政府单一的"主导型治理",政府始终是治理创新的推动主体,其他社会组织的激发还尚待培育,地方治理正取代地方管理。

此外,范逢春在意识到社会治理对地方政府而言是一项复杂的系统工程后,对社会治理作了如下的区分"正式制度的治理"即法治化的社会治理和"非正式制度的治理"即伦理化的社会治理,❸尤其注重社会治理的"软"的方面,即非正式因素的参与。社会治理一定程度体现了地方政府的行政运行效率和制度的健全力。因此,从上述两个维度出发以达到提高治理的有效性,强化治理的法制化和伦理化,实现高质量的社会治理。而张紧跟通过分析发展中国家的地方政府,总结出了参与式治理应有的内涵,尤其强调公民社会的重要性和公民参与治理的正当性,他认为中国地方政府现在正面临着治理的合法性和有效性等问题,而参与式治理则既可以提高了国家治理的合法性又改善了国家治理的有效性;正因为如此,张紧跟认为"参与式治理成为新一轮地方政府治理体系创新的趋向"。❶

综上观之,地方政府社会治理这一重要议题得到了大量的讨论,不同学者皆从各自的研究领域和学科背景等视角构建理论框架对社会治理进行阐释,比如"总体性支配与技术性治理""社会治理复杂系统论""多中心治理"等,以上这些概念框架和研究一定程度上推进了社会治理研究的内容和提高了科学研究范式,对地方政府的治理产生了影响,而且在理论与社会实践互动逐步得到验证和推进,但是从文献中,我们可以看出大多数的研究都是从整体性或宏观的视角进行探究,提出一些极具价值性理念还只是一些未在实际中真正去实践的观念,反倒是社会治理中政府依然是扮演着"主导型"或"控制型"的角色;另外,以往文

❶ 范如国.复杂网络结构范型下的社会治理协同创新[J].中国社会学,2014(4):98.

❷ 陈家刚.地方政府创新与治理变迁——中国地方政府创新案例的比较研究[J].公共管理学报,2004(11):27.

❸ 范逢春.地方政府社会治理:正式制度与非正式制度[J].甘肃社会科 2015(3):181.

❶ 张紧跟.参与式治理:地方政府治理体系创新的趋向[J].中国人民大学学报,2014(6):121.

献所关注地方政府在应然上的形态，而较少深入挖掘地方政府在实然的操作技术层面的创新。正因为如此，本研究选取贵州省 Y 县在社会保障政策方面的创新为个案，以构建“高政府主导—低公民参与”概念框架阐述地方政府社会治理实际运作逻辑，地方政府在社会治理中政策创新的重要性、适时性和可行性，以及说明县域级政府在社会治理中发挥主导作用，其他社会组织和公民有序参与度较低；社会政策的创新必然带来社会治理有效性的提高；在一定时期内，地方政府在社会治理中仍然占主导地位，但是伴随我国政府逐渐从控制型政府向服务型政府转变，政府职能清晰界定，公民意识权利加强，且政府以外其他组织和公民将更多地参与社会治理，社会治理的合法性和有效性将会得以提升。

二、贵州省 Y 县现状分析及理论框架构建

（一）贵州省 Y 县及其社会保障政策现状分析

Y 县处东经 108°34′～109°09′，北纬 27°28′～27°31′，总面积为 517 平方千米，辖四镇两乡，84 个村民委员会，9 个居民委员会。据最新人口统计，Y 县总人口 11.93 万，户籍总人口为 153515 人，其中，非农业人口 32726 人，农业人口 120789 人。在社会保障方面，Y 县有社会福利院 1 个、乡镇敬老院 6 个，随着 Y 县经济社会的发展，Y 县城镇和农村最低生活保障金发放标准得到提高，至 2012 年以来，城镇最低生活保障金由每月 290 元提高至每月 335 元，农村最低生活保障金由每年 1500 元提高至每年 1750 元。另据 2014 年的统计资料显示，Y 县接受城镇最低生活保障救济 49314 人次，比上年下降 1.78%，农村最低生活保障救济 80749 人次，比上年下降 1.21%，发放农村最低生活保障金 2413.12 万元，比上年增长 18.2%。[1]

Y 县社会保障支出与经济发展具有一定的正相关性，经济发展能够供给地方政府在社会治理发挥更大的作用，Y 在针对特殊群体（受艾滋病影响儿童）的社会保障政策方面的创新和扶持力度产生了一定的影响。根据笔者调研发现，受特殊疾病影响儿童共 23 个，感染者 6 个，父母双方皆感染 17 个，死亡 3 个，纳入低保 2 个，正在申报 2 个，2 个纳入孤儿保障，2 个不愿意，2 个在催办。在办理相关人员的救助过程中，地方政府相关部门（如民政部）做了大量的政策治理创新工作，通过政策的创新，提高了政府治理的合法性和公信力，同时也把受困的特殊人员纳入了保障，形成了一种良序的政民互动格局，增进了和谐因素，这

[1] 文中所采用和列举的数据及文字等材料皆来源于笔者对调研资料的整理总结和提炼分析。

正是本文研究的焦点所在,也即地方政府治理存在创新的空间,可以创新治理工具以实现组织和治理的目标。

(二)理论框架构建

社会治理需要一定场域、条件和工具才能实施,也需要人财物等资源的投入,其中工具常常被特别地加以研究。因此,在分析 Y 县社会保障政策实践基础上,认为政策工具的创新和业务流程再造或优化有助于社会治理实现高质量和高信任度,获得公民的支持和助推问题有效解决,为持续性的政策落实和创新提供创造性条件。

1.地方政府社会治理呈现出"高政府主导-低公民参与"治理特征及现实逻辑

对于特殊群体的政策优待是我国重要的惠民工程,得到了中央、省及县级政府的重视,对于贵州省来说,对受特殊疾病影响儿童的福利保障政策逐渐形成一定的体系,比如大病医疗保险政策,临时救助政策和贫困家庭大病救助等政策,由于我国政府的"职责同构"现象的存在和科层化特征,相应政策具体实施办法则层层落实,所以在 Y 县也相应地制定了政策规程。地方政府是大量政策的执行场域和主体,通过政策的实施而进行社会治理,在 Y 县为特殊人员提供救助时,政府部门占据主导性作用,是政府在强力推行政策,而相应地公民则是被动地接受政策。一般而言,公民对于政策的后果和影响无足轻重,政府与公民存在信息不对称,公民是信息弱势一方,政府是社会治理的主体或主导方,公民则显示出低参与度,就像是一种"父爱主义"式的治理模式。那么其存在这一现象的现实基础和逻辑又是什么呢? 通过分析,我们发现主要体现在如下几个方面:

(1)政府职能经济理性导致社会治理趋向于地方政府。在经济学领域中,"经济人"是最为经典型假设,它认为任何人都是理性人,都以追求自身利益最大化为根本目的;而政府也存在经济理性,追求政府部门利益,地方政府并不是没有意识社会治理中公民参与的重要性,而是相应的现实基础和程序不具备,实在难以开展,只好政府"大包大揽"。这可以从对 Y 县民政局人员(HZR)[1]的访谈中窥见。

在对这那部分人(受特殊疾病影响儿童)实施政策救助时,因为其数量小,分散在各个区域,所以难以进行随时跟踪走访和调查,只能从有利于我们工作的顺利开展进行考虑,再通知他们来进行各种手续办理,最后得到医疗方面的资助,如果他们不愿意前来,我们则会进行多次的催办,以便于为他们提供服务,因

[1] 按照学术研究的规范要求,对文中采用关于访谈对象等信息进行隐形化处理而由特殊字符代替。

此，对于这部分群体的治理，难免会造成这样的工作局面，当然政策实施难度就无形增加，而且治理的效果无法得到很好的体现。

(2)行政绩效考核体制致使政府追求部门利益。我国的政府体制形成了一种刚性的封闭系统，下级政府对上级政府负责，在层级节制的体制下，地方政府只有完成了上级政府部门分派的任务和指标才会有相应的人财物投入和职务晋升，所以地方政府就选择可以进行量化的且又是上级政府足够重视的指标执行，而对那些难以衡量且又是需要持续性的投入才产生效应的社会目标则选择性执行。因此，在目标管理绩效考核体制下，地方政府将会发生“选择性应对上级”和“选择性敷衍公民”的现象，追求政府部门的利益和政治晋升。

(3)信息不对称促使公民参与意愿偏低。信息不对称理论阐释的是信息从信息源逐步传播到其他群体，现实社会中存在较多信息不对称现象。有研究指出信息也是一种资源，但是在地方政府进行社会治理时，其所掌握的信息资源较其他社会组织都很丰富。而实施社会保障救助时本应立足于受众的现实需要，相反政府部门却“先入为主”给其对象进行了判定，较少地真诚交流，受众的真实政策诉求表达没有展现出来，在这种情形下，公民潜意识里认为参与与否对政策推行的影响力不强，因此社会治理中并不是没有参与的对象，而是各种迹象传递给他们的信号是参与的“无力感”。

2.政策治理创新和业务流程再造提升地方政府社会治理的合法性和有效性

创新政策治理和简化业务流程对地方政府而具有重要意义，一方面提高行政效率，保障政策稳定性和针对性以及可行性；另一方面可以优化业务流程，使其从变化了的实际更新程序，维护公民的利益，构建和谐政民关系。地方政府社会治理何以得到如此的深入研究？这可能与现今我国政府面临的现实问题密切相关。由于长期的行政体制的束缚，政治改革的推进缓慢，政府在社会中公信力逐渐被消解，政府赖以存在的合法性基础受到质疑，人们普遍对政府不满；此外，在我国经济发展下行压力巨大的背景下，政府曾想通过大力发展经济而赢得公信力几乎已不具备意义，只有通过面对具体问题，寻求解决之道，加快转变政府职能，培育社会组织和公民社会才能确保政府的合法性基础。

治理并不是必然就是有效的，社会治理存在较多的无效行为。究其缘由，依然是对社会治理理念认识不足，权力界定不明确，政府职能错位、缺位等现象的存在，公民权利和参与意识不够等；先进的技术手段和工具大量涌现，许多政策的制定也相继出台和实施，但是由于没有有效组织和重组各种资源，因此才产生了“政策重叠”和“工具的无效化”，那么业务流程的优化和政策工具的创新就会带来社会治理的变迁和发展，这在Y县社会保障政策实施中表现尤为突出，下面将具体进行分析和论证。

三、贵州省Y县社会保障政策治理创新的实证分析

Y县针对特殊群体的社会保障政策主要以新型农村合作医疗保险为主，其他多渠道筹集资金为辅，后者主要是从Y县民政局的救灾资金中进行统筹协调。Y县在进行了社会救助中探索出来新的模式，把其称谓“Y县政策治理创新模式”（见图1），该模式的运作引起了社会的广泛效应和支持，社会治理能力得以提升。下面具体阐述该模式的流程和有效性。

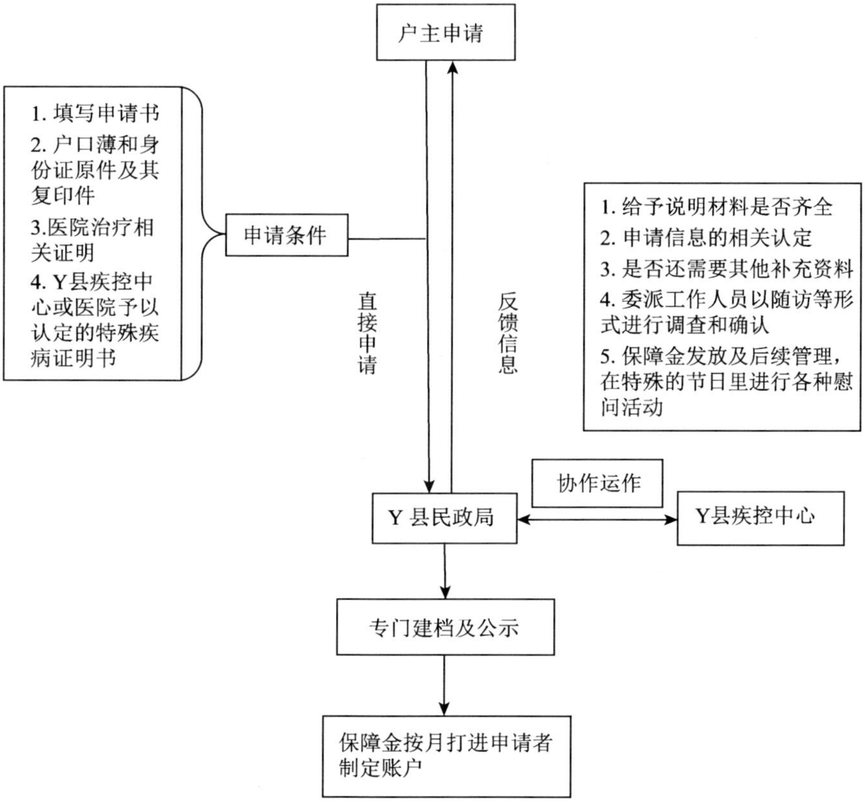

图1　Y县特殊群体政策保障治理创新模式流程图

（一）Y县特殊群体社会保障政策的“高政府主导-低公民参与”型治理的现象

从图1中，我们不难看出，受特殊疾病影响（艾滋病）儿童需要得到社会保

障和救助需要由其父母或至亲之人进行申请，方能得到政策救助。而户主申请主要是以规定的条件和流程提出申请，地方政府部门（民政局）再与其反复交流，最终由民政局审批并按规定的账户逐月打款，以给予帮助和支持。这反映出在为这一部分人员提供服务和保障时，地方政府显然是治理的主体，而户主则是具有低度参与性的对象，特殊人员则是边缘性社会治理的对象。

（二）业务流程再造促使行政效率提高和维护公民权利

Y县在通过新农合政策治理特殊群体时，创新了政府部门工作程序，实现了流程再造，一方面带来了行政效率的提高，另一方面保障和维护了公民的权利。与一般的申请者申请最低生活保障不同，特殊群体因涉及个人的隐私问题，因此Y县开辟了与其不同的申报渠道或“绿色通道”，这促使那些想申请但又害怕个人信息泄露的人能够申请最低保障，同时也简化了申请程序，具有更强的可操作性。

（三）地方政府部门间的协作提升社会治理的质量和效果

在横向或“块”的关系上，地方政府部门间往往存在“信息孤岛”和利益冲突，政府部门的隔阂是实际存在的。但是，在Y县，民政局与疾控中心存在着共同的利益，最终导致二者采取协作的方式，优势互补，增强社会治理的效果，在这一框架中，疾控中心为民政局提供信息服务和咨询，民政局则直接面对现实问题以寻求解决社会群体的困境，增添和谐因素，构建和谐社会。

（四）地方政府持续性社会治理是实现治理有效性的重要路径

政策的效果只有实施到一定阶段后才能突显出来，社会治理的是否有效也只能后续的跟踪治理才能保证实现。Y县在对特殊群体救助和实施过程中，进行多次资助政策叠加和随访走访，以深入了解对象现状和真实需求。譬如医疗费用按新农合比例进行报销，其余由民政局分情况全部救助，如若是艾滋病患者又是孤儿，那么在保障方面可以叠加，既享受一类低保，又享受艾滋病专项救助金临时救助；同时每年慰问10户，每户400元，民政出资300元，100元有其他渠道筹集支付；以及政府工作人员与户主建立了相互信任关系。这些创新的政策举措，对社会治理的可持续性提供了有力保障，同时Y县的政府能力也将大为提升。

四、总结与思考

本研究通过建构“高政府主导—低公民参与”理论阐释框架，以贵州省Y县的社会保障政策的创新为个案论证地方政府社会治理的有效性。研究发现，地方政府在社会治理中仍然居于主导地位，其他社会组织和公民的参与度较低；政策的创新必然带来社会治理的变迁和质量的提高；转型期地方政府的合法性一定程度上依赖于社会治理的实效性，伴随我国政府从管制型政府转向服务型政府，社会治理理念的发展，社会组织和公民社会的大量培育，将会有政府以外其他组织参与社会治理，以提高社会治理的整体效应。同时，透过本文的研究也引发一些思考：

一是社会治理与经济社会发展的关系。只要是存在社会，可能就会有治理问题，因此治理可以说是社会有序发展的必然要求。改革开放 30 多年以来我国经济社会发展成就令世人瞩目，但是我国的治理困境和难题则彰显出来，社会治理与经济社会发展存在失衡的现象，并不是同步进行，如何处理二者的关系是社会和谐稳定应有的因素之一。

二是社会治理主体的多元化。由于体制机制的原因，我国的治理突显“一元化”治理特性，即政府占据主导型地位，这明显与我国所面临的治理问题不相符合，因此政府职能转型势在必行，那么我们是否可以在正确厘清权力边界的基础上，更好地发挥社会组织的优势和社会大众参与社会治理，实行多元化参与式治理？这是值得继续探索的领域。

三是治理创新与治理法治的张力。创新治理有益于提高治理的针对性和可操作性，但是也必然遭遇到体制机制的障碍，那么是应该严格执行管理规定而失去解决问题的良机还是适时创新以促进问题的解决？这种现象在地方政府治理中普遍存在困惑。因此，如何统筹治理创新与治理法治的关系反映出政府能力和公信力的水平。

参考文献

[1][美]奥斯本，盖布勒.改革政府——企业精神如何改革着公营部门[M].上海：上海译文出版社，1996.

[2][美]道格拉斯.C 诺斯.制度、制度变行与经济绩效[M].刘守英，译.上海：上海三联书店，1994.

[3][澳]欧文.E 休斯.公共管理导论[M].张成福，马子博，等，译.北京：中国人民大学出版社，2015.

[4][美]威廉.N 邓恩.公共政策分析导论[M].谢明，等，译.北京：中国人民大学出版社，2011.

[5]陈勇.集中连片特困地区地方政府治理创新探析[J].江西社会科学,2014(5).

[6]陈家刚.地方政府创新与治理变迁——中国地方政府创新案例的比较研究[J].公共管理学报,2004(11).

[7]范逢春.地方政府社会治理:正式制度与非正式制度[J].甘肃社会科学2015(3).

[8]范如国.复杂网络结构范型下的社会治理协同创新[J].中国社会科学,2014(4).

[9]胡宁生,杨志.中国地方政府社会治理创新的持续性:影响因素与政策优化[J].江苏社会科学,2015(3).

[10]姜晓萍.国家治理现代化进程中的社会治理体制创新[J].中国行政管理,2014(2).

[11]渠敬东,周飞舟,应星.从总体支配到技术治理——基于中国30年改革经验的社会学分析[J].中国社会科学,2009(6).

[12]中共中央关于全面深化改革若干重大问题的决定[EB/OL].[2013-11-15].http://news.xinhuanet.com/politics/2013-11/15/c_118164235.htm.

[13]中共中央关于全面推进依法治国若干重大问题的决定[EB/OL].[2014-10-28].http://news.xinhuanet.com/2014-10/28/c_1113015330.htm.

[14]张立荣,刘毅.整体性治理视角下县级政府社会管理创新研究[J].管理世界,2014(11).

[15]张紧跟.参与式治理:地方政府治理体系创新的趋向[J].中国人民大学学报,2014(6).

农村礼宴治理中的政府责任

何永松[1]

贵州财经大学公管学院　贵州，贵阳　550025

【摘　要】农村礼宴治理已演变为乡村治理的新题。在现代化进程中，传统礼俗已逐渐走向了它的对立面，严重困扰着乡村社会变革与转型的转型。要推动乡风文明建设，有必要重视礼宴泛滥问题，以便做出有效的手段加以规范。关注农村礼宴行为，将有助于矫正农民的人情观，但在相关问题的背后必须强化政府的重视力度。作为礼宴治理的主导力量，政府需要从制度规范、行为监管、礼俗教育和跨域治理方面做出回应，以引导农村社会风气的良性发展。

【关键词】礼"上"往来　角色定位　礼宴治理　政府责任

自从20世纪90年代，乡村治理被提上研究日程以来，国内学界对此议题做了大量研究，为乡村社会建设提供了有益的经验。即便乡村治理广受关注，转型进程中的乡风文明还是暴露出了诸多问题，人情的滥觞就是不争的事实。近年来，农村宴请的价值已发生异化，明显呈现出了类别多、礼金重、周期短等特征，正因为如此，强化农村礼宴治理就是一道必要的防线。在学术界，诸多研究都描绘或论证了礼宴行为的是非现象，但是，基于礼宴治理角度的系统分析依然是个空白。礼宴治理是乡村治理的新题，如果不认真对待于此，乡村社会的无序之风仍会不断上演。要使乡村社会保持良好的礼俗行为，就必须强化礼宴治理主体的职责，虽然治理主体的多元性表明个人或民间组织都能扮演积极的作用，在此仍然仅考虑政府的主导力量。因为，政府作为公权力的代表，能促使农民对礼宴问题产生敬畏之心，也有利于积极地矫正农民的人情观。同时，研究还能让政府更好地定位自身在农村礼宴治理中的角色，进而强化对礼宴治理中的重视力度。

一、农村礼宴治理的现实困境

长期以来，传统礼俗为乡土社会的发展提供了明显的文化动力，赢得了民众

[1] 何永松（1984-），男，土家族，贵州财经大学公管学院副教授。

的共同支持和认可。时过境迁，在社会变迁的进程中，农村礼宴方式已经突破层层习俗的约束，一再上演了“越轨”❶的迹象，农民的生活状况也因此而受到冲击。

当前，农村礼宴活动可谓花样百出，甚至还可以这样形容，即“不怕想不到，就怕做不到”。与过去相比，巧立名目的人情行为越发盛行，以笔者近年来在黔东北农村地区的调查为例，酒宴类别已背离了传统的礼俗行为，诸如升学酒、换门酒、“许愿”❷酒、多胎超生酒等酒宴便铺天盖地而来。在当地，对于七八十岁的老人而言，年满整十办酒被视为一种习俗，如今不满十也办酒，只要靠近五六十岁也可办酒(即视为满十酒)。如果将视线转移到全国广大的农村地区便会发现，意想不到的礼宴活动时有发生，有的农户遇上“母猪下窝崽要整酒，盖个楼能整5次酒”。[1]对于村民而言，种种“酒型”简直让人哭笑不得，哪怕没有酒宴仪式也要创造机会，诸如“无事酒”现象的泛滥[2]就见证了这一症状。如此等等，均表明农村的礼宴活动十分荒唐，各种“创新酒”也在不同程度地上演或蔓延，类似的现象举不胜举。在现代化的进程中，乡风文明建设因此而接受新的拷问，相应地，众多村民已渐渐习惯于这一趋势。

同时，农村地区的礼宴越来越注重礼的厚重度这一标尺。当前，“礼轻情意重”的人情习俗正在退化，农村“人情不再像过去那样单纯地注重礼尚往来的原则，相反，礼‘上’往来之举已在众多地区表现出来”，[3]在农村地区，人情送礼成为收财敛财的特殊手段，随之而来的便是人情消费的高规格性，面对巨大的人情负担，就连传统民族村落都出现了借钱“搭礼”的现象。[4]过去，送礼可以是衣帽鞋袜等常见礼品，一些农村还存在送鸡蛋或粮食的现象，以表达交往中的种种诚意，人际往来也不因此而被视为不懂“江湖规矩”，如今再以此方式赴宴显然拿不出手，农村人情攀比的现象越发明显，甚至砸锅卖铁也得撑住面子，这是碍于人情因素所做出的选择。一旦陷入人情漩涡，礼宴活动似乎就变成了无底洞，送礼额度既定时回礼水平只增不减，如同滚雪球一般会越滚越大。当农村地区出现人情互动时，更多地将金钱和利益联系在一起，从而希望从中获得更多的礼金或更好的礼物。村民如果不能从“行情”的角度随礼，就可能失礼或隔断人情关系。

---

❶ 此处沿用“越轨社会学”的概念加以分析。在学术界，越轨被界定为行为的偏差或怪诞的行为，明显表现在在道德和制度层面上的“叛逆”现象，有时也表现为对传统习俗的脱离。参见[美]梯尔.越轨社会学[M].王海霞，等，译.北京：中国人民大学出版社，2011.

❷ 又称“过关”，是对老祖宗或逝者做出某种许诺，以求个人或家人往后能过上平安的生活，进而让法师到家中进行祛邪除恶的行为。

此外，一个家庭的生财之道并不完全借助于周密的计划，经常举办酒宴活动就不失为一种“有效”的选择。很多家庭都未能在社会变迁的进程中有所超越，相反，恰恰是大众的偏爱，引发了满满的礼宴激情或兴趣。对于收入有限的农民而言，赴宴送礼无疑是一笔最大的负担，反过来，通过提升礼宴活动的频率，也可成为一次或多次“创收”的途径。因此，越来越多的农户定期或不定期地举办各种酒宴，“礼多人不怪”，受此观念的影响，农村地区的礼宴现象便在此基础上越来越泛滥。哪怕“整酒就是整亲戚”[3]的现象已经得到论证，殊不知整酒同样是“整”村民或圈内人士的最佳借口，只不过是以一种间接的方式在助推这一行为，其间，礼宴行为的一再出现就反映了频率高、周期短的特征。人情交往不能输，至少下次整酒也有盼头，如此一来，时不时地办酒敛财就成了见怪不怪的事实，人情消费的压力在无形之中已呈现出来。

情何以堪，正成为解读农村礼宴现象的新视角，原因也在于它明显越过了传统礼俗规范的界限。[5]如果有谁试图“叛离”新人情之道，人之常情也就难于谈起，哪怕在熟人社会同样如此。面对异化的礼宴交往，政府就不能无动于衷，而且，“酒”风整顿确实需要将国家权力延伸到乡村社会，而不仅仅只涉及公共权力的责任人。无人过问的礼宴怪象，无疑会大行其道，但必须看到，它将深深地影响着乡风文明建设与变革的进程。

二、政府在农村礼宴治理中的角色定位

当前，社会治理和政府治理话题广受关注，同时，政府如何引导社会治理层面的话语分析更是不可忽略。农村地区礼宴行为的新变已得到揭示，蹊跷的是，农民也不得不在爱恨交加的进程中做出矛盾地选择。在相关问题面前，政府绝不能袖手旁观，而是要在农村人情问题中有所作为。政府对社会事务的影响，直接凸显了身在其中的服务角色，在农村人情治理中的介入也不例外，要服务于乡村治理与乡风文明建设，政府就应该是农村人情行为的引导者和监管者。

十八大以来，党的作风建设不断取得新进展，特别是中央“八项规定”的落实与实施，使各级各地官员能从严要求自己，为共同净化官场作风和社会风气提供了很好的范本，政府在其中更是树立了标杆和警示形象。如今，官场生态表现出了良好的发展势头，但也应看到政府管好了自己，并不代表整个社会风气都发生了好转。而且，作风建设已成为一种新常态，无论对政府还是社会而言，这一做法都具有积极的导向功用。既然如此，精神文明建设的“外”延就值得关注，换句话说，作风建设就应该有所突破，即有必要从权力系统全面转向民间社会。

要实现这一环节的转变，当然离不开政府角色的扮演与发挥，政府尤其要主动地适应这一进程。

在中国，村民自治已成为乡村治理的必然选择，与之相应，政府在乡村地区的影响力相当有限。虽然政府要发挥积极的作用，但绝不能充当一个彻底的主角，否则，自治的基本价值和战略计划都难于凸显，甚至可能走向它的对立面。对此，政府就要当好乡村社会发展的看护者，但是，对于不良的行为选择，政府需要积极地做出规范或调适，特别在是非问题方面，更应让自身成为一个“管家婆”。即便是人情行为，也离不开政府的积极引导，倘若政府以“鸡毛蒜皮”的心态来对待变味变质的人情活动，喧嚣宴请的场面还会一浪压过另一浪，各种“创新酒”就会接连不断地出现。可见，整治人情病变的意义已凸显出来，更为直接地讲，拯救整酒之风就不可犹豫。

政府可以借助权威或强制手段来规范乡村秩序，这也是矫正人情观必不可缺失的选择。针对当前礼宴行为中的问题，政府理应看清其危害性，以便适时做出相应的回应，进而推动农村社会秩序的健康运转。对于人情圈子内的人而言，多数情况下都难以回避以下问题，即子女偏多的家庭酒宴自然就多，加之各种“创新酒”的举办，明显会搅乱农村地区的礼俗，而保住人情的方式又需继续送礼，远亲和近邻都会因此而产生“厌酒”之情。[6]从某种程度上讲，礼宴已一定程度地演变为一种可怕的力量，不排除政府倾向于选择“放手去爱”的方式加以对待，但相关现象的发生又与政府引导和监管工作的缺失相关。因此，政府在礼宴泛滥的浪潮中，要做到“该出手时就出手”，而不是任其发展。

礼宴治理要从“我”做起不是一句空话，政府带头做好这项工作也绝非偶然，加之乡村干部赴宴的现象也并不少见。显然，一种积极的人情观并非自然而然就能生成，甚至可能需要一次又一次的动员或管理，才有可能逐渐发生好转。如果说，政府不能保证自己引导社会风气的良性发展，那么，人情治理将难于摆脱其怪圈。

三、政府在农村人情治理中的责任建设

农村礼宴行为揭示了农民生活的苦衷，如果要克服情在囧途的症状，当然离不开社会的共同参与。不过，最好的解决方法就是让政府以身作“责”，因为，政府是公权力的代表，它既能释放出“政”能量，也能做出积极的措施加以应对。在乡村社会转型的进程中，政府如何遏制礼宴狂潮固然值得关注。

首先，出台礼宴治理的法规制度，并在情与法之间做出平衡。一直以来，人

情都是解释礼尚往来的一个视野，但在社会转型期间，人情交往的变化已使礼尚往来的习俗失去了道德层面的约束力。加之，村民不能自觉地履行礼俗之道，反而想方设法举办礼宴活动来增加收入。出台礼宴治理的规章制度确实有其必要性，但是，务必要分清情与法之间的界限。情是一种习俗，它是世代相传的一种软力量；法是对不同行为的规范性要求，是强制手段的直接体现。二者之间又存在一定的悖论，“当传统的人情观遭遇现代的法制观时，必然会产生观念上的冲突和行为上的疏离。另一方面，在社会发展中，仅仅依靠严刑峻法实施治理也是不合适的”。[7]对此，政府必须做出综合考虑，哪些制度将有助于保护礼俗，礼宴是否可办，何种程度上才能操办，是否需要上报等程序都应做出说明；哪些制度又是遏制邪恶现象的必要手段，何以预防，这些都需要做出权衡或比较分析，以使传统文化的现代转型能够获得宽阔的通道，否则，不堪的局面仍然在所难免。

其次，发挥有限政府的监管职能，鼓励民间组织的有效参与。在中国，“无论是通俗化抑或是世俗化，人情这一概念总是有其赖以产生和存在的文化根源”。[8]农村的人情行为，包括礼宴的存在方式，确实有存在的可能及其合理性，诸如婚丧嫁娶中的宴请行为，就不能以是非对错能够界定清楚的话题，除了需要采取制度规范以为，监督也是必不可少的环节。如前所述，农村地区的礼宴治理，政府应更多地加以引导和监督，引导就是为了指出礼宴或人情行为的选择及去向，监督则是预防或阻止礼宴偏差的一种手段。但是，很多具体层面的问题，尤其是村民不能自理时，让民间组织参与礼宴治理洒不失为一种有效的选择。在此情况下，民间组织能够深入农村地区，甚至对不同地方和不同家庭进行跟踪，而且，还能针对不同文化、不同酒宴做出反应，甚至可以及时制止，或者发动不同的力量对齐施压，也可以培育当地的民间组织参与礼宴治理。当然，政府和民间组织也要打“配合球”，相互之间可以形成一种依赖的局面，最终还可以联合处理或交换各自之见。

再次，开展农村礼宴教育工作，塑造健康向善的人情观。目前，“作风建设永远在路上”，这一提议得到了很好的响应，并使相关工作人员认识到不敢用、不敢吃、不敢贪永远是塑造官员良好形象的教育方式。其实，农村地区也需要类似的题材与课堂，让村民更多地意识到，举办宴请活动便是在消磨时光，到头来谁都不划算，晚痛不如早痛，及时引导农民走出误区，也有利于矫正农民的人情观。对此，政府有必要送教下乡，甚至不断地对农民进行施教，让他们更加认识到礼宴行为并不是谋生谋财的最佳途径，人的一生只有勤劳打拼才能获得更多的财富，这同时也是实现人生价值的必然选择。一个人只有向前看，并在实践中不断地磨炼，才有助于顺应自己追求的方向和目标。在礼宴泛滥的浪潮中，无异于相互取逗对方，最终还让自己人财两亏。在教育活动中，可以宣讲优秀的传统礼俗文化，使农民在接受教育的同时，熟知礼宴的是非之处，从而做出积极的选择。毫无疑问，教育是改善农村社会风气的又一路径，它能够有效阻止礼宴行为的恶化。

最后，推动跨域联合治理，消除礼宴消费的顾虑。近年来，人情之风明显呈现出了多样性、差异化的趋势，尤其是不同地区的相邻地带，往往会受到人情政治因素的影响。具体而言，有的地方做出了人情规范的细则和要求，说明了惩罚的事项和礼宴现象，但是，对于相邻的地区而言，要求参差不齐，惩罚形式也不尽相同，差异程度也十分明显，类似的现象就不可忽略。即便存在地域界限，但对于“邻居”而言，“脚踏两只船”便是其人情交往的困境，尤其是一方规定要杜绝礼宴现象而另一方不太重视或并不表态时，赴宴送礼就是农民需要博弈的话题，但碍于情面之交又难于放弃赴宴行为。因此，跨域治理有助于消除“不必要”的人情消费，它能推动不同地方采取一致的改革手段，农民送礼的落差也会随之消失。只不过，政府可以在其他渠道上来迎合农民的需求，诸如促进“农村社会保障体系的建立和健全，可以极大地增强农民的安全感和归属感，对于协调农村基层社会秩序具有强大的潜在功能”。[9]当然，在跨域治理之外，政府从福利政策方面做出一定的改善，或许还需要经历一段改革的历程，这已不属于在此讨论的范畴。

当前，举国上下都在谈及国家治理能力现代化这一重大的议题。与此相应，乡村治理显然是国家治理最关键性的基础，并事关整个中国社会转型的进程与水平。乡村治理离不开国家权力的有限介入，而国家权力的介入又依赖于政府的推动，否则，失序的人情行为仍会紧随而来。而且，礼宴治理已成为乡风文明建设不可回避的问题，政府的治道变革理应对此有所反应。

四、结语

近年来，农村人情行为的种种变化受到了学界的广泛关注，相关理论成果层出不穷，也一定程度地引发了政府的重视。从农村礼宴治理的现实困境可以看到，众多村民都将宴席视为一块“肥肉”，从中可以争取到更多的“油水”，礼宴的功能也因此而转向了对立的一面。即便如此，政府在农村礼宴治理中的关心程度依旧有待提升，否则，相关行为就不会变到如此猖狂的程度。事实表明，政府确实需要承担起礼宴治理的责任，并积极地介入其中，很多时候农民参与人情行为也反映了一种无奈之举，政府的引导和监管可使他们放松呼吸，而非时不时地搅入满面喧嚣的礼宴活动之中。当然,要做到这一步就离不开政府不断地做出回应,这也是新型农村建设必须正视的问题。

参考文献

[1]下窝猪崽也摆酒,恩施叫停“耍酒疯”[N].新华每日电讯,2012-04-13.

[2]吴淼,陈钰.乡村过事的赢利化及其后果[J].华中科技大学学报(社会科学版),2013(2):106.

[3]何永松.熟人社会的礼宴治理[J].安徽农业大学学报(社会科学版),2015(5):88;89.

[4]沙彦奋,陈其斌.乡村回族社区“人情”文化变迁研究[J].青海民族研究,2009(1):38.

[5]何永松.农民工春节“归家族”人情负担及其治理[J].湖南农业大学学报(社会科学版),2014(1).

[6]贺雪峰,刘锐.熟人社会的治理:以贵州湄潭县聚合村调查为例[J].中国农业大学学报(社会科学版),2009(2):111.

[7]孟宪平,曹小春.当代中国社会生活中的非制度化生存分析[J].南京政治学院学报,2012(4):47.

[8]李伟民.论人情:关于中国人社会交往的分析和探讨[J].中山大学学报(社会科学版),1996(2):60.

[9]陈沛照.人类学视域中的唐村人情往来[J].广西民族研究,2012(3):90.

新常态下推进贵州大众创业、万众创新的初步探索

张　军　乔　磊[1]

贵州财经大学　贵州，贵阳　550025

【摘　要】李克强总理提出在新常态下，我国应推进大众创新、万众创新促进经济“跳档换速”。国务院印发《关于大力推进大众创业万众创新若干政策措施的意见》。但各个省市经济发展状况、发展条件、环境制约因素各不相同，如何根据贵州省自身的条件结合国务院的指导意见，制定出符合推进贵州大众创业、万众创新的发展政策，本文分析了贵州推进大众创业、万众创新的不足和优势，并根据贵州自身大众创业、万众创新的条件提出了政策性建议。

【关键词】新常态　贵州　大众创业　万众创新

李克强总理在2015年的《政府工作报告》中指出：要“推动大众创业、万众创新。这既可以扩大就业、增加居民收入，又有利于促进社会纵向流动和公平正义。我国有13亿多人口、9亿多劳动力资源，人民勤劳而智慧，蕴藏着无穷的创造力，千千万万个市场细胞活跃起来，必将汇聚成发展的巨大动能，一定能够顶住经济下行压力，让中国经济始终充满勃勃生机。政府要勇于自我革命，给市场和社会留足空间，为公平竞争搭好舞台。个人和企业要勇于创业创新，全社会要厚植创业创新文化，让人们在创造财富的过程中，更好地实现精神追求和自身价值。”

一、贵州省推进大众创业、万众创新的意义

中共中央政治局委员、国务院副总理刘延东在北京、天津等地调研时强调，要按照党中央、国务院决策部署，全面实施创新驱动发展战略，深化体制机制改革，简政放权、转变职能，支持低成本、便利化、全要素、开放式的众创空间发展，

[1] 张军，河北人，教授，贵州财经大学经济学院常务副院长，研究方向为国际贸易理论与政策研究。乔磊，山东人，研究生，贵州财经大学国际贸易系，研究方向：国际贸易理论与政策研究。

激发全社会创新智慧与创造活力，掀起大众创业、万众创新的热潮，为稳增长、调结构、惠民生增添不竭动力。刘延东指出，当前我国处于全面建成小康社会的关键阶段，推进大众创新万众创业已成为实现经济中高速增长和迈向中高端水平的新动力，也是释放人才红利与实现个人梦想的重要结合点。

中共中央政治局委员、国务院副总理马凯在贵州调研时强调，要切实落实好"中国制造 2025"，抓紧制定"互联网+制造"行动计划。坚持市场导向、创新驱动，以提质增效为中心，以加快新一代信息技术与制造技术深度融合为主线，大力推进制造业数字化、网络化、智能化发展和生产型制造业向生产服务型制造业迈进。

推进大众创业、万众创新，是新常态下贵州发展的动力之源。贵州以前一直以资源密集型和劳动密集型产业带动经济发展，但我国出口连连受挫，国内经济转型压力不断增加，这一发展道路现如今已成了我国进一步发展的瓶颈。为此，我们必须打造新的经济发展引擎，即走创新驱动发展道路，以技术创新带动产业升级和结构调整，这不仅能稳定经济增长、扩大就业、激发群众智慧和创造力，还能使社会资源得到合理有效的配置，增加社会的公平正义。

二、近 30 多年贵州的发展状况

1978 年，贵州省 GDP 为 46.62 亿元，约占全国 GDP 总量的 1.28%，2014 年，贵州省生产总值 9251.01 亿元，约占全国 GDP 总量的 1.45%。虽然 30 多年贵州的经济发展速度高于全国平均水平，但是 2014 年贵州人均 GDP 仅为 26414.70 元，同期全国人均国内生产总值为 46531.20 元，是贵州省人均生产总值的 1.76 倍。但是在新常态下全国经济增速降至 7.3%的情况下，贵州省仍能保持 10%以上的增速，并且主要经济指标增速位居全国前列，固定资产投资、金融机构贷款余额、规模以上工业增加值增速分别位居全国第一、四、五位。产业结构方面，三大产业协调发展，第一产业增长了 6.6%，第二产业增长了 12.3%，第三业增长 10.4%。三大需求较快增长，完成全社会固定资产投资 13103.86 亿元、增长 26.5%；社会消费品零售总额 2579.53 亿元、增长 12.9%；进出口总额 108.14 亿美元、增长 30.5%。经济效益稳步提升，城镇、农村常住居民人均可支配收入分别达到 22548 元和 6671 元，增长 9.6%和 13.1%，均高于全国平均水平。以上我们可以看到贵州经济发展仍然比较落后，但是贵州的发展态势良好，发展潜力巨大。

三、贵州省开展大众创业、万众创新基础薄弱

制约贵州发展的经济因素很多,如交通阻塞、耕地面积少、人均受教育程度低、地区经济边缘化等。与此同时我们也要看到大众创业、万众创新的不足同样也是制约贵州发展的一个重要原因。以浙江、山东、湖南为例,2014 年浙江人口约为 5477 万人、企业数量约为 225 万人,山东省人口约为 9082 万人、企业数量约为 143 万人,湖北人口约为 5988 万人、企业数量约为 42 万人,而贵州人口约为 3837 万人、企业数量约为 20 万人,我们可以看出贵州省的人口创业比例显著低于其他省份,而且越是富有的省份创业人口比例越高。在地方科研经费支出方面,贵州省同样落后于其他三省,2013 年浙江省的科研经费占 GDP 的 2.18%,山东占 2.15%,湖北占 1.81%,而贵州的科研经费仅占 GDP 的 0.59%,科研经费的支出情况不仅体现贵州基础设施、社会保障方面的支出需求量大,还体现了贵州省对创新驱动经济发展的动力不强。全国国家级高新园区总共有 114 个,2014 年 114 个高新区的生产总值占全国的 10.4%,创新驱动对我国经济增长的具有重要意义。114 个高新区中浙江有 6 个,山东有 10 个,湖北有 5 个,而贵州只占一个——贵阳高新技术产业开发区。贵州省大众创业基础薄弱已经成为制约经济发展的一个重要因素,与此同时对创新驱动经济发展的动力不强也为经济进一步转型升级带来了挑战。

四、贵州推进大众创业、万众创新的政策建议

1.以体制创新带动大众创业、万众创新

(1)简政放权。烦琐的资格审查和审批程序,造就了创新创业高门槛和高成本,把大量的创业者和创新项目堵在了门外,贵州省必须进一步推进行政审批制度和商事体制改革创新,带动贵州省大众创新、万众创业发展。目前贵州省仅有荔波县、贵安新区等少数地区试点进行了“三证合一”(即:工商营业执照、组织机构代码证和税务登记证)的改革工作,并取得了有效的成果把企业办证时间法定时限的 19 个工作日减少到承诺的 3 个工作日。贵州也将跟随全国步伐实施“三证合一、一照一码”工商登记制度,解决企业所面临的准入门槛和审批烦琐等问题。虽然贵州省敢于进行制度创新改革试点工作,但是总未能把可复制的制度创新及经验超于国家步伐率先推广到全省其他地区。除“三证合一、一照一码”工商登记制度以外,贵州省还应放宽新注册企业场所条件限制,允许

多家企业特别是小微企业公共用一个企业注册场所。各市地区还应该明确行业准入类别，着力做好“负面清单”等工作。贵州省在支持贵阳综合保税区创新改革意见中就明确地列出“权力清单”和“责任清单”，既使得各部门间权责分明，也使得各部委与地方机关工作统一协调方便沟通，使得任务得以贯彻执行。同时政府在确定自己的职责方面，要清晰地认识到政府和市场的关系，以及界定好政府与市场的界限，要以经济市场化为指导，充分发挥市场配置资源的能力和效率，进一步规范约束政府的权力，为大众创业、万众创新的自由充分发展留有足够的发展空间。

(2)高等院校和科研机构科研项目市场化。高等院校和科研机构是我国创新项目的主要来源地，但我国的高等院校和科研机构具有严重的计划经济性质和强烈的行政体制，一个创新项目从科研基地到市场转换成生产力，需要层层审批把关，有的甚至审批时间长达一年以上。大量的创新成果不是因为审批时间的漫长变得不再新颖，就是变成了纸上的高科技专利尘封在了档案室里，高等院校和科研机构与市场严重脱节。即使应用型科研成果投入到生产当中，也只能作为国家资产，科研人员往往分享不到自己的劳动成果，这也大大地降低了科研人员以及投资人的积极性。为解决这一系列问题，国务院总理李克强主持召开国务院常务会议，会议通过了《中华人民共和国促进科技成果转化法修正案(草案)》(以下简称《草案》)。《草案》明确了“国家设立的研究开发机构、高等院校对其持有的科技成果，可以自主决定转让、许可或者作价投资，通过协议定价、在技术市场挂牌交易、拍卖等方式确定价格”。使得科研机构、高等院校与市场的壁垒得以冲破，《草案》还明确了“国家设立的研究开发机构、高等院校转化科技成果所获得的收入全部留归本单位，在对完成、转化职务科技成果做出重要贡献的人员给予奖励和报酬后，纳入本单位预算，用于科学技术研究开发与成果转化工作”。使得研发人员劳动成果和利益分享得到了统一。但草案的实现需要各级政府制定适合自己的实施细则，为此湖北率先制定了“黄金十条”，其中取消了烦琐的行政审批程序，科研人员保留成果70%以上收益等。当下贵州省应尽快根据《草案》制定出促使创新项目转化成生产力的细则规定来，尽快使贵州科学院、贵州大学等科员院所和高等院校与市场接轨，充分利用市场配置资源和调动起科研人员的创新热情。

2.充分做好大众创业、万众创新服务工作

推进大众创业、万众创新，政府一方面要简政放权增加市场活力，另一方面要为初创企业做好服务性工作，从而才能使政府的职能得以完美转变。

(1)解决好企业融资问题。摆在初创企业面前的首要问题就是融资问题，创业者普遍面临着融资难、融资成本高等问题。政府应积极引导金融市场,引导金融资源向初创企业倾斜。中国人民银行决定对贷款给“三农”、小微企业的金融机构实施定向降准,从而在一定程度上解决了“三农”、小微企业贷款难的问题。贵州省在推进大众创业、万众创新的进程中应把资助范围由“三农”、小微企业扩展到初创企业,并且应鼓励国有大型商业银行等加大对初创产业的支持。另一方面贵州省应加快推进金融市场改革,推动民营银行的发展,扩大资本市场,推动利率市场化改革,从而有效地降低初创企业的创业成本。积极探索“互联网+金融”发展模式,充分利用大数据优势防范金融风险及提高初创企业的信息透明度。贵州省应设立贵州初创企业、高科技产业投资基金以及加强和种子基金、天使基金等的合作与交流,帮助基金审核初创企业和初创企业的基金申请,逐步完善基金激励约束机制,公开透明基金流向和基金投资收益。

(2)加大税收优惠政策和财政补贴力度。企业发展的初期特别是高科技企业和小微企业,很难取得盈利,我国约有1/3的小微企业存在经营困难问题,高科技企业和小微企业的发展问题关乎贵州省推进大众创业、万众创新的成败,贵州省应加大对高科技企业和小微企业的财政支持力度,制定和落实扶持小微企业和高科技企业发展的各项税收优惠政策,以及财政补贴计划。贵州省还应积极推广中关村国家自主创新示范区关于企业股权和分红激励政策,允许企业转增股本和股权奖励可以分期缴纳个人所得税等激励政策。小微企业和高技术企业认定门槛高也是贵州省如今面临的一大难题,贵州省可根据符合条件的程度划分为符合条件和基本符合条件两者类型,给予差别性财政补贴政策。贵州省要修订完善小微企业和初创企业认定高新技术企业办法,以科技含量和创新专利数量作为主要认定标准,联合高等院校和科研院所综合对其评估,同时要降低小微企业和初创企业申报国家级、省级高科技企业的认定门槛。

(3)完善知识产权制度。若知识产权制度不完善,知识产权法律无法保证高科技企业获得应有的受益,那么就会大大地降低科研人员的科研动力和企业的科研投入,从而无法使高科技企业健康成长。贵州省需要进一步完善知识产权制度,帮助企业申请产权专利,推进企业维权援助机制的建立,加强对恶意侵权的处罚力度以及完善侵权索赔制度,从而有效的保证大众创业、万众创新的健康推进。大数据产业的发展更离不开知识产权法律深化改革,贵州省应积极推进大数据知识产权交易平台的建立。

3.大力构建众创空间等企业孵化器

2014年年底,全国共有各类科技孵化器逾1600多家,而贵州省仅有十余家。虽然贵州省科技孵化器数量落后全国水平,但目前全国约100家众创空间被纳入到了国家级科技企业孵化器的管理服务体系,贵州省就占了6家,充分可以看到我国对贵州省创新创业驱动经济发展的重点支持。众创空间是企业孵化器前端的一部分功能,可以为创业者提供工作场所、社交平台,以及资源共享平台,可以把创业者的想法变成具体的计划。发展众创空间不是简单地增加众创空间的数量和规模,而是要重点发展提高众创空间的服务质量,打造为创业者提供低成本、便利化、创业要素齐全的开放式综合服务平台。贵州省众创空间应对贵州省所有创业者开放,不仅仅局限于高科技、大数据、大医药健康等重点发展产业,努力帮助众创空间加强基础设施建设以及配套相应的材料和设备,鼓励天使基金等创业基金入驻众创空间,加强众创空间的服务性能力即金融服务、工商注册服务、法律咨询服务、政府政策服务等。加强众创空间与高新区和科研机构、高等院校的联系,不仅为众创空间提供人才与知识的支持,而且还能是科研成果产品化走向市场,努力打造一个资源整合有效、统一协调、各单位互相帮助共同发展的局面,如贵安众创总部应加强与贵阳高新区、贵州科学院、贵州大学、贵州师范大学、贵州财经大学等的合作。众创空间的发展更需要政府的税收优惠和财政补贴的支持,施行落实研发费用部分抵免税收、加速固定资产折旧等税收优惠政策,今年贵州省对达标的18家众创空间各财政补贴了100万,而天津市对众创空间分别补贴了100万~500万元,贵州省应根据众创空间所孵化的企业数量和创业企业质量,分层次进行补贴,激励众创空间做好服务性工作。

4.加大对科研人员、大学生创业创新的鼓励和支持

8月10日,贵州省委书记、省长陈敏尔到贵安新区进行调研,调研期间指出,要高度重视、大力支持大学生创业创新发展,积极探索“大学城+大学生+大数据+大创意”模式。2015年,我国高校毕业生达749万较去年增加22万,且人数有逐年增加的趋势,我国大学生面临着巨大的就业压力。我国2014年大学生自主创业为2.9%,美国大学生自主创业比例则高达20%以上,而贵州省2014年大学生自主创业的比例则仅为0.87%,鼓励和支持大学生自主创业现如今成为贵州省推进大众创业、万众创新的一项重要任务。各高校应加强大学生创业教育,大学不仅是科学研究的平台,更是大学生培养创业技能和创业精神的平台。贵州省各高校应开设创新创业课程,聘请成功创业者、优秀企业家和相关领域的专家学者担任校外教师,并举行考试,考试合格者计入学分。鼓励和安排大学生到初创企业实习,学习和见证企业成长过程以及企业成长的难题。贵州省高校应尽快建立弹性学制,允许修满一定学分者申请休学创业,并享受毕业生创业待遇。切实解决大学生创业资金问题,给予大学生创业税收优惠政策,如一定期限

内减免税收,建立贵州省大学生创业基金,给予合格大学生创业者 50 万~100 万的三年免息贷款并尽量简化审批手续。积极开展各高校与天使创业基金、风险投资基金的沟通活动,扩大融资渠道,并为创业业绩良好者提供金融担保。鼓励大学生加入到众创空间、大学科技园、企业孵化器,充分利用其规模效应和有效的创业资源,降低运营成本。贵州省应充分研读中央“大学生创业引领计划”,支持大学生创业创新。在鼓励科研人员创业方面,允许科研人员离岗创业,并且 3~5 年内保留人事关系并享有社会保险,可与原单位其他人员同等享受参加职称评聘权利。高校副教授以上职称者,创业成功后可聘为校外创业导师或者原研究方向兼职教授。

参考文献

[1]政府工作报告[Z].中国政府网,2015-03-15.

[2]国务院办公厅.关于发展众创空间推进大众创新创业的指导意见[Z].中国政府网,2015-03-11.

[3]国家发展改革委.西部大开发“十二五”规划[Z].中国政府网,2012-02-20.

[4]康慧珍.为大众创业万众创新营造良好环境[N].人民日报,2015-04-16.

[5]常雪梅,杨丽娜.马凯在贵州调研时强调:积极推动“互联网+制造”加快发展[N].人民日报,2015-05-28.

[6]田方,路榕,朱梅.贵州主要经济指标增速位居全国前列[N].贵州新闻网,2015-1-27.

[7]张前荣.加快推进“大众创业、万众创新”[J].宏观经济管理,2015,6(17-19).

[8]国务院.中华人民共和国促进科技成果转化法修正案(草案)[Z].2014-11-19.

第四部分

社会治理创新案例研究

贵阳社会治理体系与治理能力现代化的实践与思考

余 红[1]

贵阳市委党校 贵州，贵阳 550005

【摘 要】贵阳地处西部欠发达地区，是全省唯一的特大型城市，确保社会安定祥和具有十分突出的政治意义和现实意义。本研究以贵阳社会治理体系与治理能力现代化实践为切入点，在总结贵阳市社会治理体系和治理能力的经验与做法、存在的问题，提出了贵阳市进一步推动社会治理体系和治理能力建设的思考与建议。

【关键词】贵阳市 社会治理现代化 实践与路径

一、社会治理体系与治理能力现代化的贵阳实践

贵阳作为全国社会管理创新综合试点城市，以及全国从整体上推进社会管理创新的三大典型培育城市之一，近年来，坚持以群众工作为统筹，以社会和谐为目标，以体制机制为重点，以改革创新为手段，强化服务管理，强化社会协同，初步探索出了一条符合时代特征、具有贵阳特色的社会治理之路，创造了社会治理的“贵阳模式”，为经济社会全面协调发展打下了坚实的基础。

（一）坚持以上率下，进行层层设计，进一步健全社会治理体系

一是建立起党委政府的顶层设计，强化对社会工作的统筹领导。2011 年年底，贵阳成立了整体推进社会管理创新工作领导小组，由时任省委常委、市委书记担任领导小组组长。2013 年 8 月 27 日，成立贵阳市社会建设工作领导小组，由现任省委常委、市委书记担任组长，并明确市委专职副书记和一名市政府副市长分管社会建设工作，形成了以上率下的领导体制，确保当前社会建设重点工作落到实处、取得实效；二是建立市委常委会议制度。为强力推进经济发展和社会

[1] 余红，中共贵阳市委党校科研管理处处长，副研究员。

建设，贵阳市委常委会每逢单月召开一次社会建设专题会，对社会治理重点工作进行研究、部署和推动；每逢双月召开一次经济工作的专题会，对重点项目、重要指标进行分析、推动。通过建立市委常委会议制度，形成了经济社会两手抓、两手硬的工作态势；三是建立群众工作委员会。2011 年 5 月，贵阳市在全国率先成立市、区两级党委群众工作委员会，并于 2014 年 2 月加挂“社会建设工作委员会”和“社会建设工作办公室”牌子，由党委专职副书记任一把手，作为市委第一部门和政府工作机构，统一领导、全面统筹、具体推进全市社会治理工作，初步形成了由权威机构牵头协调、相关部门齐抓共管的“1+N”工作格局。

（二）改革城市基层管理体制，构建“一核多元”的治理模式

针对以前“市-区（市、县）-街道办事处-社区居委会”四级管理体制下层级过多，街道办事处对公共服务管理“有力无心”、而居委会又“有心无力”的问题，贵阳市撤销了全市 49 个街道办事处，成立了 94 个新型社区。在新型社区实行“一核多元”治理模式：一核指的是社区党委，为区域性建制党委，是新型社区的领导核心；多元指的是民议事会、居委会、社区服务中心、机关企事业单位、社会组织、社区居民等。其中，社区居民议事会，为社区议事协商机构，代表居民群众和驻区单位对社区内的各项事务进行民主决策、民主管理、民主监督；社区服务中心，是政府在社区开展公共服务和管理的平台，是在党委领导下直接面对面为群众服务的工作机构。同时，强化居委会自治功能，组织群众自我管理、自我教育、自我服务；发挥社区大党委统筹功能，动员辖区内机关、企事业单位共同参与自治、共治；培育发展社会组织，引导和鼓励社会组织参与公共管理、公共服务。

（三）构建两个平台，实行矛盾纠纷“一站式”化解

针对群众“信访不信法”的情况，贵阳市搭建了两类信访调处工作平台，一是组建市、区两级群众工作中心，将涉及征地拆迁、劳动纠纷等信访热点的 20 余个部门，在中心集中设置接待窗口，直接接待群众来访，建立了窗口调处，凡涉及单个市直部门的群众诉求，由进驻群众工作中心的部门接待窗口直接调处；中心调处，凡涉及多个部门和责任主体不明确的群众诉求，由群众工作中心组织相关部门共同调处；领导调处，凡涉及面广、影响较大、疑难度高的群众诉求，由市委、市政府主要领导或分管领导牵头调处。“三级调处”与人民调解、行政调解、司法调解“三调联动”有效衔接的工作机制，实行矛盾纠纷“一站式”化解、群众需求“一条龙”服务、信访事项“一体化”办理，把矛盾纠纷的“中转站”变成“终点站”。二是成立贵阳和谐促进会。2011 年年初，由市统战部门牵头发起成立了由非公有制经济人士、宗教界人士、民主党派人士等组成的和谐贵阳促进会，各区市县也相应成立了和谐促进会，引导社会力量作为第三方力量，采取思想疏导、资金救助等柔性调处方式，参与调处社会矛盾，帮扶困难群众，形成了独具特色的“社会协同化解矛盾，公众参与促进和谐”的“贵阳模式”，被中央统战部授予“全国统战工作实践创新成果奖”。

（四）减少经济职能，实现了服务管理工作的制度化

针对原街道办事处主要精力抓创收、疏于社会管理的问题，贵阳市明确新型社区不再接受经济指标考核，而是履行“服务群众、凝聚人心、优化管理、维护稳定、促进和谐”等职责。随着社区经济职能的剥离，贵阳市也对居委会工作职责和运行方式进行了优化，有效提高了居委会自治能力。出台《关于进一步加强居委会建设的意见》，以加强居委会建设为重点，提高居委会干部待遇。为打通联系服务群众的“最后一公里”，按照“四有六统一”标准在912个村、515个居委会成立了群众工作室；投入570万元启动经费，全面推进480个居委会综治工作站规范化建设，动员和组织居民参与“红袖标”志愿者开展“邻里守望”活动，形成了“月光下的红马甲”等一批工作品牌。社区民警脱离110接处警，全部下沉到居委会专职统筹开展群防群治。建立人民调解委员会，动员“五老三贤”“两代表一委员”、律师等及时调解矛盾纠纷，做到了“小事不出居委会，大事不出社区”。

（五）开展“两严”“三管”“四强”“五创新”专项行动保平安

“两严”即严打、严防“两抢一盗”，精准出击打出声威，重点整治防出效果；“三管”，针对流动人口、吸毒人员和特殊人群等三类人员作案数占到近80%的实际，对流动人口实行“三管齐下”的“以房管人、以证管人、以业管人”，对吸毒人员开展“大清查、大收戒、大帮教”，实施“阳光工程”，对五类特殊人群坚持以人为本，实施“育新、雨露、回归、安宁、红丝带”等工程；“四强”，强化党委主责，把社会治安作为“书记工程”，书记抓、抓书记，落实主体责任；强化基层基础，做强社区、做实居委会，全面推进居委会综治工作站规范化建设，大力夯实以居委会为主导的群防群控基层组织；强化网格管理，做精网格，推行“一警三员四队”等作法，全力打造“警员+网格员+团队服务”模式的平安网格；强化社会共治，在充分发挥以居委会为主导的居民自治的同时，完善社会各方力量参与社会治理模式；“五创新”，创新指挥调度机制、民意监督机制、联动协作机制、宣传发动机制、责任倒逼机制。通过奋力打造平安贵阳升级版，使贵阳市社会治理呈现由单一管理向多元治理转变、由粗放型向精细化转变、由运动式向长效化转变的“三转变”，实现群众满意度提升、城市治安质量提升、社会治理能力提升的“三提升”。

二、贵阳市社会治理体系与治理能力现代化的实现路径

尽管近年来贵阳在社会治理体系与治理能力现代化实践探索中取得了令人欣喜的成绩，也积累了不少经验。但随着贵阳进入经济社会发展的快速成长期，社会治理工作还存在着不少问题。推进社会治理体系与治理能力现代化是一项极为复杂、艰巨、长期的系统工程，贵阳要把这项工作做好做扎实，需要我们从实际出发，解放思想，锐意进取，坚决破除旧观念的束缚，按照实施社会治理工程，打造法治贵阳升级版的要求，树立前瞻思维和现代思维。

（一）强化治理理念，营造多元合作共治的氛围和环境

一是强化党的领导，强化各级党委对群众工作和社会治理的统筹领导，将社会治理纳入各级党委重要议事日程，坚持定期召开专题会议，研究社会治理形势，统筹推动各项工作；建强各级党委群众工作和社会建设机构，充实各级群工委人员力量，确保工作正常运转；强化社会领域党建工作，不断完善社区“区域化”大党委机制，创新社会领域党组织设置模式，以社会领域党组织和党的工作覆盖引领和推动社会服务管理全覆盖。二是创新政府工作机制，强化有限政府理念，转变政府职能，把政府职能应定位在解决市场失灵、社会失灵和志愿失灵的有限范围之内，管好该管的事情，形成政府、市场和社会三方的协调协同、良性互动，推动服务型政府建设。三是创新社会参与机制，有效发挥社会自我调节作用。按照现代政府治理“有限政府”和社会治理“社群主义”的观点，积极培育公民意识，扶持和发展社会组织，主动承接政府管理转移出来的社会事务，是弥补“社会失灵”、激发社会活力、推进社会治理现代化的根本路径。

（二）着力完善社会治理法规政策体系，促进社会治理法制化

建立和完善社会治理法规政策体系是社会治理体系和治理能力现代化的重要保障。贵阳市在社会治理体系和治理能力现代化实践探索中，从 2011 年起积极创新、大胆探索，每年出台一系列重要文件，每年推出一系列重要举措，形成了一系列政策文件体系。这些制度政策体系坚持以人为本，寓管理于服务之中，坚持重心下移，资源下沉，以解决影响社会和谐稳定的突出问题为突破口，健全和完善党委领导、政府负责、社会协同、公众参与、法制保障的社会管理新格局，全面提升我市社会治理科学化、系统化、制度化水平，有力推动贵阳市社会建设、改革、治理不断向纵深方向发展。但也不可避免地存在这样或那样的制度缺陷，这就要求我们在社会治理实践中，结合贵阳市情，建立和完善程序规范，内容全面，措施适用的制度政策体系，提升制度政策体系结构的科学性和运转效能，努力实

现社会治理法规政策体系在更高层面的系统整合，提升制度政策体系的整合力与权威性，发挥制度政策体系的整体功效，使制度安排更好地体现社会主义公平正义的原则，更加有利于实现好、维护好、发展好最广大人民的根本利益。

（三）借助大数据思维和手段，扎实抓好“社会和云”工程建设，筑牢社会治理基层基础

贵阳市社会治理大数据云平台——“社会和云”工程建设是贵阳社会建设、社会治理和群众工作中的一个总集聚，是贵阳市的一个首创，在全国没有可借鉴的模板。该工程启动后将建设以基础设施层、系统平台层、应用平台层为框架结构，多个系统应用为支撑的社会治理大数据云平台，通过大数据运用，统计分析与民生相关的海量数据。按照“一年打基础、两年建平台、三年抓应用”的思路分步实施，确保 2017 年年初步建成并正常运转。但这项工程建设于 2015 年上半年启动以来，进展不是很理想，没有实质性的进展。如何借助“大数据”思维和手段，扎实抓好“社会和云”工程建设，确保“社会和云”建成后具有针对性、实用性，提高社会治理决策的科学化与社会治理过程的精细化，进一步夯实社会治理基层基础？课题组认为：一是观念更新，根据时代的要求，变革社会治理方式。在当今互联网、物联网、大数据、云计算等现代技术正在深度改变人们的生活、工作和思维方式之时，要主动适应大数据时代社会需要，推进大数据社会治理方式创新；二是树立大数据理念，培养大数据意识，打破政府和社会公众之间、政府各部门之间、各部门内部岗位之间的单一信息“孤岛”，让各个社会治理主体在合理共享各种最新数据的基础上，进一步理顺服务流程，明确职能分工，实现多渠道信息资源互通，并深度挖掘数据的价值，形成“内外联动”的合作效应；三是创新思路，积极参与到工作中来。各级各部门要进一步加强统筹、找准定位、明确方向、加快进度、搞好保障，科学有序推进“社会和云”工程建设；四是借鉴安徽芜湖经验，在“社会和云”建设上，抓好四个“合”。即数据要整合。就是把各级各部门涉及社会治理的“条数据”整合为“块数据”；系统要融合。就是通过云技术实现网格化与多个系统平台的融合，即“网络化+”；资源要聚合。包括人才资源、资金资源、社会资源的整合；部门要联合。这项工作涉及部门多，各部门要当好“服务器”，主动配合完成自身系统的开放和数据信息的提供。总之，借助大数据思维和手段提升社会治理水平，提高社会治安综合治理水平、夯实社会治理基层基础。

（四）把民生优先的经济发展作为根本前提，夯实社会治理的物质基础

贵阳经济社会发展在全国滞后，尤其是农村社会保障、教育、医疗卫生等公共服务水平严重滞后，经济社会发展“一条腿长、一条腿短”的局面没有根本改观。近些年来,贵阳市委、市政府实施工业强市、城镇化带动主战略,全面推进生态文明城市建设,奋力打造贵阳经济社会发展升级版,取得了显著成绩。在经济持续较快发展的同时,城乡居民收入水平大幅提高,人民的生活质量得到显著改善,2014 年贵阳市城镇常住居民人均可支配收入为 24961 元,农村常住居民人均可支配收入首破万元大关,为 10826 元。但与全国相比,贵阳市城乡居民收入仍然处于较低水平,同时全市城乡居民收入差距较大。欠发展地区的社会矛盾一个突出的特点是因利益诉求引起,实质上利益关联问题,很大程度上是民生问题,根本上是因为发展不足、发展不平衡所致。因此,发展仍然是解决贵阳市所有问题的关键,换句话说,推进贵阳社会治理体系和治理现代化首先是要解决经济发展问题,关键是要实现以人为本,民生优先、符合经济规律的科学发展,重点是解决教育、医疗、就业等人民群众最为关心的民生问题,以民生为导向抓好发展,打造新的发展引擎,培育新的增长点,从而为贵阳社会治理提供根本支撑和前提保障。

(五)大力培育和弘扬社会主义核心价值体系和核心价值观

习近平同志在省部级主要领导干部学习贯彻十八届三中全会精神全面深化改革专题研讨班指出,推进国家治理体系和治理能力现代化,要大力培育和弘扬社会主义核心价值体系和核心价值观,加快构建充分反映中国特色、民族特性、时代特征的价值体系。近年来,贵阳市加强党对意识形态领域的领导,高度重视文化强市建设,实施文化惠民工程,打造人文贵阳升级版,充分挖掘传统文化中的优秀因子,构建以贵阳孔学堂、阳明洞、阳明祠三足鼎"筑"的贵阳精神大厦,大力倡导以"知行合一、协力争先"贵阳精神,促进文化与经济相互交融,凝聚推动贵阳经济社会发展的强大动力。下一步,要把培育和弘扬社会主义核心价值观作为凝魂聚气、强基固本的基础工程,通过教育引导、舆论宣传、文化熏陶、实践养成、制度保障等,使社会主义核心价值观内化为人们的精神追求、外化为人们的自觉行动。坚持用社会主义核心价值观引领整合社会思潮,做到在多元中立主导、在多变中谋共识,不断增强人民群众对党、国家和社会主义的向心力。面对诋毁正能量、干扰主旋律的噪音、杂音,面对错误文化思潮的渗透,要加大宣传力度,提升舆论引导能力,强化媒体的正面宣传效应,让正面宣传有机融入民众的日常生活,以收到润物细无声的效果;面对一些群众认识上的偏差和盲目跟风,该发声时就主动发声,该回应时就马上回应,切实防止善良的人们被别有用心的人所迷惑和利用,不断凝聚广大人民群众投身中国特色社会主义建设的正能量。

（六）创新社会治理机制，促进社会治理法治化

创新社会治理机制，是推进社会治理现代化的关键。一是建立畅通有序的诉求表达和权益保障机制。完善诉讼、仲裁、行政复议等法定诉求表达机制，发挥人大、政协、人民团体、社会组织、基层群众自治组织以及新闻传媒等的社会利益表达功能，改革信访工作制度，把涉法涉诉信访纳入法制轨道解决，使群众遇到问题能反映、矛盾能化解、权益有保障。二是加强社会预警监测和网络舆情研判，健全人民调解、行政调解、司法调解联动工作体系，形成预防和调处化解矛盾纠纷的综合机制。三是健全重大决策社会稳定风险评估机制。重大事项和政府行为必须向社会及时主动公开，“把公众参与、专家论证、风险评估、合法性审查、集体讨论决定确定为重大行政决策法定程序，确保决策制度科学、程序正当、过程公开、责任明确”。

（七）健全公共安全体系，打造社会安全保障网

公共安全事关人民安居乐业、社会安定有序、国家长治久安。健全以食品药品、安全生产、防灾减灾、社会治安防控等为基本内容的公共安全体系，提升人民群众的安全感和幸福感，是社会治理面临的重要课题。一是要加快食品药品安全多渠道投诉举报和突发事件快速反应机制建设，完善食品药品质量追溯制度，建立隐患排查治理体系和安全预防控制体系，坚决遏制重特大安全事故的发生；二是健全以气象灾害、事故灾难、公共卫生事件、环境突发事件和社会安全事件为主的防灾减灾救灾体制，加强应急预案、应急队伍、应急物资保障体系建设，推进公共安全知识宣传教育，提高全社会危机管理和风险防范的能力；三是健全城市公共安全应急机制和社会治安防控体系，加快形成源头治理、动态管理、应急处置相结合的社会治安综合治理机制；四是加强互联网虚拟公共空间的治理，加大依法管理网络的力度，完善互联网管理领导体制，确保国家网络和信息安全。

参考文献

[1]习近平.切实把思想统一到党的十八届三中全会精神上来[J].求是，2014(1).

[2]胡洪彬.国家治理体系和治理能力现代化研究回眸与前瞻[J].学习与实践，2014(6).

[3]《中共中央关于全面深化改革若干重大问题的决定》全文(2013年11月12日中国共产党第十八届中央委员会第三次全体会议通过)http://www.

gkstk.com/article/60780866.html

[4]张涵.推进国家治理体系和治理能力现代化———访北京大学政府管理学院副院长徐湘林[J].中国国情国力,2014(4).

[5]戴长征.中国国家治理体系与治理能力建设初探[J].中国行政管理,2014(1).

[6]辛向阳.推进国家治理体系和治理能力现代化的三个基本问题[J].理论探讨,2014(2).

[7]竹立家.国家治理体系重构与治理能力现代化[J].中共杭州市委党校学报,2014(1).

[8]俞可平.国家治理体系的内涵本质[J].理论导报,2014(4).

[9]魏治勋."善治"视野中的国家治理能力及其现代化[J].法学论坛,2014(2).

[10]韩振峰.怎样理解国家治理体系和治理能力现代化[N].人民日报,2013-12-16.

[11]贵阳市."加减乘除"法解题社会治理[EB/OL].[2014-07-09]..http://leaders.people.com.cn/n/2014/0709/c382918-25259407.html

[12]《关于加强群众工作创新社会治理的意见》

[13]《贵阳市群众工作和社会治理2013年总结及2014年工作安排》.

从锦屏县典型创新管理案例看新时期地方治理与社区管理建设困境与出路

谭元钰[1]

贵州省锦屏县铜鼓镇人民政府　贵州，凯里　556000

【摘　要】社会管理创新的积极尝试和探索，不仅从实践角度探索了行之有效的发展之道，而且阐述了社区管理创新对地方治理的积极意义，更为其他社区管理在创新地方治理中提供了实践指导和借鉴作用。本研究通过对贵州省锦屏县几个典型社区在管理过程中采取新方式、新手段、新理念、创新管理案例的实证材料分析的基础上，梳理地方治理创新社区管理体制的做法、亮点与思考。试就新时期地方治理与社区管理建设困境与出路进行探讨，以期达到助推深化改革的现实意义。

【关键词】锦屏县　典型案例　创新管理　地方治理　社区管理　困境与出路

当前，构建地方治理与社区创新面临着多方面因素的考验，外出人口流动频繁，空巢现象形势严峻，内部活力逐步失衡，这给地方治理特别是农村社区管理带来许多新的挑战和难题。党的十八届五中全会提出“统筹推进经济建设、政治建设、文化建设、社会建设、生态文明建设和党的建设”“加强和创新社会治理，推进社会治理精细化，构建全民共建共享的社会治理格局”。新时期地方治理与社区管理的出路，在于从解决这些困境为抓手，加强和推进创新社区管理，加快我国社会主义政治文明建设步伐，创造和谐开放、规范有序的治理环境，建立多元互补、坚实可靠的管理模式，共创公平公正、阳光民主的治理氛围。

本研究试就锦屏县农村社区管理的几个典型创新个案作为研究视角，以基于在社会治理层面的实证材料的描述性对村级社区管理问题、治理方式创新进行分析的基础上，梳理社区管理创新地方治理体制的做法、亮点与思考，以期为推进地方治理和社区管理创新，优化地方治理结构与管理能力，构筑多元互补治

---

[1] 谭元钰，1988 年，男，贵州省锦屏县铜鼓镇新闻宣传领导小组宣传专干、铜鼓镇计生协会秘书长。

理模式的协调运用，实现地方善治的对策建议，更好地为经济社会发展服务，从而达到助推深化改革的现实意义。

一、锦屏县的社区管理创新案例

2013年，十八届三中全会审议通过《中共中央关于全面深化改革若干重大问题的决定》，提出“创新社会治理体制”，将“社会管理”改为“社会治理”，这一字之别标志着由传统的政府单向管理的社会体制，通过深化体制改革和管理创新逐步向适应时代发展要求的现代社会体制转变，以实现国家社会治理的现代化。

党中央国务院历来高度重视基层的治理与发展，积极借鉴国内外社区管理的先进理论，不断探索推广社区管理的好经验、好做法。地方治理与社区管理创新建设也取得积极成效。早在20世纪90年代初，地处西部大山深处的黔东南苗族侗族自治州就有了在非贫困县的连片贫困地区以扶贫、社会治理为重头戏的锦屏县“九寨山区综合开发”，对扶贫和社会治理进行了有益的探索。

近年来，随着我国社区建设的发展规模和趋势变化，对社区的管理问题也日益提上日程。锦屏县委、县政府在地方治理与社区管理创新建设等方面进行了积极尝试，并从本地区实际创造性地探索了新路子、新方法，初步实现了党委政府领导、村居两委负责、社区民众参与、社会协同补充的社会管理格局，构建一个新型的社会治理模式。其中有些经验和方式对我国社区管理有一定的借鉴作用。以下是锦屏县社区治理的几个创新管理案例。

（一）三权分立原则，消除群众顾虑，构筑制衡平台——民主理财下的“史上最牛公章”圭叶村

2007年，锦屏县因为一枚“五瓣公章”引爆了中国媒体，民主理财小组也成为当年度国内外的热点话题，前后有上百个中外媒体对锦屏县平秋镇圭叶村这个人口不到100户的小山村进行持续多月的报道，中央电视台“新闻1+1”栏目还专门制作了一个专题，它被新华社评为2007年最震撼人心的“史上最牛”事件。

笔者的爷爷就是这个民主理财小组的第一批成员——“五瓣公章”最早的掌印人之一，堂屋的相框中至今还保存着当年中国青年报记者包丽敏来村采访我爷爷的照片。他们将一枚印章分为五瓣，上面分别写着“平秋镇”“圭叶村”“民主理”“财小组”“审核”字样，使用时就将五个楔形木块合并后组成一枚完整的公章，共同审核村两委财务。平时分别由四名村民代表和一名党支部委员保管，村里的开销须经五人同意后，将其合并起来盖章，发票才可入账报销（此后改为须经过其中至少三人同意方可盖章生效）。在“五瓣章”民主理财后，村里还实行了一事一议票决制，凡是村里遇到修桥、修路和确定救济对象等大事，都由村民代表投票来决定。

圭叶村经济来源主要来自于平秋镇财政每年划拨的5000元办公经费，除偶尔得到一些扶贫赠款外，再无其他收入，属于国家重点贫困村。每年年末，圭叶村两委都会公示一年的资金花费清单，但对于为数不多的这些公款怎么用、用在哪里却还是经常引起村民们的不满和质疑，以至于出现了撕榜情况。2006年2月21日，村党支部书记谭洪勇召集村“两委”集思广益，商量解决办法，于是便出现了刻制一枚五人各管一瓣的财务审核章，共同审理村里开销的做法。从理财小组的账目中可以看出审核之严、记录之详细，如2007年4月17日的支出为：“米酒3斤×1.7元=5.1元，豆腐两块2元，猪腿3.8斤×7元=26.6元，漠沙烟1包12元，招待县委陈书记到我村考察工作（支出金额）45.7元”。

圭叶村实行“五瓣公章”后，开会共商村寨发展的人多了，参与村务管理、公益事业的积极性更高了。大家投工投劳、捐钱捐物，建起了风雨桥，成立了文艺队，举办了民俗节庆活动，提高了村寨知名度，凝聚了民心，增强了民众自豪感和归属感。2007年7月18日，锦屏县纪委认为这种纯粹来自村民创意的民主理财模式“做好农村民主理财，是保证人民群众的选举权、知情权、参与权、监督权的基础性工作”，在全县下发了《关于在全县推行“五合章”理财办法的通知》，正式在全县所有村推广圭叶村民主理财的思路。2007年年底，平秋镇的一名大四学生将从亲人口中得知的这个消息经过实地采访后写成报道发表到贵州省当地一家报纸后，“五瓣公章”逐步引起了外界的关注。随着媒体的报道，青山绿水环绕的圭叶村仿佛一夜间便万人皆知，成了众多媒体记者争相报道的明星村。

“五瓣公章”实行成功的关键是民主理财小组认真负责行使自身监督权力，媒体纷纷表示这种理财方式实际上暗合了“分权制衡”的原理。这种在村民当中推行的最朴素的民主管理观念实现了乡村级治理从“为民做主”到“民自为主”的转变，实现了从结果公开到过程公开、从专制决策到民主决策、从纵向监督到横向监督、从对上负责到对下负责的转变。

（二）小山村也有大和谐，推进特色管理改革——村民自治下的“劝和公约”华寨村

劝和歌、劝和匾、合约碑，这几个词开启了一种特色的管理文化。多年来“草根法治”在华寨村形成了“美丽乡村”建设中的一道靓丽风景。华寨村三面环山，一幢幢吊脚楼树立在干净古朴的民族村寨里。寨门前竖立的两根木柱上分别写着“合约管理”“以歌劝和”八个醒目大字映入眼帘，自治合约是华寨村实行村民自治的精神实质，也是华寨人“合约治村”促进和谐发展的经验总结。

华寨村是位于锦屏县东南部一个偏远的美丽村寨，距县城 45 公里，距隆里乡政府驻地 1.5 公里，距黎平机场 21 公里，毗邻隆里古城景区。全村辖 3 个自然寨 4 个村民小组，有 213 户 971 人，融合了苗族、侗族、汉族等多种民族文化，民俗特色明显。然而华寨村在过去确是个“乱村”，家庭矛盾、邻里纠纷不计其数，木材盗伐、偷鸡摸狗层出不穷，治安不行，生活环境脏乱差让人堵得慌。

越穷越乱、越乱越穷让村民们越来越觉得不改变不行了。于是有村民在一次酒宴上提议出台村规民约来管理村务便很快得到大家的响应。村里随即在征求村民意见后制定了一部“村规法典”——《华寨村村民自治合约》（以下简称《合约》），所有村民都自觉按上手印后选出 12 名代表组成执行小组针对村寨存在的各种问题进行综合治理。更值得一提的是，这个《合约》的精髓是“以歌劝和”。《合约》规定，凡家庭内部及邻里之间产生矛盾，引发谩骂、争吵、打架行为，村里的劝和小组就上门唱《劝和歌》，矛盾解决了，被劝和的人家要按风俗请大家吃“劝和饭”。

每当村民之间或是家庭内部出现矛盾纠纷之时，由部分能说会道、能喝酒会唱歌的村民组建的“劝和小组”就去当事人家吃“劝和饭”、唱“劝和歌”化解矛盾，挂“家和万事兴”的流动劝和匾牌。若是有人打麻将、玩赌宝，劝和小组就上门唱《戒赌歌》，歌词语言朴实、在情在理。同时由老党员、寨老、老军人、老村干、退休老干部组成的“五老工作组”还在派出所的指导下，在村民中充当政策法规宣传员、矛盾纠纷调解员，在村务工作中充当村务财务监督员、监督村两委成员。如此这般，多年的努力后华寨村村寨面貌发生了变化，矛盾纠纷得到了解决。

华寨人就是通过这种带有地地道道民俗气息、别具特色的契约式的合约管理模式处理家庭、邻里矛盾，促进村民自治、创新管理方式，民心民风、村容寨貌有了根本性的转变，形成了友好和谐、互帮互助的团结氛围。如今华寨村村容整洁、寨貌干净、村民和谐、家庭和睦，成了通过《村民自治合约》自我管理、“以歌劝和”协作治村远近皆知的典范村寨，经济社会各项事业稳步推进。

（三）公共服务互动机制，巩固增进干群关系——责任管理下的“网格服务”花桥村

2014 年 11 月，我调驻铜鼓镇花桥村；同年 12 月，贵州省委、省政府出台《关于创新基层社会治理机制推行网格化服务管理的实施意见》，网格信息化已成为推进基层社会治理工作向纵深方向发展的新常态和主抓手。

花桥村坐落在海拔400米的田坝上,因数百年前有一木桥雕有千姿百态之花,过路行人举目眺望、赞不绝口,因而得名花桥。历来为全镇集市中心、市场较为繁荣,经济来源主要为农业、经商、劳务输出、养殖。全村554户2283人,其中外出务工910人,村四周有3000余亩良田,本村耕地面积1828.5亩,人均1.2亩,其中稻田面积1708.5亩,旱地面积120亩。

花桥村人口多、分布广、群众诉求不一给社区管理和公共服务带来了巨大压力。基于对社区管理现状的认识,破解管理实际困难,花桥村借鉴铜鼓镇党委、政府关于卫计责任分片的有效做法,将村组划分为若干网格作为服务群众的最小管理单元实行属地管理,通过以镇干部、村干部、组干部三级网格联动为基础,以合理规划网格化责任目标管理为支撑,以卫计民情十清楚为依托,以多元化立体式服务、常态化精细化为重点的管理网络,强化服务职能,强调熟悉本网格片区的人口情况、生活状况、经济特点、生产需求、社情民意等民生信息"十清楚",不断提高基层公共服务和管理整体水平,实现管理力量的全面覆盖、服务延伸和长期下沉。

在实施过程中,结合基层工作实际,每个网格各自建立了标注网格民情动态分布情况的网格管理平面图,建立社区党员、人才、留守儿童等重点人群登记簿,提供类别化随访服务,并进行实时完善更新。各网格镇村组三级干部组团或单人不定期深入辖区进门入户,以在网格内开展党务、政务、事务、服务等日常工作为抓手,了解倾听群众的需求,做好民情笔记,登记好社情民意,实现对社区管理事项的全程掌控,形成群众疑问反应及时、意见互补有效沟通、村组矛盾就地化解、发展诉求积极扶持的治理目标,为群众提供多元化、便捷式、全方位服务,做到知民情、顺民意、化民怨、解民忧、助民富。

二、管理创新的经验及启示

随着市场经济的深入发展,在"以人为本"的基本理念、和谐民主的治理观念、规范完善的组织制度和惠民便民的社会理论等基础上,使社区管理模式满足地方治理的需要,推进地方政府在治理过程更好地为社会发展服务。从以上三种社区管理创新体制来看,主要体现了构筑制衡平台消除群众顾虑,挖掘地方特色文化协同共治,转变政府职能创新管理服务等三个方面的管理理念,这些创新的尝试和探索化解了社区管理工作中的难题,为我们提供了经验借鉴和示范样本,也给我们带来了启示。

(一)完善民主决策机制,推动群众参与监督

圭叶村的做法,在整个行政运行体制中力图尝试让职责更清晰、分权更合理、决策更民主,执行更到位、监督更透明。他们将一事一议决策权交由村民代表,并推动了增强村民代表群众参与度、执行公信力和运作透明度,使决策摆到了台面上来,形成了制度化和常态化,使得权力相互分离又相互监督。用监督财务的方式逐步推广到监督村务权力行使,从而让政务更公开,公信力更强,增强了村民对村务决策的可信度,切实保障人民群众的知情权、表达权、参与权和监督权。我们在尝试"五瓣章"民主监督管理机制的同时,更重要的是民主土壤的培育。

公民参与公共事务的治理程度和水平是衡量一个国家政治民主发展和进步的重要标志之一。村民自治制度是我国国家基层政权的组织形式,也是农村社区治理的重要工具,是农村居民参与社区治理的重要途径。改革开放以后,乡村治理的理论和实践蓬勃发展,众多新的理论和地方实践创新的发展为村民参与地方公共政策的制定和公共事务的治理提供了一个广阔的平台。[1]

(二)发挥地方特色文化,完善协同共治格局

华寨村充分发挥本地方特色民族文化,加强了社会参与机制,扶持民众承接了村两委转移的部分职能权力,使群团组织发挥了枢纽作用,引导群团组织积极参与社区管理服务,完善了党领导下的协同共治格局,创新社会管理服务方式,增强社区自治功能,增强了自我服务的能力。居民自治的基本义务应当明确为:管理与关心社区事务、遵守维护社区秩序、爱护社区环境与公物、实施社区互助、协助政府等五项。[2]

地方政府要充分挖掘民众参与公共服务的潜力与亮点,用组织制度"四两"力,拨动人民群众的"千斤"之力,协同共建社区管理的崭新局面。从而将部分具体社会事务管理职能、公共服务职能以及市场竞争机制能够调节、社会组织能够自律管理的事务转移出去,为社会组织发展拓展空间。积极调动社会资源、取得民众认同的优势,培育和发展社会组织,发挥群团组织在推进社会管理创新中的枢纽作用,填补由政府机构和市场组织让度出来的社会管理空间。

(三)完善权力运行机制,创新管理服务方式

花桥村建立"一网一格"责任式的基层联系管理体系,不仅能够及时收集解决民众的不同诉求,较好地提升行政效率,突出战斗堡垒作用,还加强了干群之间的良性互动,增进干群互信。一方面能够及时对一些社会问题、政策导向和民生诉求做出回应,民情民意得到有效疏通,破解了干群"距离墙"的弊端,社区面貌发生了新的变化;另一方面通过暖心互助、资源共享、督办扶持等方式,有效地解决了一批群众反映强烈的突出问题，提高了处理基层事务和服务群众的本领，得到了群众的普遍好评，有利于服务型政府的实现，提高公共服务质量，树立了民主阳光的服务形象，体现了以人为本、服务优先的理念。

同时，还应大力发展社会工作人才队伍，培育发展民办社会工作服务机构和人才培训基地，加强社工职业培训，建立社工人才培养体系，落实有关政策，完善社工薪酬福利，广泛开展社区志愿服务，全面提升社工的职业化、专业化水平，让服务更到位、更贴心、更专业。

三、几点思考和建议

无论是地方治理还是社区管理，都是在社会发展结构不断变迁、经济生活方式不断改进的现实需求下，主动或被动地推进地方治理服务效率、改善地方治理缺陷不足、促进地方治理高效运行的积极尝试，以实现资源的合理配制与摩擦的协同包容。在这一过程中，它需要不断进行试错、学习、反馈，形成合理有效的治理途径，获得上级部门及民众的普遍认可，形成较为系统并可供复制的地方治理结构模式、管理理念、运作机制和明确的制度框架。所以说探索地方治理的新方法、新模式大多是为了适应新环境的变化和新现实的挑战，逐步解决新时期治理过程中遇到的问题，以提高执政效率、改善服务形式、增进民众利益。

（一）转变基层政府职能，推进服务型政府建设

地方政府职能的转变是实现地方有效治理的关键。以职能转变为中心枢纽，利用人民赋予的公共权力为人民服务，正确处理好政府与市场、社会之间的关系，实现地方政府机构改变、功能转变，从而摆正位置实现“管理型”政府向“服务型”政府转变，提升社会服务管理整体水平，实现地方治理的变革，形成“亲民利民、为民惠民、富民安民”的政治氛围与和谐繁荣的发展局面。

实践证明，网格责任式管理使干部深入社区开展工作，接地气、转作风、办实事，通过沟通协调增进了干群间的感情，是贯彻党的群众路线的重要举措。要不断创新和完善社区规范化管理体系，注重协调协作，提升服务群众、管理社区的能力。推动整合社区服务资源，加强基层工作力量配备，注重工作和人才交流，解决好社区工作者队伍建设的实际问题，建立便捷高效的网格化服务管理常态长效体系。

（二）完善决策咨询体系，构建多层次监管机制

人对于社会环境、生活方式、秩序制度、经济水平和政治诉求往往具有不同的目标取向、价值标准和运作逻辑，并期望通过行动使更多的人能够认同，最终

在时间的推移中逐步创造、完善、实现自我的总体性追求。以“两代表一委员”为依托,逐步完善多方参与、多渠道表达的公共决策咨询体系,汇聚民间精英,加强协同参与共商共议机制,对经济社会发展措施的制定、重要项目安排等公共事务议题及社情民意进行收集汇总、咨询论证、分析反馈,实现民众广泛有序的民主参与制度建设与创新,为民众直接表达愿望与利益诉求提供一个良性机制,使吸纳民意民智组织化、制度化,让更多的民众参与公共事务的治理,有利于拆除政府和社会、民众之间的“隔心墙”,使实现地方治理规划更合理、决策更科学。

同时不断完善组织监管机制,强化对政府权力的监督机制,积极发挥媒体的宣传和监督作用,了解民众对公共事务发展的诉求,赋予民众发表建议意见与监督的权利,让民众从被动参与转变为主动参与,尽可能消除分歧达成共识。创新政务信息及时公开制度,将群众所想所盼纳入公开的范围,把“我贴你看式”的墙头公开转变为“你问我答式”的按需公开,进一步增加工作透明度,扩大民众政治参与热情,缓解社会冲突,促进社会和谐繁荣稳定。

(三)发挥民众自治功能,推进基层民主建设

基层民主建设是我国政治文明的基石,民众的认同与支持是推动民主政治变革和地方政府创新的核心力量。只有努力加强民众的政治参与热情、能力和水平,树立主人公意识,推进民主选举、民主决策、民主管理、民主监督为主要内容的基层民主,才能有效发挥社会自治功能。如今推行权力下放、重心下移就是在一定限度的前提下将地方政府的职权还权于社会、市场和民众,改变过去政府包揽一切的做法,建设和谐有序、民主阳光的现代化社会。

公共服务供给短缺、农村危机以及农村资源整合乏力等问题严重阻碍新农村建设的步伐和统筹城乡发展的进程。居民自治的基本权利包括有社区居民参与、获得社区帮助、分享社区福利、享受社区文化、获得社区教育、享受社区生活安宁等六项。[2]接下来应积极争取资金,加大公共服务设施建设,创新和完善社区服务功能载体和配套服务设施,提高社区硬件水平,完善社区服务中心功能布局,发挥社区群众工作站的基础平台作用,丰富和创新民众参与载体形式,努力提升民众自治能力。

(四)深化社会体制改革,构建多元协同治理模式

从根本上讲,农村社区管理的实质是要破除国家强制权作为管理的唯一话语中心,从而建构起主体多元与“官—民”合作的新治理机制,并破除过去的“统治”“管理”理念,逐步建构其“多元共治”的格局。[3]深化社会体制改革,推动社会组织和公民社会的发展,拓宽多元社会治理的渠道和协同体制建设,调整地方政府在治理过程中与其他权力主体间的关系,处理好政府与社会、民众的关系,构建干部与群众、集体与个人、市场与社会之间的合作治理网络,形成政府主导的、鼓励和支持社会各界参与公共服务的“社会治理”合作机制,逐步健全营造多主体参与、多元化共同治理的地方权力新格局。

按照决策、执行、监督三权分立的原则,政府在经济社会发展过程中除对医疗、教育、养老等与民生密切相关的行业进行政策层面的干预外,其扮演的应该是提供运作平台、维护组织秩序、引领经济社会发展的角色,其他事务交由市场或者社会组织处理,从“划船”转为“掌舵”。加强双向诚信体系建设,激发公民意识和提升民众素质教育,创新公共服务的市场竞争机制并尽可能给予社会组织较大的发展空间,最大限度激活社会力量承接政府向社会转移的具体管理事务,增强社会管理协同性、整体性和信息资源共享的互动互补与融合,妥善解决社会管理各项难题,降低管理成本,提高行政效能,实现科学发展,促进社会和谐。

(五)挖掘特色地方文化,凝聚共识树造软实力

文化是人类社会发展的不竭动力,是城市现代化的基本力量源泉。地方特色文化和价值理念是地方的灵魂和精神,也是地方软实力的核心组成部分,一个地方的竞争力在很大程度上取决于特色文化和价值理念的实力。地方特色文化的独特性和活力会形成极大的文化吸引力和感召力,为地方发展提供不竭的精神动力和人才吸引力。[4]

锦屏县属于革命老区,且有着悠久而独特的历史文化,积极有深度的挖掘整合特色地方文化资源,因地制宜推陈出新,通过塑造使其具备丰厚的文化内涵和独特的文化风格,增强感召力和吸引力,不断促进文化认同、树立文化意识、打造文化品牌,完善基础设施建设,积极开展文明新风宣传教育活动,做好与地方特色文化相关的历史古迹、人文建筑的保护和相关人才的培养,培育民众的归属感、认同感,引导民众积极投身到地方文化软实力的建设中来,大力发展“红色旅游”和“历史文化”产业,形成共建共享良好氛围,完成软实力向硬实力的转化,促进地方文化经济的发展和综合竞争实力的提升。

(六)适当调整村级待遇,落实薪酬激励机制

随着改革不断深化,权力下放、重心下移,使我们的工作操作更为便捷、方法更为灵活、空间更为宽广,但是随之而来的工作任务不断繁重、涉及面不断烦琐。贵州是一个偏远而经济较为贫乏的省份,扶贫攻坚难度较强,锦屏县村干部月工资为 800~1000 元不等,小组长财政工资为零,这些工资对于沿海地区,甚至是发达省份的工资收入差距明显,而相关任务却并不比别人轻,这便使我们的村组干部在工作中积极度和用于工作的时间上会参差不齐,工作的积极度和效果大多靠村干部个人的责任心和奉献精神支撑。在经济水平不断发展的今天,我们应当酌情考虑提高村干部工资,适当增加小组干部务工补贴,有序调整划拨村级公共资金,切实落实薪酬激励机制,提高社区工作者待遇,完善志愿服务组织网络,促进社区志愿服务更加亲情化、常态化、持久化。并通过政府补贴、民间筹措、企业捐赠、社会支持,建立发展专项资金,对重点发展领域内贡献突出、有发展潜力的项目或社会组织给予支持。

党的十八届五中全会提出,坚持共享发展,必须坚持发展为了人民、发展依靠人民、发展成果由人民共享,做出更有效的制度安排,使全体人民在共建共享发展中有更多获得感,增强发展动力,增进人民团结,朝着共同富裕方向稳步前进。

参考文献

[1]曹安.我国农村社区治理中的公民参与问题研究[D].上海:上海师范大学,2010.

[2]康健.论我国社区居民自治的基本权利与基本义务——以社区管理职能创新为视角[C].中国宪法学研究会2012年年会论文集.

[3]杨爱琴.多中心治理理论下的农村社区管理实践及创新研究[D].西南政法大学,2015.

[4]黄晴,刘华兴."软实力"理论视角下我国地方政府治理能力分析[J].成都行政学院学报,2010(3).

基层社会治理的探索与创新

——以大方县为例

郭　斌　刘国华❶
贵州大学　贵州，贵阳　550025

【摘　要】传统的基层社会管理模式依赖于政府。随着现代化的发展，以及社会治理观念的深入，基层社会治理要求我们不断探索社会治理机制，创新社会治理方法，需要探索出一条适合社会治理的新模式。本研究通过对毕节市大方县的社会治理的调研，力图为基层社会治理的探索和创新提供借鉴。

【关键词】基层社会治理　创新　大方县

党的十八届三中全会提出“改进社会治理方式，坚持系统治理，加强党委领导，发挥政府主导作用，鼓励和支持社会各方面参与，实现政府治理和社会自我调节、居民自治良性互动”。❷ 在新常态下，对于基层社会治理的研究，不仅仅是社会发展的需求，同时也是创新基层社会治理体制机制和全面实现小康社会的必然要求。大方县不仅是一个有百万人口的大县，也是一个国家级贫困县，通过研究大方县基层社会治理在改进民生、扶贫开发、维护社会稳定方面的研究，总结和提炼出基层社会治理创新模式，为基层社会治理的探索和创新有着理论和实践意义。

一、大方县基层社会治理面临的问题

随着当今社会经济的发展，社会的复杂性程度在不断增加，基层社会治理调整好国家、社会和居民之间的关系来适应不断变化着的社会现实的难度也在不断增加。基层社会矛盾频发，比如群众的衣食住行问题，医疗纠纷问题，征地拆

❶ 郭斌，男，1986 年出生，汉族，贵州省贵阳人，贵州大学马克思主义学院 2013 级硕士研究生，研究方向：思想政治教育。刘国华，男，贵州大学马克思主义学院教授，硕士生导师。

❷ 《中共中央关于全面深化改革若干重大问题的决定》，http://www.gkstk.com/article/60790629.html，2013-11-12。

迁和群体上访等方面的问题交织出现，这些矛盾加大基层社会治理的难度。大方县社会治理难题问题同样突出而典型，具体包括以下方面。

(一)贫困程度深造成基层社会治理难度的增加

大方县在推进基层社会治理过程中遇到的首要问题就是人均支配收入不高和贫困程度深。2015 年大方县城镇常住居民人均可支配收入 20496 元、农村常住居民人均可支配收入 6260 元，分别增长 9.1%、13.8%；在数据上看，虽然各项数据都呈稳定增长的趋势，但是由于基础条件薄弱，在县内不少经济发展状况不佳，存在县乡之间发展不平衡。大方县城镇常住居民人均可支配收入 20496 元、农村常住居民人均可支配收入 6260 元，相比起其他发达地区来说人均可支配收入并不高。[1] 再加上县乡收入、行业收入差距在明显扩大，农民人均可支配收入低，集体经济薄弱，社会资源缺乏，这些都在不同程度上增加了基层社会治理的难度。

(二)复杂多样的社会矛盾造成基层社会治理能力弱化

当前基层政府在基层社会治理过程中，在日常履行职能过程中过多地将注意力和焦点放在推进经济建设和经济发展上，从而忽略了其他职能。对于一些基层政府来说即使当前社会矛盾突出(如征地拆迁、群体性事件增多，上访、闹访的数量增加，信访不信法等)也远远比不上经济建设重要。在基层社会治理中甚至会有“经济建设一劳永逸论”，只要经济增速快，合理转变经济增长方式就能够在经济发展的同时解决一系列的社会矛盾。经济发展，无疑可以提高群众生活水平、增加可支配收入，以及改善生活环境，但是一味地将其他社会矛盾的解决寄希望于经济发展，在经济发展过程中没有提升基层社会治理的能力，平衡好经济发展与其他突出社会矛盾的关系，新社会问题必然会层出不穷。在当今社会矛盾频发的时期，基层政府如何缓解突出的社会矛盾，推进政府社会治理水平的提高，平衡和兼顾群众的根本利益，增强基层政府的凝聚力和向心力，都是当前亟须破解的一项课题。

(三)外出流动人口过多导致基层社会治理主体的弱化

大方县是百万人口大县，在县内仍然有大量的贫困人口和大量的剩余劳动力。县内各乡镇经济发展情况也不均衡，造成这些大量的劳动力涌入到大城市和经济较发达地区，其中不仅仅包括外出务工的人员，也包括不少乡村能人。这些人往往在乡里有一定威信或有一定才能，比如少数民族村落的长老，再比如备受乡里培养的大学生。人才的流失造成了基层社会治理人才的短缺问题。同

---

[1] 《大方县 2015 政府工作报告》，http://www.gzdafang.gov.cn/ttxw/127065.shtml，2015-2-16。

时，大量人员背井离乡、涌入城市，造成了留守的居民大多数为“386199”部队❶，即留守居民大多数为妇女、儿童和老人，在很大程度上弱化了基层社会治理主体的治理能力。

二、大方县基层社会治理创新的实践

加强和创新基层社会治理要正视社会矛盾。基层社会治理是一项系统的工程，涉及社会生活的各个领域。基层社会治理的关键和重点是要增强治理参与度，在保障国家和社会的稳定的前提下关注民生和服务群众。大方县通过探索，总结出了“六零六好”“同心工程”“春晖行动”等基层社会治理经验，对于其他基层社会的治理有一定的启示和借鉴意义。

（一）创新六零六好机制，有效地缓和社会矛盾

大方县县委、政府，以及县政法委，始终坚持将织牢网底作为基础，加强政府引导作为重点，将依法治理作为关键。将服务民生作为具体目标，不断探索和创新社会治理机制，着眼于维护最广大人民群众的根本利益。以村、社区为治理框架，楼群院落、村民组为基础组成部分的社会治理体系，探索出“六零六好”基层社会治理机制（零距离解决群众所急，把困难问题处理好；零回避化解矛盾纠纷，把和谐社会构建好；零干预引导村民自治，把群众主体作用发挥好；零缝隙织牢服务网低，把基层基础夯实好；零延迟服务群众办事，把惠民政策落实好；零缺位破解发展难题，把美丽乡村建设好）。

1.拓宽民意诉求渠道，有效维护社会稳定

基层社会治理中的矛盾纠纷多样，如医疗纠纷、交通事故、消费维权、婚姻家庭等，有效及时化解基层矛盾纠纷能够有效维护社会的长治久安。大方县通过了解在基层社会治理中群众所关注的重大事项，收集群众的民意诉求，打造市、县、乡三级视频联动接访，将视频联动接访系统延伸向基层，及时有效地缓解群众矛盾，维护社会稳定。在拓宽民意诉求上，还注意群众利益的协调和倾听群众的呼声，要求每月村民组长要便访一次本组村民，村干部和驻村干部至少要走访一次辖区的农户，并且通过定期不定期的召开村民代表大会和座谈会的形式，了解各类群体利益需求，加大力度解决群众在现实中所面临的问题，保持和谐稳定的社会关系，为群众提供一个安全、稳定的社会环境。

---

❶ “386199”部队指的是妇女、儿童和老人。

2.建立健全组织机构，将群众实事办实

在乡镇一级设置“三委一组一中心”，三委既民生事务委员会、群众工作委员会、经济发展委员会，一组、一中心分别是民生项目监督特派组和便民利民服务中心。将乡镇直属机关的职能和人员进行重组，突出社会治理职能，着力提升政府的教育引导能力、组织动员能力和公共服务水平。对各项民生政策的落实，公开透明，阳光操作，将政府有效的资源用在社会治理刀刃上。着力解决村民组“短板”问题，将社会治理范围辐射向村民组、农户延伸，着力构建“一轴两驱四轮”组织体系，既一轴：党委领导；两驱：政府主导与村（居）民自治；四轮；乡镇设置“三委一组一中心”，村级设立“两站两会”群众工作站、便民服务站和民生工作监督委员会、自治组织协会，村民组设置“一组一室”：民生工作监督组合网格服务工作室，进一步强化村级民主管理，充分发挥自治组织的功能和作用，把群众的事情交给群众办理，从根本上减少因政府行政管理带来的心理抵触和行为对抗。

3.缩小服务半径，消除服务盲区

以群众服务需求为导向，群众满意度为标准的原则，在乡镇设置便民利民服务中心。便民利民服务中心依托群众服务需求，运用互联网手段，融入创业资讯、家庭教育、健康常识、行政事务办理等一系列服务，通过集中办公、简化服务程序和办理流程，为群众提供优质服务。在便利利民服务中心建立联办机制，为群众统一提供社保、低保、文化、计生、文化、代办等服务。为群众免费提供代办婚姻证明、户籍、存取款、医疗手续等服务，真正地从心理上关心群众，用实际行动来回馈群众，做到真情亲民、有效惠民。

（二）创新“同心工程”，为群众办好民生实事

“同心工程”的品牌是由统一战线提出的，能够体现统一战线的政治优势，是执政党和参政党团结合作的生态实践，特别是在改善民生和服务发展方面、服务社会，提升文化素质，致力推动发展成果惠及广大人民群众。

“同心工程”强调统一战线成员积极参与，以东部发达地区的援助为依托，以国家部委的支持为保障，以民营企业家的奉献为支撑，汇聚各种资源，从帮助贫困群众解决现实的民生问题入手，顺应贫困地区人民脱贫致富和改善生活质量的强烈愿望，实现社会扶贫资源优化配置，促进各品牌优势的聚合。

改善民生模式是“同心工程”充分发挥联系广泛的优势始终把群众生活水平的提高作为出发点和落脚点。同心工程助医工程是在了解大方县医疗资源匮乏和农民群众“看病难、看病贵”的状况下提出的，项目从2010年开始以来，仅在农工党帮扶下就投入了4600多万元，完成了31个乡镇卫生院和160个村卫生室标准化、规范化建设，共配置2013件医疗设备、20台电脑和2787张桌椅，指导建立了全国第一个以县“120”位紧急救援分中心的能够覆盖全县山区的紧急救援体系，通过努力，现在大方县农村医疗卫生情况上了一个大台阶，群众对于大方乡村医疗卫生机构的环境、服务和医生护士看病水平给予一致的好评。

智力支持模式是帮助培训各类人才，加强重点人才培训，提高劳动者素质，推动农村富余劳动力转移就业。通过对职业教育、医疗卫生、农村实用技术、基层干部开展技术技能培训，提高基层干部群众素质，强化农民群众创业致富的能力，有力推动大方县从人口大县向人力资源大县转变。

（三）创新“春晖行动”，感召人才反哺故乡

春晖行动最早是由贵州团省委在2004年提出的，春晖行动的主要理念是充分发挥亲情、乡情、友情的情感桥梁作用，激发游子情怀，感召游子返乡共同促进家乡的经济发展和社会的和谐进步。通过积极整合社会资源，吸引和接纳人才，广泛动员社会力量参与到推进农村贫困地区扶贫开发中。

1.广泛摸底调查，完善外出乡友人才库

大方县以村为单位，对外出乡友进行广泛的摸底调查，以乡（镇）为单位进行汇总，在深入了解基本情况的基础上，将热心公益事业、关爱家乡建设的乡友纳入人才库的乡友名录。对进入人才库的乡友主动对接，加强联系，向他们宣传春晖行动理念，动员他们参与家乡的经济社会和文化建设；围绕新农村建设，以群众急需急盼的村庄整治、产业结构调整，以及文化、交通、水利等基础设施建设为重点开展项目建设，为春晖行动工作的深入持久开展奠定基础。

2.开展系列活动，春晖行动共话家乡发展

为弘扬“春晖行动”所倡导的“反哺故土”“饮水思源”“回报桑梓”的传统美德，围绕统筹城乡发展，动员一切社会因素参与家乡社会主义新农村建设，大方县在每年春节期间均组织开展“春晖行动——我与家乡共发展”系列活动。开展讲座及组织返乡农民工、大学生返乡进行座谈，共话家乡发展活动，据统计，每年参与活动的外出务工人员达2000余名。把感恩教育和“春晖行动”有机结合起来，不定期组织开展“春晖感恩”书信征文活动。全县各中小学学生通过向父母、亲人、师长写感谢信的方式，表达感激之情。通过回乡游子结合自己外出务工的体会，对政府及共青团如何进一步做好返乡农民工创业、改善投资环境等工作提出了宝贵的建议。各乡镇团委对建议和意见进行认真分析、梳理，理清工作思路，提出实施方案，围绕方案抓好春晖行动工作。

3.搭建创业平台，创建春晖示范基地

结合农村青年创业工作，大方县创建了一批春晖示范基地，积极为青年搭建创业平台,为广大青年提供创业培训和创业实践服务,引领更多的青年投入到青春创业中去。比较典型的有安乐乡春晖示范养殖基地,基地负责人为大方春晖使者任世谦,现该基地有种羊(公,母)200余只,60%为产羔的高峰母羊。其中羊的品种有波尔山羊、南江黄羊、马头山羊、成都麻羊、贵州白山羊等。有人工种草140余亩,拥有饲养员4人。现有羊舍400余平方米,共16间,分有产羔间、病羊和伤羊隔离间,活动场约200平方米。黄泥塘镇的百里花食品有限公司的负责人岳心武原来是一名大学生村干部,在2009年3月开始创业,现在公司有员工50余名,80%是本地农村留守妇女。通过推行"公司+合作社+农户"的运转模式,与1000度农户签订辣椒收购合同,种植面积达到3000多亩,解决了300多农村剩余劳动力的就业问题。

三、大方县基层社会治理创新的启示

大方县在基层社会治理中,把以人为本、执政为民的原则落在实处,通过打造品牌,建立健全机制,凝聚社会治理主体来解决民生问题,缓解社会矛盾。在基层社会治理中探索基层群众服务机制和社会矛盾机制,解决好群众最关心、最直接的问题,解决好群众所关心的衣、食、住、行等问题。大方县基层社会治理创新的探索为其他基层社会治理也提供了有益的启示和借鉴。

(一)加强基层党建工作,引领基层社会治理工作再上台阶

要形成基层政府行政管理和人民团体、社会组织充齐抓共管的工作局面,就需要加强基层组织的建设。建立健全基层党建工作,以党组织建设为核心,引领基层社会治理工作重心转移到服务群众和社会治理上来。在基层社会治理实践中,重视其他社会主体的作用并能离开党的建设,需要将基层党建工作作为一项核心工作开展,通过选配优秀的基层党组织领导班子,扩大对非公有制经济、社会组织等领域党的建设,扩大组织覆盖力度和工作范围,让参与基层社会治理的群众和组织更有凝聚力和向心力。

(二)缓解社会突出矛盾,构建稳定的基层社会治理环境

民生问题决定着社会是否稳定,经济发展都必须要以社会稳定作为前提。基层政治在社会治理中还应该正视各种突出的社会矛盾,通过了解群众基本诉求,平衡经济发展和群众公共利益的关系,真正地做到心系群众,服务群众。通过排查和缓解社会矛盾,有效地缓解基层社会治理的突出问题,促进社会的稳定和谐。在基层社会治理中应该探索综合矛盾化解机制,在矛盾纠纷多发的领域,建立相关调节机制,完善工作制度。针对群众反映强烈的征地拆迁、环境保护、

交通事故等突出社会问题进行专门研究，全面了解各类群众的利益需求，完善党政领导干部下访、接访制度，完善司法救助、社会关爱等制度，

（三）探索协调治理机制，充分发挥社会治理主体作用

越来越多的人才流向发达地区，造成基层社会治理人才短缺。通过发挥社会治理中其他主体的积极作用，有效团结和凝聚更多群众参与社会治理，通过开展以关注家乡、建设家乡为主题的系列活动，引导域外人才智力柔性回归，发挥在外游子自身优势，反哺家乡、关注家乡、建设家乡，为家乡和社会做出自己的贡献。通过家乡情感纽带，吸引更多的有识之士和优秀人才反哺故乡。政府在引导社会治理主体发挥作用时，应该重视社会组织和人民团体的作用，社会组织在社会治理中虽然没有行政的强制手段，但是社会组织和人民团体有更好的凝聚力和团结力，在社会治理过程中可以很大程度的消除群众对于行政管理的抵抗和排斥。

基层社会治理的根本问题在于合理的社会公共事务管理和社会资源分配，最主要的切入点是就是改善民生问题。随着社会经济的发展，基层社会治理中群众的需求发生了变化，群众权利观念和自助意识日益增强，过去通过强制和权威的社会管理方式已不适应现代社会治理需求。大方县在社会治理机制探索与实践上，正视突出的矛盾和问题，创新治理观念和机制，提升服务能力，关注弱势群体，最终探索出了适合自己的治理方式。各基层社会也应从实际出发，从问题着眼，努力让社会治理能力迈上一个新台阶。

参考文献

[1]勾学玲.创新社会治理体制的路径选择[J].世纪桥,2004(1)

[2]李立国.创新社会治理体制[J].求是,2013(24).

[3]陈顺洪.中国基层社会治理体制创新研究[D].湘潭大学,2014.

[4]李萍.论社会管理创新的实质[J].中国特色社会主义研究,2013(1).

[5]王启富.完善社会管理和公共服务的若干思考[J].兰州学刊,2009(9).

[6]孙晓丽.多元社会治理模式探析[J].理论导刊,2005(5).

[7]江必新,李沫.轮社会治理创新[J].新疆师范大学学报(哲学社会科学版),2014(2).

[8]徐亮.基于社会治理创新的海沧区城乡一体化建设[D].厦门大学,2014.

[9]黎品琨.社会治理创新中政府职能转变问题研究[D].中共中央党校,2014.

黔西南普安信访研究：以信访管理调查问卷为中心*

胡长兵❶

贵州省社会科学院，邮编：550002

【摘　要】本研究以信访管理调查问卷为中心，集中于贵州省普安县信访机构的实务运作状况之分析，包括工作条件、管理规程与绩效、制度体认等。继而，基于问卷的解读，结合有关实务工作报告等资料，对现今普安信访的一些主要问题如趋势、成因及对策等，进行了讨论。可以预估，今后一段时期里，普安信访将维持现时状态，然总量仍高不宜忽视。

【关键词】信访　普安　信访管理问卷　对策

当今，信访是一个重要的社会现象。一般地，社会变革期较之常态时，民众上访问题更易多发显著一些。改革开放以来，中国一直处于大规模的体制转轨中。目前，市场经济已初步建成，可改革进程尚未最终完结。2013 年 11 月，十八届三中全会指出，国家正进入全面深化改革的攻坚阶段。可以预计，当前及今后一段时期内，信访情势可能仍将停留于高位运行的水平，值得人们重视。

一、普安信访问题概况

1951 年，政务院秘书厅设立信访专职部门“群众信件组”。自那以来，新中国信访历经了三个阶段：1951—1957 年创建期、1957—1982 年发展期、1982 年之后的成熟期。❷ 更概括地，这一制度可划分为二种前后交替的理想类型：政治参与型和利益维权型，以 1982 年为界。从制度的行动主体之民众一方来看，前者关注政务建设的进言建议，后者则着重个体权益的维护。

* 2013 年贵州省社会科学院课题“普安信访研究”。

❶ 胡长兵，1971-，男，贵州省社会科学院，副研究员。

❷ 关于当代信访史的分期，观点多有不同。可参见吴超的相关综述。吴超.“中国当代信访史基本问题探讨”[J].当代中国史研究，2011(1)：73~74.

1992 年起，信访形势开始升温，总量连续 12 年上攀，2004 年达到历史峰值。1995 年，全国信访总数是 479 万件；2000 年，总量首次突破 1000 万件。其中，中央信访受理数在 2000 年为 58.64 万件，是 1995 年的 1.46 倍。[1] 2004 年，国家信访局受理群众来信 457 万件，比上年增长 117%；接待来访 67 万批次、148 万人次，增幅为 584%和 529%。[2] 此即媒体谓之的“信访洪峰”年。

2005 年，《信访条例》的颁行终使此前的严峻状况有所缓解。此后，则进一步地持续 7 年保持着信访总量、集体上访、重信重访等指标逐渐回落的总体态势。[3]

在地方省级层面，情状也大抵相仿。2006 年，贵州信访出现了 10 余年连续攀升后的第一次下降；[4]同年，河南全省信访总量则同比下降 199%。[5]

近些年，黔西南普安县的信访形势见下图 1。[6] 另外，2006 年 1～11 月，据不完全数据是：群众来访 48 批 216 人次，办理信访案件 113 件；[7]2013 年 1～10 月，数据为：县四大班子领导接待来访数 67 批 221 人次，县委群众工作部接访 58 批 300 人次。[8]

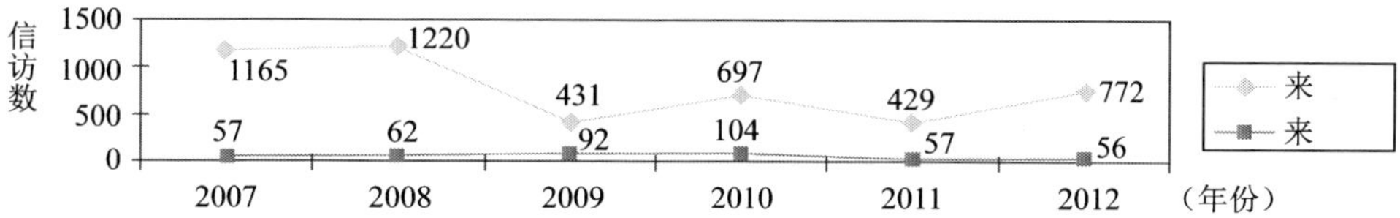

图 1　2007—2012 年普安县信访情况（单位：人次、件）

---

❶ 周占顺.“认真贯彻‘三个代表’的重要思想，努力开创新世纪信访工作新局面”[J].人民信访，2001(10).

❷ 中国社会科学院法学所编.中国法治发展报告 No.5(2007)[M].北京：社会科学文献出版社，2007：319.

❸ 张洋：“人民群众的合法权益得到有效维护——党的十六大以来信访工作成就综述”[N].人民日报，2012-10-30.

❹ 李朵：“抓信访保稳定促发展——省信访局领导就实施新《信访条例》一周年答记者问”[N].贵州日报，2006-4-30.

❺ 王红军，2007 年河南省创新信访工作调查与思考[C].焦锦森.2008 年河南社会形势分析与预测.北京：社科文献出版社，2008：246.

❻ 2009～2012 年，《普安县信访局年度工作总结》；《浅析我县信访问题的特点、成因及对策——普安县信访局对如何处理当前信访问题的调研报告》。普安县委政研室：“完善信访体制机制，切实规范信访工作——以黔西南州普安县为例”[EB/OL][2014-09-28].http://www.qxn.gov.cn/OrgArtView/zwzys/zwzys.jc/36713.html.

❼ 黄太富.“普安信访贴心为民排忧解难”[N].黔西南日报，2006-12-24.

❽ 何静晨.“普安县信访维稳工作实现‘四个转变’”[EB/OL][2013-11-28].http://www.ldqxn.com/news/puan/20131108/164536.

大体而言，这6年来，虽有起伏，群众来访量终呈下降趋势，来信数于中间稍涨后已作回落。绝对量值方面，除去早先的2007年和2008年，应该并不突出。可以简单对照一下省内其他市县的数据：①2011年1~8月，黔西南州（辖普安县在内计8个县市）接访550件、1600人次；[1]2011年8~10月，黔西南州在领导干部"三访"（即接访、走访、回访）活动中，共接访635批、1551人次；[2]②2011年8~9月，黔西县纪检监察机关"三访"活动第一阶段的接访数则为2039件；[3]③有资料显示，X地区2009年接访3852人，2010年1~9月是2013人。[4] 依该文内容判断，此某地区应是州市级，按照市县间上下级别来衡量，二者来访比例数大致相近。

二、普安信访管理问卷的统计分析

2013年11月，对普安县信访局（含县委群工部）的问卷调查中，共采集"B类管理者卷"有效答卷15份，[5]约占其全体人数70%以上。总体上看，样本量、答卷信度等方面是能够接受的。

按主题，"管理者卷"各项问题可大略归类为工作条件、管理规程与绩效、制度体认等三个领域。限于篇幅，以下择其重要项进行分说。

（一）工作条件状况

本部分试图简略观察信访管理者对单位或部门现有的工作环境、劳动强度等事项的满意度看法，具体包括办公设施、工作量、业务经费三项指标。

业务经费。在回答"信访经费充足与否"时，70%的受访职员认为现行专项经费不足。以该县财政的现状观之，应是实情。相关资料指出，普安县"属于全国扶贫工作重点县之一，由于受自然地理条件等因素的限制，县域经济欠发达，财力薄弱，属于依靠上级转移支付收入维持运转的'吃饭性'财政"。当前县财政处于最困难时期，"从财力情况看，我县财政保障水平非常低，财政非常困难，

[1] 蔡定平."1~8月州信访局接待群众来访550件次"[N].黔西南日报，2011-09-16.

[2] 黄诚克."黔西南'三访'活动接待来访群众千余人次".贵州日报，2011-11-1.

[3] 蔡成学."黔西县开展'三访'活动有效维护社会和谐稳定"[EB/OL][2013-11-28].http://www.bijie.gov.cn/Html/dfcz/170952391.html.

[4] 刘迎春.当前信访制度存在的问题及对策分析——贵州省X地区信访情况调查[J].商情，2011(22).

[5] "普安信访研究"课题针对不同受访人群设计了内容各有侧重的三份问卷：A类信访者卷、B类管理者卷、C类社会公众卷。本研究仅对"B类管理者卷"进行调研分析。

现有财力只能用于保工资和运转，无财力用于保民生、保稳定。”[1]诸如扶贫、信访等，主要依赖上级财政的支持。

（二）管理规程与绩效状况

本部分旨在测度信访机构的管理对象、制度和绩效等，主要包括管理对象、处理流程与措施、业务培训三部分。

（1）管理对象。指信访案件的类型和数量、来访当事人及其诉求性质以及重访等非正常上访现象。

案件类型和数量。对提问“你们部门受理的哪类信访案件较多”，在12项多选答案中，选择农村土地纠纷、城乡房屋拆迁、国有企业改制等三种类型的占多数。这与县信访局的有关工作报告较相一致。该报告指出，“企业改制、农村土地征用、城镇拆迁安置、社会保障、工资福利、涉法涉诉、山林权属纠纷等经济利益方面的问题引发的信访，占信访总量的70%以上。”[2]另一份材料也有所佐证：“2011年1~8月，黔西南州信访局来访诉求主要集中在土地征用、土地矿产资源管理、‘三农’问题、城乡房屋拆迁补偿、涉法涉诉、矿群矛盾、环境污染等问题上。”[3]及至总量与趋势问题“近2~3年来，你们受理的案件数量总体上呈上升趋势还是下降”，认为下降和持平的有5人，选略微上升的为9人。除去个体观感因素外，选答情形是和上文图1相符的。

来访当事人。在填写“您接待的案件中，认为信访人要求基本合法的，在总数里占比是___”中，有6人作答，百分比从40%、50%、60%、70%到80%的都有。就均值来看，对多数的信访申诉是认可其合情合法的。相关地，这6人对非正常上访问题即越级上访、重访缠访等，于案件总量中的比例估计分别为10%、20%、40%不等。[4] 虽然非正常上访并非等同于诉求逾法，由上观之，两者并合的程度已给人近乎一体的印象。于此，下一题目将有所解说。

重访等非正常上访。“您认为重访或缠访现象的主要缘由是什么”，多选项

---

[1] 胡其林：“浅析普安县财政困难的原因及对策”[EB/OL][2014-09-15].http://www.qxn.gov.cn/View/PAqxn.Info/65733.html.

[2] 《完善信访体制机制、规范信访工作初探——普安县关于完善信访体制机制、规范信访工作的专题调研报告》。

[3] 蔡定平.1~8月州信访局接待群众来访550件次[N].黔西南日报，2011-09-16.

[4] 相关资料载明：2007年、2008年、2009年，普安分别发生非正常事件上访22批382人（次）、37批421人（次）、21批411人（次），占全年信访总量的21.6%、12.8%、17.8%。2010年上半年，发生非正常上访27批469人，占信访总量的29.3%。普安县委政研室：“完善信访体制机制，切实规范信访工作——以黔西南州普安县为例”，黔西南州政府网：http://www.qxn.gov.cn/OrgArtView/zwzys/zwzys.jc/36713.html，2014-9-28最后访问。

中将其划归“难以说服”类的，即“②上访人对案件事实与证据的主观看法，和法律所要求的不相一致，却不理解；③案件牵涉的民间习俗与法律冲突，上访人不理解；④救济渠道已尽，虽有存疑，可案件无可更改，但上访人性格执拗，难以说服”，共计6人次；认为“⑤上访人欲图多闹多得，或确属无理取闹”则是8人次。两者合占总数90%以上，仅余1人次选择“①有___%案件曾处理错误，重访合法有据”项，显见众人对非正常上访现象的主导态度是否定的。

(2)处置流程与措施。如接访管理、工作外联、特殊处置举措如劝访，以及结案与回访率等。

劝访或截访。关于这些应急措施，有6人因公派参行，5人未曾，其中3人次认为“如需维护大局安定时，效果明显”。不过，与前述不曾丰裕的业务经费相较，此项处置所费不菲，按县信访局调研报告的统计，“我县每年用于接访处置的费用达几十多万元”。[1]

工作外联。对问题“你们信访部门在和有权处理案件的机关或部门的工作联络中，对方有无推诿拖延等现象”，选择无、“偶尔出现”二项的各6人，“经常发生”的2人。合起看来，信访管理的部门际配合与协调仍待加强，鉴于信访局本身无实体办案权，有权机构的适时接入和反馈等尤其紧要。

督查建议权。部分与上相关，“你们在督查信访事项的过程中，有无向处理案件的机关或部门行使过对策建议权、改进建议权与行政处分建议权”，选择无的2人，“偶尔”的5人，“经常行使”的3人。除了作为专责、统一的接访机构，信访局有效行使督查三权亦为核心职能之一，值得进一步倾力提升。于此，有论者建议，应赋予上级信访事项调研调处答复组织对下级行政不作为、行政不当行为的直接调查处理建议权，使上级部门接访后，在深入基层处理信访事项时具有“钦差大臣”的身份，从根本上解决“同级监督太软、下级监督太轻、上级监督太远”的问题。[2]

(三)制度体认状况

本部分重在考量信访管理者对现行信访制度的一些重要体察和反思。

(1)涉诉信访、信访存废等的学理思考。在答问“有研究者认为，‘涉诉信访’概念混淆，影响了对信访问题的认知和规范处置”时，[3]主张“有必要作概念

---

[1] 《完善信访体制机制、规范信访工作初探——普安县关于完善信访体制机制、规范信访工作的专题调研报告》。

[2] 普安县委政研室：“完善信访体制机制，切实规范信访工作——以黔西南州普安县为例”[EB/OL][2014-09-28].http://www.qxn.gov.cn/OrgArtView/zwzys/zwzys.jc/36713.

[3] 应勇.“‘涉诉信访’不等于信访”[J].中国党政干部论坛，2011(6).

清理"的有 7 人,认为"这一概念还是很实用的"2 人,不清楚的 4 人。进而,对"有研究者认为,应将信访与涉诉信访二者分离,明确信访作为一种政治权利,是对公权力的监督制度,而非具体诉讼权利的救济制度"一题,❶赞同者 8 人,表示未及考虑的 7 人。相关地,计有 6 人填写了"你们部门接待的案件里,涉诉信访占比大约是___%"一题,回答包括 0、30%、40%、50%、60%、100%等。去掉首尾二个极值,涉诉信访问题还是显得比较突出的,❷且在总体上,认为对此应作进一步研究的亦占多数。及至涉诉信访与司法权威问题"您认为涉诉信访对司法权威之公众观念的形成确立,存在着重大影响吗",有 5 人持肯定态度,"是的,导致法院不受尊重,国家法治建设步履艰难";也有 2 人认为"影响不大"。

对专业信访机构存废与否的三个关联问题,❸并合计算后,赞同撤除行政信访且"将其功能转移至各级人大与人大代表行使"的占比 20%;强化信访"独立地位和权威性,增加职权,赋予案件全面调查权"的为 27%;折中性的"保留但却削弱行政信访,明确司法最终救济原则"是 25%;还有 27%选择"对此问题未曾细致考虑"。大体上,诸观点各有支持,难分伯仲。

(2)信访法规、单位规章等的实务建言。此二项因费时较多,有 1 人作了填写。基于实际工作中的切身体验,一些制度改进建议较具针对性,譬如,有具体法律和相应机关办理的事项,本部门不予受理,减少"信访不信法";案件办理期限过长,造成重复访较多;疑难案件的资金使用公开透明,确保公平公正,杜绝

---

❶ 应勇."'涉诉信访'不等于信访"[J]中国党政干部论坛,2011(6).

❷ 必须指出,和其他资料比照,此一主观数据应作存疑。一报告表明,2012 年普安涉诉信访比是 15%。《浅析当前涉法涉诉信访存在的突出问题、原因及对策——普安县信访局对如何处置涉法涉诉信访问题的调研报告》。另一份材料对普安 2007—2010 年的涉诉信访比统计为 7%。普安县委政研室:"完善信访体制机制,切实规范信访工作——以黔西南州普安县为例"[EB/OL][2014-09-28].http://www.qxn.gov.cn/OrgArtView/zwzys/zwzys.jc/36713.

❸ 关于现行信访制度的前景,学者们看法不一、论辩不已。例如,季卫东认为,面对信访大潮,信访改革的方向在于进一步强化其独立地位和权威性,赋予全面调查权。于建嵘则针锋相对地主张,撤除行政性的信访机构,将其功能集中转移至各级人民代表大会与人民代表行使,同时剥除现行信访中的权利救济属性。他进一步细分为:"第一,短期的行政治标之策是给各级党政部门减压和给信访公民松绑,以减小信访的规模和冲击性,维护社会稳定。第二,中期的法律治标之策是强化各级司法机关接受公民告诉、申诉及处理案件的责任和能力。第三,长期的治本之策,是把信访集中到各级人民代表大会,通过人民代表来监督一府两院的工作。"季卫东.上访潮与申诉制度的出路[J].二十一世纪,2005(6);本文观点则相对折衷:保留但却削弱行政信访。主要思路如下:(1)信访的短期治理策略。近期内,治标之策是宽缓现时严格的信访管理责任制,给各级政府减压、给民众松绑,减弱信访的权利救济功能,降低群众对信访的预期,以减小信访的规模和冲击性、对抗性,维护社会稳定。例如,取消对各级地方政府的信访责任追究制,不对民众的信访级别作特别的限制等。(2)信访制度的长期发展方向。长期中,在较深层次的经济和政治体制改革逐渐推进后,可以考虑实行"诉""访"分离。作为一种政治传统,依然保留信访机构,但是,一方面,剥离其大部的救济功能转移至司法领域,维护司法最终救济原则,另一方面,将其一部分的行政监察功能调整至各级人民代表大会,以提高其原先的政治参与和行政监督内涵的权威和实效性。

“会哭的孩子有奶吃”现象;将舆情管理纳入信访渠道监管;将监督职责加入信访工作中,赋予监察职能,促进问题的解决;做到一事一书面回复,完备法律手续,强化依法行政等。

(3)法律、信访制度等的自我认知。对提问“您对国家法律的一般体会是怎样的”即“在日常生活中,您和政府机构直接打交道的场合有多少”,选择感受不深的、较少的合计 5 人,认为“很多,经常与政府和法律接触”的有 7 人。如此比例,作为行政法务机关职员,估计前者应是将自身生活事务和现行职业分离开来,寻常只是遵循社会大众的人情常理行事。事实上,尽管当代“行政国家”趋势下,国家对社会事务的涉入日益复杂细密,国人“避法”“无讼”心理的传统影响仍旧显著。除非迫不得已,人们一般不愿和法律、政府等国家权威直接有所交联。这一特点在以下二题里正反两面均有所体现。

对案例题“2009 年,京城某孙氏专家曾论断道:对那些老上访专业户,我负责任地说……至少 99%以上精神有问题——都是偏执型精神障碍”,❶认为其言辞错误的为 4 人,“部分正确”的 8 人。如若说源于实际职业经验,该题选项相较客观的话,下题则例证了上述的心态惯习,以及对现行信访体制的全面认知,折射了当前亟须面对的某些深刻的制度困境。“据 2009 年 12 月 9 日《中国青年报》,一位退休的原市信访办主任因为自家房屋拆迁安置问题,戏剧性地踏上信访之路”,选择“若换位思考,想法相同”的有 9 人,主张其“做法不当,应坚信司法救济”的 5 人。前者的抉择可谓县信访局工作报告里所解读的“无奈心理”,是指部分上访群体,“这些人懂法律、有素质,他们相信党和政府,但在所诉求的问题不能得到合理的解释和及时解决时,在无奈之下走上上访之路。”❷

综上,对信访“管理者卷”三部分,可总结如下:第一,工作条件方面,较之其他行政部门,工作量与强度相似或略多,业务经费则因县财力紧张而难以充裕。

第二,管理规程与绩效方面,与当前本县的经济特色相符即初级采煤产业、新兴城镇化占主导地位,以致信访类别以土地纠纷、拆迁安置等居多。此外,和全国一般情形雷同,专职信访机构较显无力,其职权配置有待优化。县信访局的研究报告曾就此指出,“专门的信访工作部门(信访局)只有催办权、没有查办权,仅相当于传达室,只起上传下达的作用,无权为信访群众解决实际问题。”❸制度未能修正前,可行的举措是“信访机构要充分运用《信访条例》赋予的‘三项

❶ 王婧.“孙东东:把精神病人送到医院是最大的保障”[J].中国新闻周刊,2009(10).

❷ 《浅析我县信访问题的特点、成因及对策——普安县信访局对如何处理当前信访问题的调研报告》。

❸ 《浅析我县信访问题的特点、成因及对策——普安县信访局对如何处理当前信访问题的调研报告》。

建议’权，对不负责、不作为的有关行政机关及其工作人员提出处理的意见和建议。”同时，“采取有效的督办方式。包括电话督办、书面督办、会议督办、调研督办、联合督办等。在具体工作中，应根据不同的督查事项选择不同的督查督办方式，对重点督办事项可以同时采取多种督办方式。”❶

第三，制度体认方面，出于日常生活经历和职业生涯体验，管理者或多或少均就现今信访制度进行了一些反思，但观点却多所不同难分轩轾。尤其看待非正常上访问题，某种矛盾心态跃然而出。尽管在管理视角下对其施与决定性的消极评价，换位思量后却不得不作些退让，给予了一些现实性的理解与认同。

三、当前普安信访问题的要点研讨

从上述问卷出发，结合有关实务工作报告等资料，可以对现今普安信访的一些重要问题如趋势、成因及对策等，做出若干讨论。

（一）普安信访的发展趋势

20 世纪 80 年代改革开放以来，普安信访形势发生了诸多重要变化。第一，信访主体多元化，过去主要是优抚对象、农村村民和企业职工；现时社会各个阶层中都有参与者，“如失地农民、农民工、城镇住房拆迁的居民、企业军转干部、企事业改制下岗职工、民办教师、离退休老干部、在职干部等都是近年来比较活跃的信访主体。”第二，信访内容复杂化，“过去群众信访以反映个人冤案，要求落实政策，解决历史遗留问题为主”；如今内容包罗万象、纷繁复杂，涉及政策、经济、文化和社会生活的各个层面，“主要是涉及群众切身利益的问题越来越多，企业改制、农村土地征用、城镇拆迁安置、社会保障、工资福利、涉法涉诉、山林权属纠纷等到经济利益方面的问题引发的信访，占信访总量的 70%以上。”❷

概言之，这一变迁和全国总体情况是相类似的。

近年来，普安信访如上述图 1 所示，总量已呈下降趋势，但尚处高位运行状态。未来一段时期内，情势将会如何？可行的预测应考虑二方面的因素：全国的一般情形以及具体的普安县域经济社会特征。当前，国家迈向全面深化改革阶段，一些重大的改革举措将作部署，各种重要的利益格局正待优化调整。在此进程中，市场经济的定型、多元主体及其社会关系的固化都要求时间的积淀。不难

❶ 《完善信访体制机制、规范信访工作初探——普安县关于完善信访体制机制、规范信访工作的专题调研报告》。

❷ 《完善信访体制机制、规范信访工作初探——普安县关于完善信访体制机制、规范信访工作的专题调研报告》。

估测,今后一段期间,较大规模的体制转型衍生的种种社会矛盾和冲突,将会以高量的信访位势表现出来。

这些年,普安经济以采煤业为支撑,“县财政收入主要来源于煤炭税费收入,收入占全县财政收入的70%左右”。[1] 进一步发展的思路包括:加快基础设施建设、调整调优产业结构把煤炭综合利用和深加工作为突破口等。当前,普安县已作规划:围绕“努力建设中国金州能源大县和经济强县”这“两大定位”,奋力做好“两大电厂”(中电普安电厂、神华普安电厂)、“三大煤矿”(糯东煤矿、泥堡煤矿、地瓜一号煤矿),以及泥堡金矿等“十大工程”。[2] 基础建设方面,2013年初,制定了《关于加快推进小城镇建设的实施意见》,明确2017年全县城镇化率提高28个百分点以上的目标。

经济的勃兴无疑会带来一些副产品如利益纠纷的增生。鉴于如前文调查问卷所示,此前普安信访就以矿群纠纷、拆迁安置等居多,其与县域经济特色的相关关系明显而直接,因此,上述以煤炭业核心的产业规划、以城镇化为契机的基建规划,这两大主要开发振兴计划的现实展开都将难以避免相关副作用的消极伴生。某些潜在的困扰,已为有关部门所注意。举例来说,普安县建设局于“普安县城镇建设情况”一文里谈到,“土地征用、房屋拆迁安置、在存量土地上实施旧城改造等难度大,部分被拆迁户无理要求,漫天要价,容易引起上访事件和产生不稳定因素。”[3]此外,2009年的《贵州省普安县矿产资源规划(2008—2017年)》分析了现行矿产资源开发与保护存在的主要问题,例如,矿产资源利用方式比较粗放,生态环境破坏较严重,强调经济效益,忽视环境保护和对其恢复治理不足的现象,存在因煤矿开采所引发的地面开裂和塌陷,露采矿山开挖的深(高)度较大、边坡陡所引发的崩塌、滑坡,矿渣的不合理堆倒引发的泥石流等地质灾害或存在的地质灾害隐患。[1] 这些都是矿区群众信访的主导诱因。

综合以上本县及全国两方面的情况,可以预估,今后一段时期里,普安信访趋势将维持现时状态,即走势略降或持平,然总量仍高不宜忽视。

---

[1] 胡其林:“浅析普安县财政困难的原因及对策”[EB/OL][2014-09-15].http://www.qxn.gov.cn/View/PAqxn.Info/65733.html.

[2] 罗坚.“围绕两大定位,做好十大工程——普安县全力推进同步小康创建工作小记”[N].黔西南日报,2013-09-11.

[3] 普安县建设局:“普安县城镇建设情况”[EB/OL][2014-09-15].http://gzpa.gog.com.cn/system/2014/02/13/013189552.shtml.

[1] “《贵州省普安县矿产资源规划(2008~2017年)》”[EB/OL][2014-09-25].http://www.pagtzyj.gov.cn/zygl/01/20120109/239.html.

（二）普安信访问题的成因与对策

除了信访和区域经济社会发展间的整体关联因素，上列的趋势预测同时也是建立在目前国家、地方政府对信访治理的各种合理有力的政策、对策等基础上。这需要对国家的新近政策，以及普安信访的成因与化解举措等给出更多的说明。

普安信访的现状，在前述的问卷分析中已见概要，县信访局的几份工作报告则给予了更加充分翔实的描述。这里简略援引以做参考。就总体情状，一则报告指出，“新形势下信访工作主要有以下几个特征：信访主体多元化，信访规模集群化，信访形式多样化，信访内容复杂化，信访活动组织化，信访时空集中化，信访行为过激化”。[1] 针对涉诉信访，有报告则陈述，“信访总量居高不下，越级上访增幅较大；闹访、缠访呈上升趋势；群体性诉讼来访增多，诉前信访工作压力增大；上级部门交办案件增多、交办力度不断加大；信访时期集中、方式多样；重复信访突出、处理难度较大；反映执行难问题较多”。[2]

对以上现状的成因，这些报告进行了比较深入的剖析，并提出了很多解决问题的对策建议。首先，在信访原因分析上，诸报告多角度多方位予以了论说，有从客观、主观两大类着手的，客观因素的表现如传统社会利益格局破裂所导致的利益关系失衡，主观方面的如由于干部在工作中不作为、慢作为和乱作为，致使干群关系紧张而引发的矛盾。[3] 还有从纠纷生成的具体源头做出辨析的，如列出体制、政策、行政执法、当事人、政府工作等五方面。且进而就信访体制存在的缺陷给予了详细的清理：“一是信访管理、监督机制存在缺陷，信访问题难以有效解决，导致信访总量居高不下；二是办理信访事项法定判断标准不完善，责任追究不到位，导致重访现象突出；三是信访秩序维护机制不顺畅，依法规范信访秩序的法定标准不明确，导致群体访、非正常上访突出；四是信访制度的法律定位和法律责任不够明确，导致涉诉问题分流困难”。[1]

依据成因分析，上列报告汇集了诸多颇具针对性，富有成效的处理信访问题的措施意见，比方说，完善县级信访管理的排查调处、合力化解、督查督办等工作机制；建议修法，提升《信访条例》位阶为《信访法》等。此处不再抄文罗列。

---

[1] 《完善信访体制机制、规范信访工作初探——普安县关于完善信访体制机制、规范信访工作的专题调研报告》。

[2] 《浅析当前涉法涉诉信访存在的突出问题、原因及对策——普安县信访局对如何处置涉法涉诉信访问题的调研报告》。

[3] 《完善信访体制机制、规范信访工作初探——普安县关于完善信访体制机制、规范信访工作的专题调研报告》。

[1] 《浅析我县信访问题的特点、成因及对策——普安县信访局对如何处理当前信访问题的调研报告》。

关于上述诸报告,其成因分析部分已较周全略去不论,而对策建议中的一些具体论点,妥实与否尚存商榷的余地。

其一,为解决涉诉信访难题,一份报告倡议:修改三大诉讼法,变无限再审为有限再审,尽早终局确定司法判决,减轻缠诉信访。[1] 可以争议的是,这一观点未能切中问题的要害。事实上,以民事诉讼法为例,其一直都是贯彻有限再审的目标。1991 年原法典第一百七十九条、第一百八十二条规定,当事人申请再审的实质条件严格为"有新的证据,足以推翻原判决、裁定的"等,时效限制为二年。2007 年第一次修正时,第一百八十四条时效规则补充一款,"二年后据以做出原判决、裁定的法律文书被撤销或者变更"等,也可于其后三个月内提起。坦白说来,此款难显宽裕。现行法是 2012 年第二次修正。其第二百零五条对时效限制更作紧缩,从先前二年大幅压制到六个月。

由这些法条及其修正可知,作为例外性纠错程序,再审门槛很高不容轻入。如此,有关其"无限再审"的印象何来?无限"再审"要求有诉必审、不限次数。普通审程序符合前者,但不及后者;再审即审判监督程序满足后者,却无缘前者。虽然时效期内再审可数次提请,可是受理权为法院掌控且准入严苛,价值些微作用有限。实际上,上述印象可能将申诉权性质和其他诉权如上诉权有所模糊,后者具备法定诉讼启动效力,但申诉仅拥有形式意义,旨在设置一条错案信息收集渠道而已。

其二,为抑制非正常上访现象,有报告主张,应明确专门机构对无理上访行为进行定性,对已定性为无理的,仍无理上访三次以上的,要进行拘留、牢教或批捕。[2] 前面调查答卷有关信访法规等的实务建言一题里,也有类似的填写:对闹访、缠访行为进行制裁。

从实务管理者的角度出发,以上力图规范信访秩序的迫切心情可以理解,然

---

[1] 《浅析当前涉法涉诉信访存在的突出问题、原因及对策——普安县信访局对如何处置涉法涉诉信访问题的调研报告》。

[2] 《完善信访体制机制、规范信访工作初探——普安县关于完善信访体制机制、规范信访工作的专题调研报告》。此处,还可参照一份更较明确、激进的意见,它要求:"在《中共贵州省委办公厅贵州省人民政府办公厅关于做好进京非正常上访处置工作及建立健全责任制的通知》的基础上,要及时研究制定全州赴省、进京非正常上访处置意见或办法,遏制越级上访的发生。特别要在意见或办法中规定:'对初次进京、进省非正常上访人员,劝返接回当地后由公安部门依据《治安管理处罚法》给予警告处理,信访部门根据《信访条例》进行训诫,非正常上访人员所在单位或户籍所在地村(社区)委员会负责劝导教育。对第二次进京、进省非正常上访人员,由公安机关依法行政拘留;对仍不思悔改,重复进省、进京非正常上访的,依法对其劳动教养;对个别构成犯罪的,依法追究其刑事责任。'"普安县委政研室."完善信访体制机制,切实规范信访工作——以黔西南州普安县为例"[EB/OL][2014-09-28].http://www.qxn.gov.cn/OrgArtView/zwzys/zwzys.jc/36713.html.

其主张不免失于严厉之嫌。首先需要对无理上访、闹访、缠访等概念进行界定。若按字面意思，闹访缠访干扰了正常的机关工作秩序、社会公共秩序，则当视情节轻重依照《治安管理处罚法》等管制之；如果缠访等仅仅表现为多次来访，递交材料、陈述诉求，以致耗用办公时间，而未行其他过激举动，仍可将其看作民众申诉权行使的通常可容忍范围之内。退一步来说，为防止逾越限度、权利滥用，可以在接访程序方面适当弱化变通。对不服既有处理而屡次上访者，只予书面材料接收的登记环节，不再安排任何后续。换言之，相对于滥用权利的任意，则是国家权力的理性拒止。这样，即便对日常管理秩序的负面影响包括时间、精力的占用等，也将减至最低，所费无几。

对无理上访亦同。当其含义是诉求缺失法律支持，而非来访行为故意滋事、扰乱秩序，则次数多寡应在可能的许可限度内。相关地，已有学者建议，不应限制公民越级信访。[1] 假设由此对其施以拘留等行政强制措施或处罚，则难脱过激之意。

（三）国家和贵州的新近治理政策

近期中，国家对信访管理做出了一些重要的工作部署，包括取消信访排名、建立涉法涉诉信访终结制度等。这些政策的施行将对普安信访管理起到积极的促进作用。

信访排名制度始于2005年，其时《信访条例》新修颁行。该法第七条规定："各级人民政府应当建立健全信访工作责任制，对信访工作中的失职、渎职行为……追究有关责任人员的责任，并在一定范围内予以通报。各级人民政府应当将信访工作绩效纳入公务员考核体系。"据此，国家信访部门着手实行按月对各省"非正常上访"人次数进行全国排名和通报的制度。各级地方政府随即效仿，在县级及以下的基层政府，成为对当地党政干部政绩考核的指标之一。[2]

这一做法取得了一定的成效，便利于各地及时了解掌握进京非正常上访情况，但也存在着许多的弊端。就身为管理者角色的政府一方来说，因为与地方党政领导升迁直接挂钩，信访指标成为考核压力，使得部分地方对越级上访采取空前强硬的打压态度，也致使了各类恶性事件频发。在弱势的信访人一方，排名制度也往往起着逆向激励的不当后果。"许多上访人员正是摸清了政府害怕信访排名的心理，所以一直连续越级上访。如果取消了这一排名，上访数非但不会上

---

[1] 彭美，等."国家信访局'信访排名'已暂停数月"[N].南方都市报，2013-05-08.

[2] 例如，湖南永州市零陵区对乡镇政府信访考核实行"百分制"，其中"减少越级上访量"一项占50分。在"特别防护期"，如发生"进京非正常个访"和"进京非正常个访且登记挂号"的，每人次分别扣4分、8分。彭美，等."国家信访局'信访排名'已暂停数月"[N].南方都市报，2013-05-08.

升，也许还会下降。”❶

对以上问题，普安县信访局的工作报告中也有着清楚地反映，“信访工作考核机制不尽合理。上级部门只以上访量作为信访工作的主要考核指标，造成县乡政府、信访干部不惜动用大量的公共资源在当地看守信访人、到上级劝返接人，出现了‘花钱买稳定’等问题，扰乱了信访法定秩序，引起上访群众相互攀比，这也是信访总量越来越多的一个重要原因。”❷报告认为，“在考核中，不仅要看一个地方、部门信访量的增减和多少，更要看解决群众反映问题的效果，看初信初访的办结率。”❸在现今形势下，应纠正“重数量，轻解决，重稳控，轻化解”的考核方式，将工作重心落在推动信访问题的实质解消上。

鉴于上述反思在内的种种缘由，2013 年 11 月，执行 8 年的信访排名制度被废止，“把矛盾化解在当地”的新思路得以确立。这项改革，“意味着取消排名实施一对一通报后，各个省份将把主要精力放在处理本省的信访问题上，而不是因为担心排名靠后进京截访。”❹据媒体报道，一些地方信访工作人员在采访时说，他们的工作压力在一定程度上得到缓解，“县里不用太多考虑公关等因素，而是专心地解决县里老百姓的信访问题。”❺

❶ 彭美等.“国家信访局‘信访排名’已暂停数月”[N].南方都市报，2013-05-08.

❷ 《浅析我县信访问题的特点、成因及对策——普安县信访局对如何处理当前信访问题的调研报告》。

❸ 《完善信访体制机制、规范信访工作初探——普安县关于完善信访体制机制、规范信访工作的专题调研报告》。

❹ 邢世伟.“部分区县取消信访排名通报，局长称压力减轻不少”[N].新京报，2013-11-12.

❺ 刘东.“国家信访局取消各省市信访排名，改为一对一通报制度”.21 世纪经济报道，2013-11-28.

铜仁社会稳定风险评估的实践与探索

秦荣炎　龙政永[1]
贵州，铜仁　554300

【摘　要】当前，我国正处于经济社会发展转型期，经济社会发展不平衡，社会矛盾增多，社会稳定压力增大。在这样的背景下，铜仁在实践中探索形成了重大决策社会稳定风险评估（以下简称稳评）的“铜仁经验”，对社会稳定风险的预防、化解，以及社会稳定起到了有力的推动作用。作为社会治理的重要内容，铜仁市稳评工作经过七年的探索和完善，形成了一套行之有效的运行机制。同时，在稳评实践中，也暴露出一系列的困难和问题，对进一步推动稳评工作造成了不容忽视的影响。本研究从社会治理视角，对铜仁市2020年与全省全国同步实现全面小康社会和“十三五”规划实施这一新形势下的稳评工作开展研究，对未来稳评工作深入开展提供一些对策和建议。

【关键词】社会稳定　风险评估　稳评　风险治理

美国当代著名政治社会学家塞缪尔·P·亨廷顿认为，现代性孕育着稳定，而现代化过程却滋生着动乱，稳定成为问题是变革社会的一个特征。我国正处经济社会转型期，各种矛盾错综复杂，加之法律制度不健全，影响社会稳定的风险因素增多，稳评越来越受到各级党委、政府和社会各界的重视。各地在实践中不断运用和探索，形成了稳评的一系列经验和做法。铜仁是较早探索和实践稳评的地区之一，该市稳评经验在维护社会稳定、促进经济社会发展方面发挥着极为重要的积极作用，并作为先进经验在多地推广，受到上级领导的充分肯定。

当前，铜仁面临着到2020年与全省全国同步实现全面小康社会的艰巨任务。为确保这艰巨任务顺利完成，该市在“十三五”期间必然会对发展过程中的一系列重大问题进行决策，必然会实施一系列重大工程项目，必将涉及众多社会群体的利益分配，社会稳定风险随之增多。在改革进入深水区的新形势下，社会经济发展增速放缓，改革发展红利减少，影响社会稳定的矛盾因素更为复杂多

---

[1] 秦荣炎，1981年出生，男，铜仁市委党校市情研究中心副主任，副教授。龙政永，1981年出生，男，中共铜仁市委政法委稳评科副科长。

元,稳评也必然面临新的挑战,研究新形势下的稳评也具有极为重要的现实意义。

一、提出背景

社会稳定则国家兴旺,社会动荡则国家衰亡,这是治乱兴衰的客观规律,也是古今中外治国安邦的历史经验。社会治理视角下的社会稳定具有历史性、综合性和动态性等特征。在我国国家治理体系中,我们所说的社会稳定是在全面建设小康社会、加快推进社会主义现代化历史进程中的社会稳定,是在体制转轨、社会转型的历史时期的社会稳定。当前,我国进入全面深化改革和中华民族伟大复兴的关键时期,社会稳定面临着国际国内双重压力和诸多挑战。从国际上看,世界多极化、经济全球化和社会信息化推动世界主要力量重新分化和利益调整,国际关系的变化,对社会稳定的影响不可低估。从国内看,当前我国正处于改革的攻坚阶段和发展的关键时期,一些深层次的矛盾和问题逐步暴露出来,直接或间接地影响甚至危及社会稳定。国际经验表明,人均 GDP 在 1000 美元至 4000 美元之间这一阶段,通常是结构变动最剧烈、各种矛盾最突出的时期,也容易造成社会动荡、经济停滞。目前,我国人均 GDP 已经突破 1000 美元,经济社会发展进入一个关键阶段。随着市场经济发展,我国社会结构不断分化,整个社会逐步从封闭、半封闭向全面开放转变。利益格局变化,社会结构分化,给维护社会稳定带来了新的压力和挑战。

在这样的背景下,铜仁市在经济社会发展过程中,十分重视社会稳定工作,并进行了深入的研究,形成了稳评的“铜仁经验”。实践证明,稳评的“铜仁经验”对当地经济稳定起到非常重要的促进作用,推动了经济社会快速健康发展。同时,铜仁稳评工作在实践过程中,虽然在不断发现问题和解决问题中得到了长足发展,但受各种现实条件的制约,但仍存在诸多的困难和问题,需要在理论和实践层面进行深入分析探讨和机制创新,才能推动这一机制不断健全和完善。

二、实践回顾

2004 年“汉源事件”后,四川省遂宁市开始探索稳评工作制度,并在 2005 年率先实施,效果显著,形成了重大事件稳评的“遂宁经验”。

从 2008 开始,铜仁市(原铜仁地区)相继制定《关于开展重大决策社会稳定风险评估工作的意见》《铜仁地区重大决策社会稳定风险评估办法(试行)》《中共铜仁地委铜仁地区行署关于认真开展重大决策社会稳定风险评估工作的通知》《铜仁市人大常委会办公室关于印发铜仁市重大决策社会稳定风险评估实施办法》等地方规范性文件，形成一套较为完整的工作机制。2009 年 2 月 8 日，铜仁地区德江县发生的“舞龙事件”，引起了当时铜仁地委、行署领导层的深刻反思和警醒。从 2009 年开始，铜仁地区把开展稳评工作，作为统筹发展与稳定关系的重要结合点，作为超前防范化解风险的重要手段，引入到了所有重大决策领域。在推进重大项目建设中，探索建立了“风险评估先行、防范化解联动、建设与调解并进、发展与稳定统筹”的工作模式，坚持把风险评估作为项目立项审批实施的前置条件和必经程序，出台了一系列推进风险评估的文件。2010 年，把重大事项稳评机制引入重大事项决策和维稳工作中，形成了独具特色的模式，为在全国推行重大事项稳评制度提供了宝贵的经验。2013 年 6 月，铜仁市明确提出打造风险评估“铜仁经验”升级版。2014 年，将稳评工作纳入全市全面深化改革先行启动 36 项行动的重要内容，按照法治化、规范化、常态化的要求全力推进稳评工作全面进展。

铜仁市重稳评工作得到了中央、省委的充分肯定和社会各界的广泛认同。2010 年、2013 年两次在全国性会议上作交流发言。2014 年 5 月，在六盘水召开的全省“双强化双化解”暨风险评估推进会上，该市介绍了风险评估工作经验。近几年来，先后有省内外各级政府和科研院校 16 批 139 人次到该市调研考察稳评工作。《法制日报》《贵州日报》等报刊宣传报道了铜仁市稳评工作经验，省维稳办将该市出台的《铜仁市重大决策社会稳定风险评估实施办法》全文转发，为稳评工作作了有益探索。

三、现状分析

铜仁市在稳评领域做了大量工作，化解了大量矛盾纠纷，预先防范和有效规避了大量社会稳定风险，成效明显。

（一）有序开展评估工作

2009 年至 2015 年 8 月，铜仁市按照要求共开展稳评 1693 件，其中不予实施 9 件，分步实施 113 件，可实施 1461 件。至 2015 年，全市各级各部门风险评估工作已实现 60% 以上的重大决策开展评估，市级所有的重大工程项目实现了 100%覆盖，特别对可能引发重大影响和社会危害的决策事项实现了应评尽评。具体评估结果统计情况见表 1：

表 1　铜仁市重大决策社会稳定风险评估统计表(单位:件)

年份	可实施	分步实施	暂缓实施	不予实施	小计	备注
2009	51	15		1	167	
2010	244	19		1	264	
2011	271	23		1	295	
2012	336	33		3	372	
2013	291	20		1	312	
2014	206	1	10	2	219	
2015	61	2	1	0	64	截至 8 月
合计	1560	113	11	9	1693	
比率	92.14%	6.67%	0.65%	0.53%		

从铜仁市 2009 年至 2015 年 8 月稳评工作的开展情况来看,可实施项目 1460 件,占评估总数的 92.14%,说明大部分项目在设计上符合广大人民群众的现实需要,有利于促进当地经济社会快速发展;分步实施 113 件,占评估总数的 6.67%,说明该市非常重视对决策项目评估中发现的可能引发社会稳定风险,对这类评估结果的决策项目需要进一步分阶段细化和完善评估方案,积极化解项目实施过程中出现的社会稳定风险。暂缓实施和不予实施 20 件,占评估总数的 1.18%,说明该市在经济发展过程中不以社会稳定为代价,对高风险重大决策和项目坚决不予以实施。

(二)科学组建评估团队

评估团队是稳评的关键因素。评估方法和工具的使用主要依靠评估团队,评估团队的结构和素质对评估结果有着极为重要的影响。该市通过设立常设评估组织机构、依靠常规专家团队、引入第三方团队相结合的方式,组建全市评估团队。2014 年初,在铜仁市委政法委设立了稳评办(副县长级机构),负责稳评工作的具体组织工作,明确具体人员编制。该市各区县及市直相关部门成立了稳评机构,配备了专兼职人员,为评估工作提供了组织和人员保障。2014 年,该市组建了稳评专家团队,共有专家 146 名,其中市管专家 48 名,高级职称 63 人,处级干部 52 人。从行业分布来看,专家团队分别来自教育、医疗卫生、党政机关、企业等领域。在评估团队建设上,注重层次、结构、功能的有机组合,具有较强科学性和合理性。

（三）实施风险问题管理

风险问题管理是风险评估的基础。铜仁市稳评过程中，对 2009 年以来的各类问题和风险进行了分析，从发生源头角度，把社会风险产生源头问题分为 11 大类，分别是征地拆迁问题、山林水土边界纠纷问题、两违问题（违法用地和违法建设）、企业改制问题、移民安置问题、安全生产问题、自然灾害问题、矿群矛盾问题、涉法涉诉问题、医患纠纷问题、行政区划调整问题等。各级政府部门分别对各类问题进行统计分析，具体统计情况见表 2。

表 2　铜仁市各级政府部门对各类问题的统计分析

问题类别	规模	可能引发问题（个）	2015 年实际引发事件（件）	备注
征地拆迁问题	19505 户	2	0	
山林水土边界纠纷问题	16244 起	11	0	
两违问题	9122 户	5	8	
企业改制问题	129 家	1	0	
移民安置问题	12683 户	5	0	
安全生产问题	3191 起	3	0	
自然灾害问题	664069 户	2	0	
矿群矛盾问题	12 件	6	0	
涉法涉诉问题	100 个	7	7	上访
医患纠纷问题	71 个	3	0	
行政区划调整问题	32 个	3	0	

从表 2 可以看出，近年来由于发展的需要、自然灾害、民间纠纷、社会管理等方面原因，产生了数量庞大的社会稳定风险源头问题。各级政府在发展过程中注重平衡利益关系，认真开展风险评估，采取积极措施，防范化解社会矛盾，使大量矛盾纠纷得到有效化解，使可能引发事件问题和实际发生事件控制在极小的范围之内。

（四）推进"三化"强化执行

铜仁市在开展稳评过程中，积极探索有硬性约束力的稳评机制。一是推进稳评"法治化"。铜仁市维稳办在广泛调研的基础上，修订《铜仁市重大决策社会稳定风险评估实施办法》(铜党办发〔2012〕108 号)提交市人大常委会审议,市一届人大常委会第十六次会议审议通过形成新的《铜仁市重大决策社会稳定风险评估实施办法》(以下简称《实施办法》),并于 2014 年 5 月 1 日起施行。《实施办法》的出台,标志着该市稳评工作进入法治化轨道。二是推进稳评"规范化"。2014 年 5 月 10 日,出台了《铜仁市重大项目社会稳定风险评估报告编制大纲》(铜党办发〔2014〕44 号),对重大工程项目风险评估工作进一步进行了规范。市维稳领导小组出台了《铜仁市重大决策社会稳定风险评估责任追究办法(试行)》(铜维稳〔2014〕3 号),对稳评工作责任查究进行了明确。市维稳办制作了《铜仁市重大决策社会稳定风险评估工作教学片》和《重大决策社会稳定风险评估基本知识》资料 15000 份,作为全市各级领导干部的培训学习教材,提升了全市稳评工作规范化水平。三是推进稳评"常态化"。铜仁市把稳评工作作为重大项目建设和重大政策制定的前置条件和刚性门槛,把风险评估纳入决策程序、部门职能、审批体系和绩效管理,推进稳评工作"常态化"进程。在市政务中心设置了重大项目稳评窗口,负责对市级及以上稳评工作开展咨询、指导和初审。

四、存在问题

(一)稳评意识需要不断提升

我国现行行政体制决定了党委、政府是最大的决策机关,重大决策、重大项目实施的最终决定权在各级党委和政府。将党委、政府重大决策、重大项目实施纳入稳评工作,无形之中增加了资金投入、拉长了重大决策和重大项目实施的准备时间。从经济学的角度看,稳评增加了成本,减少了收益;从管理学角度看,拉长时间和增加成本,降低了行政决策的效率。因此,一些领导干部特别是"一把手"对稳评产生了误解,没有形成科学的稳评观念,容易简单认为稳评就是否定项目实施,否定政策出台。部分地方还存在重发展轻稳定,先埋头建设再回头治理稳定的落后观念。这些误解的根源,在于没有正确认识发展与稳定的辩证关系,没有把握好眼前与长远的利益关系,没有处理好小局与大局的功能关系。

(二)评估机制有待不断健全

在评估工作中,反映出风险评估工作制度不完善,工作机制不健全,导致工作被动。一是评估主体与相关责任单位沟通衔接机制需进一步理顺。评估中,评估主体、决策事项涉及部门及参与决策事项的相关业务部门横向与纵向之间沟通衔接不够,导致推诿扯皮,影响工作进展。二是监督考核和责任追究机制需进一步明确。由哪个机关负责考核？谁提出责任追究建议？如何行使责任追究权？被追究责任的情形有哪些？这些问题不明确，会导致监督不力，评估主体开展工作时没有积极性和紧迫感，“干好干坏一个样”“干与不干一个样”等消极思想容易滋生蔓延。

（三）评估范围需要逐步扩大

当前，铜仁市稳评工作主要集中在重大决策和重大项目领域，对政府及其部门履行职责缺乏定期或不定期的经法定程序的正式风险评估。在基层社会治理过程中，由于转型期社会服务供给与需求之间的巨大差距，造成并积累的社会矛盾，也是社会稳定潜在的风险。蝴蝶效应表明，初始条件十分微小的变化经过不断放大，对其未来状态会造成极其巨大的差别。因此，对特定区域、特定部门和特定领域定期或不定期开展稳评极为重要，稳评工作的覆盖面有待进一步拓宽。在全市打造重大决策稳评工作“升级版”的情况下，依靠党政机关出台文件对各级各部门开展评估工作提出行政强制措施显然不够，应充分调动企事业单位等社会各阶层力量参与评估工作，使其由行政强制上升为一种工作自觉行为。

（四）评估效率需要稳步提高

当前，铜仁市面临 2020 年与全省全国同步全面实现小康社会的艰巨任务，需要加速发展，加快转型，贯彻落实国发二号文件和武陵山片区扶贫攻坚规划，编制和强化执行《国民经济和社会发展第十三个五年规划》，未来发展中将要面对更多的重大决策，需要落实更多的重大项目，稳评的任务也会更加繁重。稳评实践中，重大决策出台或重大工程建设项目实施中，往往因稳评效率不高导致评估工作滞后于决策实施和工程建设进度，经常是项目已经动工，但评估仍未完成，导致大量矛盾没有被及时发现与消除，最终影响决策顺利施行。此外，需评估的决策基数大与评估力量的缺乏也对评估效率提出了严苛要求。以铜仁市为例，2014、2015 年报备的县级以上重大工程项目分别为 964 件、809 件，市稳评办及全市 12 个区（县、自治县、高新区、开发区）稳评机构月均需评估数均在 5 件以上，每件评估的报告审查、组织论证、完善预案、提交备案的时间至少需 10 个工作日，给评估效率提出了较高要求。

（五）评估强制力需要增强

重大决策稳评是预防和化解社会矛盾的重要手段。在具体执行过程中，增加评估环节无疑增加决策或项目推进的速度，部分认识不足的单位和企业对评估工作存在“不会评、不愿评”的心理。多数单位和企业以“不会评”等理由，把评估任务推给市稳评办。由于重大决策和项目实施有较强的时间进度要求，为不影响决策和项目进度，稳评办超负荷承担了法规规定应当由其他评估主体承担的评估任务。从长远来看，提高评估效率，需要理顺机制，深化《铜仁市重大决策社会稳定风险评估实施办法》和《铜仁市重大决策社会稳定风险评估责任追究办法》等规定的落实，强化评估工作的强制力。

五、思考与建议

（一）强化稳评工作责任意识，推进稳评"一把手"工程建设

铜仁市通过出台《铜仁市重大决策社会稳定风险评估实施办法》和《铜仁市重大决策社会稳定风险评估责任追究办法》等规定，明确了稳评工作的评估主体及其责任，但由于各区县认识不一、落实力度不一，稳评工作推进不平衡。实践证明，"一把手"重视的地方，稳评工作推进力度大，效率高，质量好；反之，稳评工作推进不顺利，效率低，质量差。在现阶段，推进稳评工作正常健康发展，必须推进稳评"一把手"工程建设。一是由市委、市政府采取积极措施，明确把稳评工作作为"一把手"工程。以规范文件形式明确市、区县、乡镇"一把手"稳评工作的领导责任，引导"一把手"研究、宣传、部署、督促稳评工作。二是加强会稳评工作的宣传培训。把稳评工作列为全市各级干部培训的核心课程，从普通干部、副职开始接受稳评宣传教育，打好稳评工作基础，营造稳评工作良好氛围。三是加强稳评专项考核。把稳评作为常规工作列入年度考核，按照"应评尽评"原则开展督促检查。四是严明稳评工作责任。实行责任倒查制度，对评估工作执行不到位，特别是引发社会稳定事件的评估主体"一把手"按规定进行处理。

（二）推进基层治理体系创新，形成矛盾纠纷源头化解机制

稳评的根本目的在于预防和化解社会风险，维护社会和谐稳定，为经济社会发展营造良好的社会环境。然而，我国正处于社会转型期，计划经济体制基础上形成的社会结构、社会秩序正在发生深刻变迁，而新的社会治理体系还成形，社会稳定风险增多，社会矛盾多发，当前的稳评机制难以应对数量庞大、结构复杂的社会稳定风险。只有加快基层治理体系建设，提升基层治理能力，才能从根本上有效应对和化解社会矛盾，减少社会稳定风险。一是加快转变基层政府职能，加强基层政府公共服务体系建设。提升基层公共服务体系地位，加大投入，加快推进基层教育、保障住房、医疗卫生、养老、减灾防灾、社区服务场所等公共服务设施的规划和建设，完善基层公共服务基础设施。加快完善基层公共服务外包进程，给予基层社会组织生存发展的物质保障。理顺基层社区与政府的关系，明确基层政府的职能边界，避免基层政府的职能职责向社区转移，保障基层社区服务机构的服务职能得到充分发挥。二是加快基层政府机构改革，理清基层政府

上下职能关系。笔者在贵州省贵阳市、安顺市、铜仁市、黔东南州、黔西南州等地调研发现,各地乡镇近几年来在或多或少进行过乡镇机改革。改革后的乡镇机构往往是一个部门对接县级几个部门,经常出现政令不顺畅的问题;同时,乡镇机构人员偏少,任务量大,加上职能边界不清,经常把本职工作推给社区。因此,在乡镇机构改革问题上,要重点理清职能上下关系,确保政令畅通,提高行政效率。三是加快基层干部队伍建设,解决基层公共服务人力不足问题。研究合理配备基层公共服务人员的方案,加大对基层事业人员编制倾斜,解决基层公共服务人员不足的问题。以铜仁市为例,目前该市大力推动乡镇重大决策风险评估工作,虽然 80%的乡镇已成立领导小组,设立稳评机构,但没有一个乡镇配备专职开展稳评工作的人员,这种状况成为制约稳评工作精细化、深入化发展的主要障碍。工作人员不足容易导致基层社会治理工作不细、不实、不深入,容易产生社会矛盾。四是加强技能培训,提升基层社会服务能力。基层工作人员反映,工作五六年没有参加过一次业务培训,希望每年能参加 1 次以上半个月至 1 个月的业务培训,提升工作技能。

(三)整合优化各类智力资源,构建“三位一体”评估体系

当前,铜仁市已经出台一系列重大决策稳评办法,对不同决策项目规定了相应的评估主体,但在实际执行中由于各种条件限制,大多数稳评工作主要由市稳评办来组织,任务繁重。有必要采取积极措施鼓励科研院校、社会团体按照评估办法和细则,参与稳评。一是按评估团队性质划分评估团队类别,把评估团队分为核心评估团队、常规评估团队、社会评估团队相结合的“三位一体”评估体系。核心评估团队由市稳评办组织,党政机关专业人士、科研院校专家、企事业专业人士、群众代表参与;常规评估团队由科研院校根据自身专业设置情况自行组建,可邀请单位之外相关领域专业人士参与。社会评估团队由社会人士成立的专业评估公司、学术团体等构成。二是按决策规模或决策性质划分项目等级或类别,根据需要通过不同方式选择不同评估团队来完成。特别重大的决策和项目的由市稳评办主组织核心团队进行评估,其他决策和项目通过委托或招标方式由独立第三方团队(常规评估团队和社会评估团队)承担评估工作。由独立第三方团队评估的决策项目,经费通过服务外包形式支付,以提高科研院校专业团队参与评估的积极性。三是明确评估主体和评估团队责任。如果因评估分析不深入、防范措施不到位引发不稳定事件,要切实追究评估团队相应责任;如果是措施执行不到位引发不稳定事件的,则追究相应责任单位或企业责任。

六、结论

稳评事关发展、稳定大局，事关经济社会快速、健康发展。在过去几年里，铜仁稳评工作成效显著，为铜仁经济社会快速、健康发展做出了重要贡献。然而，当前铜仁面临着到2020年与全省全国同步实现全面小康社会的艰巨任务，面临“十三五”一系列重大决策部署和重大工程项目实施带来的社会稳定风险增多的新挑战。为了应对这些挑战，有必要推进基层治理体系创新，形成矛盾纠纷源头化解机制；整合党政院校社会资源，构建“三位一体”评估体系；搭建大数据服务平台，强化一般性稳评，不断推动稳评向前发展，切实从源头上化解社会矛盾，为经济社会快速、健康发展提供良好的社会环境，确保到2020年与全省全国同步实现全面小康社会的艰巨任务得以如期实现。

参考文献

[1]朱正威.健全社会稳评风险评估机制[N].光明日报,2013-10-08.

[2]姜玉欣.德国社会学家贝克的“风险社会”理论及启示[J].理论学刊,2009(8).

[3]唐钧.稳评与管理[M].北京:北京大学出版社,2015.

西南民族地区农村社会团结危机与重构

——以贵州黔西南 X 村的田野调查为个案

卫　松[1]

贵州民族大学管理学院　贵州，贵阳　550025

【摘　要】西南民族地区农村社会团结在现代性冲击下危机四伏，民族地区乡村社会由传统跨向现代的裂缝亟待抚平。黔西南 X 村正好较为全面展现了西南民族地区乡村转型中的几个阶段，传统与现代社会治理方式并存；危机与和谐同在。根据法国社会学家涂尔干的社会团结理论，更好适应城镇化、市场化的发展趋势，整合传统优秀的基层社会治理元素，有机结合国家法治层面，重构民族地区的社会团结，重现传统乡村的和谐与安宁！

【关键词】民族地区　社会治理　社会团结

村庄，也称村落共同体，是我国几千年来农耕文明的主要载体。在信息化的引领和城镇化驱动下，具有浓厚乡土气息和文化色彩的村庄正发生着剧烈的变化，我国自东向西的梯度经济发展格局，也使得在全国农村的横截面上呈现出历史纵向上的特点。在 2020 年全面建成小康社会目标下，西部欠发达地区的农村正在以前所未有的发展速度迈进。但是，在快速的发展过程中也必然引发农村传统社会结构的调整。社会转型必然要经历相当长时间的阵痛，经济发展与社会建设的不同步，功能与结构的不协调导致一系列社会危机，如何重构西部农村社会团结，是当下西部民族地区农村经济发展中社会建设亟待思考和解决的问题。

一、社会团结理论概述

早在 19 世纪后期，著名的法国社会学家埃米尔·涂尔干（Emile Durkheim）

[1] 卫松，男，汉族，1982 年出生，贵州遵义人，党员，管理学硕士，贵州民族大学管理学院副教授，硕士研究生导师，劳动与社会保障系主任，贵州民族大学 2013 级社会学在读博士，主要研究方向为社会保障与基金投资、民族地区社会政策。

发现了在欧洲资本主义剧烈的扩张中所导致的大量社会危机。社会整体被资本在不断的侵蚀中所割裂,社会秩序的传统基础被严重破坏,社会团结危机凸显。正是在这样的背景下,涂尔干提出了著名的社会团结理论。他指出:社会团结类型有机械团结和有机团结。前工业社会下,以集体意识作为社会团结的联结组带而形成了机械团结;工业社会下,以劳动分工作为社会团结的联结组带而形成了有机团结。[1]道德和法律是社会团结得以可能的秩序基础,反常的劳动分工是造成社会团结危机的重要原因。现代社会发展的关键是在高度分工的基础上,重建社会的道德纽带,最终建立一个以高度分工、有机团结和道德个人主义为基础的工业社会。[2]

在中国由计划经济向市场经济转型过程中,特别是中共十六大提出构建和谐社会的社会发展战略目标以后,人们对涂尔干的社会团结理论关注度开始上升。社会团结理论被广泛用于社会秩序的失序分析和秩序的构建(刘桌兵,2010[3];包晓霞,2011[4];吕付华,2013[5]);也有用于作为国家治理现代化和法治化的理论依据(李强,2010[6];张强,2014[7];李建新,2015[8])。从我国正经历的相当长时间的转型期来看,无论从宏观上的和谐社会构建与中观上的民族团结,还是微观区域上的社会团结,涂尔干的社会团结理论都有重要的参考价值。鉴于此,以下就以涂尔干的社会团结理论分析贵州黔西南 X 村的社会团结问题。

二、贵州黔西南 X 村基本情况

X 村位于某县城西北面,距县城 14 千米,共有 11 个村民组,非农业人口 4 人。2014 年农民年人均纯收入 6500 元左右。主要居住有汉、苗、彝、布依等民族 496 户,2176 人。其中,少数民族人口 1022 人,占总人口的 47%。在 11 个村民组中,在东北方向分布一个歪梳苗为主的组,其紧邻一个彝族聚居组,西南方向分布一个青苗聚居组。人口统计如表 1 所示。

表 1　X 村人口统计

类别／组别	男女比例	人口年龄构成			35 岁以上未婚和丧偶人数
		0~18 岁人数	18~55 岁人数	55 岁以上人数	
1	1.07	47	87	17	10
2	1.13	42	74	20	14
3	1.20	41	72	23	8

（续表）

类别 组别	男女比例	人口年龄构成			35 岁以上未婚和丧偶人数
		0~18 岁人数	18~55 岁人数	55 岁以上人数	
4	1.11	40	74	22	11
5	1.02	60	148	58	9
6	1.06	33	63	18	20
7	1.11	55	105	36	15
8	1.01	120	185	58	18
9	0.89	125	200	50	16
10	0.87	40	95	18	17
11	0.97	35	75	20	10
合计	1.04	648	1188	340	148

注：应 X 村要求，隐去 X 村具体村民组名称，用数字表示一共 11 个村民组。其表 2 的村组序号与表 1 对应。

通过表 1 可看出：X 村以 55 岁以上算作老年人的话[9]，老龄化程度达到 15.6%。同时，该村的大龄未婚剩男与丧偶（主要集中在 60 岁以上的老人）规模也达到 7%左右。这些都是该村社会团结的不稳定因素（见表 2）。

表 2　X 村苗族、彝族情况统计表

民族	居住村组	户数	人口									在家务农			外出务工			总计
			18 周岁以下			18~55 周岁			55 周岁以上									
			男	女	合计	男	女	合计	男	女	合计	男	女	合计	男	女	合计	
苗族	8 组	59	61	51	112	69	94	163	14	13	27	35	67	102	34	27	61	821
	9 组	72	57	60	117	87	97	184	26	27	53	68	76	144	19	21	40	
	6 组	18	17	12	29	21	21	42	5	5	10	17	16	33	4	5	9	
	10 组	28	13	13	26	19	27	46	7	5	12	15	19	34	4	8	12	
彝族	5 组	36	30	21	51	60	68	128	10	12	22	43	59	102	17	9	26	201

该村所辖面积约 13 平方千米，平均海拔 1600 米左右。地势较高、雨水较

少,人均土地较多,其中耕地面积1957亩,田323.9亩,全村烤烟种植面积2200余亩。主要经济作为为玉米、烤烟、薏仁米、辣椒等。该村几乎没有水稻,大米需要购买或者用玉米换,一年也有四五个月需要购买蔬菜。公共设施有通村沥青路面6米宽约7公里,沥青的铺设是2014年完成。有两公里的高速穿过,但没有出口。组与组之间有了公路或者机耕道,约四五公里未硬化,两个组还为土路,下雨时由于路滑很难进出。户与户之间在近两三年硬化了约一半的串户路。2014年解决了自来水,从周边镇引进来,以前靠村里两三口老水井。挑水最远的组大概来回一趟需要40分钟到1个小时。1998年左右已经通电。有小学一所,从2013年开始中午提供免费午餐,离学校最远的一个组,学生到学校步行需要40分钟到1个小时,特别是下雨时很危险。目前,在村委所在地正建设规划中的50户生态移民新村,主要是较远的一个组和有地质灾害隐患的两个组为移民对象。每户占地100平方米,每户三楼,村民需要支付16万左右,现有30户已经交定金。有村卫生室,是村委办公室一楼占地20平方米的一个房间,两个年轻医生。本村原有一个赤脚医生,由于年龄大而没有专职行医,但是还是有不少村民去看病,主要是通过中医方式治疗。在调研所在的三天里没有村民来卫生室看病。

该村精准扶贫对象15户,选取条件为年轻人家庭,有干劲且贫困。但是,截止调查时精准扶贫工作仅为识别结束,未开始后续工作。低保主体分布:老年人占约80%(其中,多子女(2个及以上)家庭占80%);残疾人5%;多子女读书约5%;因病8%;其余2%。本村目前结婚成本,不包括建房在6~8万元。人情往来方面,80%的家庭年支出在3000元以上,只要有一户办酒,全村约1/3的劳动力会耽误3天。越是子女多的家庭,老年人贫困越严重,大多老年人还没等到儿女结婚欠债还清就到老年。近年来,生大病、慢性病人数增加,村主任介绍其主要原因为年轻时劳动体力透支所致。近三年来,在外打工受伤的有两人,均为手腕以下被截肢,但是没有获得赔偿,只给了医药费。2014年在某苗族家庭,有一妇女分娩,在家采取传统的办法(用煤油灯烧陶瓷碗片消毒以割脐带方式)接生,导致小孩伤口发炎。

整体上看:该村一直以来地处较为偏僻,在2014年沥青路建成以后交通条件大为改善,区位优势开始凸显;该村具有民族聚居与杂居的双重特点,其中三个组为典型的民族聚居组,另8个组为杂居;农村居民收入来源主要靠农业种植与打工收入。近年来,在信息化冲击和城镇化快速发展背景下,该村正发生着前所未有的变化,传统与现代在此碰撞,社会团结危机凸显,社会矛盾和社会问题增加:征地拆迁引发的农地矛盾日渐上升;三留(留守老人、留守妇女和留守儿童)问题越发突出;家庭矛盾和纠纷增加等都对传统村落的社会团结发起挑战。

三、X村社会团结危机及原因

西南民族地区农村所具有的特征在X村几乎都可见:喀斯特地貌为主;以农业为主要收入来源;民族以小聚居、大杂居为特点等。同时,在苗族和彝族聚居的三个组中,民族特色保存比较完好,传统的物质文化和非物质文化还清晰可探,传统与现代共生,冲突与和谐共存。近年来,随着基础设施的不断完善,相对封闭的生活形态在外力的冲击下逐渐被撕裂。根据涂尔干的社会团结理论,在机械团结被逐渐打破,有机团结尚未形成的"真空"地带,正好滋生了引发社会团结危机因素的温床。通过调研,笔者从政府、邻里、家庭内部和民族间来看,X村存在的主要社会团结危机有如下几方面。

(一)干群团结上和谐与冲突共存

2006年农业税费取消之前,干群关系冲突主要体现在农业税费和计生社会抚养费的征收上。在2006年之后,随着国家惠农政策的大力实施,干群关系上得到了较好修复,但是,随着环境的变迁,也逐渐出现新的矛盾。

在调查中村民反映上一届老支书在办事公平性上大家非常认可,这个老支书同时也是苗族人,而且还是这个歪梳苗组共同认可的寨老和能人(别人称之为苗王,但老支书本人否认),所以,在这个村中的威望非常高。在以往上级政策推行过程中,哪怕村民有意见,只要这个老书记做思想工作,最终大家都还是接受。据老支书反映:在做群众工作中,最重要的是要了解当地村民的习俗和基本村情,同时也要向上级反映真实情况,采取大家乐于接受的宣传和沟通方法。近年来,村干部越来越年轻化,年轻干部作为上传下达沟通桥梁的方式方法上有了新的变化,村民对这样的变化还不容易接受,容易导致干群关系不和谐。比如:年轻干部在宣传上级政策时往往比较生硬,不会变通,当群众不易接受时会导致矛盾产生。

另外,在国家惠农政策实施中,上级要求按照指标分配的形式强制要求村里完成任务,而本村在不具备相关条件的情况下强行实施就可能带来干群关系紧张。在该村了解到,根据上级"一村一品"要求,上级直接补贴帮助村里发展养殖业。通过宣传,没有村民愿意发展养殖业。最后,"半工半农"的村干部就以集体经济的名义带头发展养殖业,而村民就误认为惠农政策资金被几个村干部瓜分。在访谈中还发现:部分村民组长扣发部分村民粮种补贴、低保方面存在人情保、关系保、村民小组间资源分配不公、农村社会政策宣传和实施不到位引发干群矛盾等现象,这些都或多或少积累了不和谐的因子。

同时,在调查中还有几户村民反映占有土地资源的不平等带来的不满。问及原因时大多反映为:由于土地承包政策实行"增人不增地、减人不减地",随着时间推移,其弊端开始显现:人均拥有的承包土地面积差异越来越大。在 X 村调查得知:以前土地分配时,某两户各有 5 口人,所分配到的土地都一样,而现在,一户已经增长到 25 口人,另一户还是只有 5 口人,这样的情况在 X 村具有一定的普遍性。人均土地不平等问题往往成为村级组织在推行相关政策时的障碍。例如:人们往往反对人均土地多,还处于贫困线下的家庭获得低保,而反对的人往往是人均土地较少的家庭。土地资源占有得越来越不平等在征收时容易导致社会冲突,在征收后也导致收入差距进一步扩大。

总之,根据涂尔干的社会团结理论:特别在实行家庭联产承包责任制以来,由于实行交足国家的,留下都是自己的农村税费政策。在农村经济并不发达情况下,农村税费名目不断增加,导致农民苦不堪言。在调研中老人谈道:在 2005 年之前,这村子里面的大多家庭交了国家税费之后,留下的往往不能保证基本生活。加之计划生育政策的实施与偏远农村居民多子多福、养儿防老等传统观念相冲突,与苛捐杂税因素一起,往往形成农民与村干部发生冲突的主要原因。在国家工农价格剪刀差、城乡分割与分工的不合理背景下,传统村落的社会团结滋生着不和谐的因素,甚至在一些地方演变为群体性事件。在当下的农村中,村民对村干部的不信任与历史因素有非常重要的关系。

在该村的调研中还发现一些非常值得推广的亮点。在该村某组,所有的村民都为青苗,该族在此地居住时间已达两百年左右。一直以来,该组的事务管理采取组长领导下的队委制。组长由村民推选,村里任命。队委一般由 8 个人组成,这 8 个人没有任何经济待遇,是由组长推选,村民大会通过。公共事务的解决和公共品的提供采取工天制,工天并不与工资挂钩,而是一种代表出工的记录方式。如果某人不出工,在特殊重大原因耽误情况下,村民可以同意请假并不影响工天记录。如果村民发现没有任何重大原因不出工,则会受到道德的谴责和族民排斥。据该组组长介绍:在他的记忆中,该组计划推行或者上级需要推行的政策在该村民组都能相对比较顺利地实施。在近年来影响比较大的主要公共事务有:过境高速公路的土地征收;串户路、机耕道的修建;五星枇杷基地建设所涉及的土地和林地流转。所以,在这个组的调查中,村民对干群关系上的看法与汉族为主聚居的组差别较大,他们对干群关系和谐的认同程度较高。

(二)邻里团结上不和谐因素在悄然滋生

在乡土情结浓厚的中国农村,其邻里关系是一种以农业为大背景、地域为基础的人际关系。常言道:远亲不如近邻。《孟子·滕文公上》也言:“乡田同井,出入相友,守望相助,疾病相扶持,则百姓和睦。”近年来,邻里关系上相对于十多年前,现在的邻里关系变得比较淡。如下访谈案例:

案例:汉族聚居组中张姓老人,男,80岁,与79岁老伴共同生活,属留守老人。老人说:“以前杀猪过年的时候,一般会通知邻里要好的人们来帮忙,在春节前一个月时间大多都这样轮流,这样还可以交流一年以来的农业生产生活。但是,现在过年杀猪,除了非得要帮忙以外不会叫别人,也没有多少人会来。现在杀猪的工具和方法要先进些,一般两三个人就可以了。以前在农忙时节赶时间干活,一般是邻居间换活路,现在都是花钱雇工,每天需要支付100元左右。自家的地都是租给别人种,自己收点租金,但是租金是越来越便宜,都没人种地了。我记得我小时候,我和爷爷经常去邻居家串门,但是现在,只要没事我几乎不出门,我好像有快两个月没去过别人家喽。现在邻居家的一些娃儿我都分不清是哪家的了。”

以上案例可看出,作为中国乡土社会最基本的人际关系网络的邻里关系变得越来越冷漠和封闭。综合前人研究可看出:农村社会邻里关系的冷漠程度与城镇化程度相关,越是在城镇化程度越高的城郊或者城中村,邻里关系变得越冷漠。

在X村,有三个组约50户存在山体滑坡、泥石流等地质隐患和居住相对偏远,X村就在村委会所在地修建了50套生态扶贫移民住房。除了政府补助以外,每户需要支付16万元左右。走访移民对象发现:部分移民想迁出,由于贫困而无支付能力;不想或者不能迁出、同时住的又是危房的农户,政府要求不迁就不给予危房改造补贴;愿意迁出的农户大概有一半以上是老房子还保留以方便种地;愿意搬迁并且不保留老房子的大多为长期外出打工者,这部分群体的新房其实要么是留守老人和小孩住,要么就是出租;还有一部分已分家的子女愿意搬迁,但是父母没能力搬迁,而子女有不愿意或者没能力为父母出钱;按照村委要求应该搬迁的农户中,积极响应搬迁与不愿意搬迁的农户发生过一些纠纷。生态移民工程打破了原居住地间的邻里关系,同时也即将对新迁入的社区邻里关系构建提出了挑战。原本和平共处自然形成的邻里关系平衡被打破,不和谐的因素被注入。在新社区里,生活习惯、污水及垃圾处理、陌生人进入等因素都需要构建一种全新的邻里关系,如果任由自然发展,很可能形成一种“各人自扫门前雪,哪管他人瓦上霜”的冷漠局面。

在近年来,由于外出打工的人越来越多,使得在X村内部的收入差距被拉大;子女大学毕业以后找到好工作而产生嫉妒;土地流转和林地流转导致的纠纷等等,都是近年来新出现的一些影响邻里关系变化的因素。在调研中发现:原本关系很好的A姓两户村民,由于“不患寡而患不均”的思想,一户儿子考上大学,另一户子女没考上,最终子女没考上大学的A姓家庭由于自卑就主动减少与另一户的来往。在与另一张姓访谈发现,他说旁边砖混结构房子的李姓家原本以前和他家关系很好,都在家干农业时往往换工,吃饭不分你我。近年来,李家出去打工挣了钱,回来花费了约20万修建了这栋房子。有次他干完农活去他家,对方嫌脚上泥太多而没让他进屋坐,从此以后,张姓家几乎不与他家来往。在X村的一个青苗组,近年来为了发展农业适度规模经营,引入社会资本投资规模种植业。但是,在土地和林地流转中纠纷难免。村民组长介绍说:他们为了把集体荒山和部分产出低的土地承包出去,就是召开全体村民组大会就有7次。最终,土地和林地流转出去,但是部分村民间的隔阂还是产生了。

总之,由于外来思想与市场化的冲击、农村社会内部结构的转变、收入差距逐步加大等因素,邻里之间利益冲突的可能性大大增加,并且可预计的是,这样的冲突还会继续。如果不对冲突进行调整,极可能对农村的团结和稳定带来不利影响。

(三)各种因素不断对家庭团结发出挑战

在家庭团结方面,X村较长时间都是处于男耕女织的自然经济,从实行家庭联产承包责任制到上世纪末,该村很少有人出去打工,几乎都是在本村从事农业劳动以维持生计,加上交通和信息条件比较封闭和落后,与外界接触并不多,家庭关系上相对比较和睦。在近年来,外出打工人数增加带来家庭间收入差距大大加大;婚姻范围扩大带来不同生活习惯在同一家庭间的冲突加剧,特别是婆媳关系冲突明显较20世纪以前更频繁;电话与网络的逐步普及,信息浪潮的冲击使得年轻人与老年人代际冲突加剧;留守老人、妇女、儿童大大增加带来了诸多的社会矛盾。以上的一些新变化带来家庭团结危机呈现如下趋势:收入差距加大使得兄弟姐妹间隔阂增加、冲突更易产生;婚姻和婆媳关系冲突导致家庭规模越来越小,同时导致分家后的老年人生活困难;留守老人、妇女、儿童规模的扩大不仅增加了村级工作的难度,也使得家庭间的亲密和幸福感大大下降。在调查中发现:特别是留守老人和儿童更需要外出打工的家人留在身边。以上的一些变化都使得家庭成员在家庭中的地位和角色发生了巨大改变而不能适应,从而对原有的家庭团结格局发起挑战而产生家庭团结危机。家庭成员间越来越原子化或者疏离,传统的家庭团结生存空间在农村走向市场化过程中被生存压力所挤占。

根据人口资料统计,X村的人口老龄化程度为15.6%。同时,根据低保户统计资料发现,老年人占约 80%(其中,多子女(2 个及以上)家庭占 80%)。村干部也反映:随着身体机能的下降,很多老年人迈入老年也就迈入了贫困。老年人贫困与否与其子女生活水平高低相关程度并不高,关键取决于子女的孝顺与否,而子女是否孝顺往往又受制于客观环境的变迁。子女心理上很想留在父母身边,或者给父母创造较好的养老环境,但是客观因素使得这样的孝顺也只能停留在精神上。见如下几个访谈案例。

案例 1:一女性彝族老人。84 岁,老伴去世已 40 年。膝下现有 5 个子女。原有 3 个儿子 3 个女儿,其中大儿子已经去世,3 个女儿已出嫁在本村和周围村寨,二儿子就住在老人居住的旁边。2014 年,以该老人之名获得危房改造补贴 18500 元,其二儿子用这笔钱在自己原来房子基础上再修建了两间厢房。现该老人和三儿子居住在原本应该改造而未改造的危房中。该儿子 45 岁,单身,聋哑且智障和腿脚不便。该老人领低保已经三年,现在老人有养老金(55 元)和低保,加之其聋哑儿子的低保,两人每季度约有 330 元。平时老人和残疾儿子偶尔在二儿子家吃饭。大多时候都是自己做饭。老人的地都给了二儿子,而二儿子和女儿几乎没有给她生活费。二儿子家在生活上也只能解决温饱。由于老人要负责智障儿子的生活,所以她也不愿意带着智障儿子同二儿子共同生活。同时,老人希望养老金和低保金再高一点,每月有 600 元才能解决最低生活。

案例 2:张姓彝族老人,80 岁,膝下 2 女 1 儿。腿摔断已有 7 年时间。享受低保每季度 350 元,养老 55 元每月。现在与其儿子住一起。有孙子两个。家庭主要年收入 2 到 3 万左右,主要来源为烤烟、薏仁米和辣椒。认为低保和养老水平应增加。当问及如果不考虑经济情况下是否愿意去养老院时,老人表示坚决不去。家里人也不愿意送到养老院。

案例 3:一刘姓老人:70 岁。膝下 4 个女儿。独居。每月 150 元左右的低保和养老金。自己还种薏仁米年收入在 1000 左右。其住房是 2009 年第一批危房改造时所建,当时自己贴了 1000 多元。老人表示:如果低保金和养老金一共能达到 450 元左右,基本能保证基本生活。生病基本不去医院,都是自己上山采药。4 个女儿每年极少来看老人,近年来没有给过钱。在访谈中,当问及女儿为何不来看望时,老人情绪表现得比较激动和气愤,同时也流下了泪水。当劝及这样的情况还不如去敬老院时,老人又坚决表示宁愿一个人死在家,也不愿意去敬老院。

通过以上几个案例可以看出:家庭团结中老人是非常关键的一个主体,在以往传统大家庭中,老人往往是家里的权威,而这样的权威如今被诸多因素所削弱。老人在家庭中的重要性随着年龄的增加而逐步被边缘化,在调研中甚至发现越是子女多的老人在年老以后贫困的可能性越大。原因是这部分老年人在年轻时为了子女结婚往往会负债,而不能为自己进行养老打算。传统道德的迷失也就使得抱有养儿防老和多子多福观念老年人面临较大的养老风险。从涂尔干的理论看,传统集体意识的衰落,同时新的法律和道德体系尚未建立是社会失序的重要原因。

(四)民族交融增加,民族团结向好

在十多年前的历史时期中,X 村的彝族聚居组几乎不与外界通婚,甚至出现族内婚中近亲结婚越来越严重,最后甚至出现姓氏相同,只有改姓氏后再结婚。在近年来有了一些变化,族外婚在逐步增加。调查得知,历史以来,在彝族内部成员的生、老、病、死、贫困等问题上,家族或者彝族内部有一整套互助机制。如果某家老人或者未成年人无人抚养,那么离他亲近的人就应该负有抚养的责任,否则他将会被族内人排斥或者看不起,这是一种严重的、被彝族人们所不能接受的道德惩罚。同理,如果哪家有了困难需要救济,他只要向别人开口,别人只要有救济能力都应该伸出援助之手,否则也将受到道德的谴责和被别人瞧不起。例如:大家都知道某家昨天现金交易卖了一头牛,某家今天来向他借钱,他或多或少都应该支持一点。没有直系亲属的老人去世了,其家支会联合起来给去世的老人办一个体面的葬礼。他们对老人的孝敬使得在该村民组的老人无论是独居还是留守都能得到子女或家支的较好照顾。在家庭和家支互助方面,彝族村民普遍认为他们比汉族做得要好。同时,据老人说,传说该村种植的薏仁米首先是彝族村民种植,后来附近一个歪梳苗村民从薏仁米种植地经过,偶然发现其可作为粮食,开始引入到歪梳苗地种植,后来扩散到整个村。现已成为 X 村的一大特色产业。

在歪梳苗组的调查也发现:以前大多情况下还是族内婚,或者与周边的苗族通婚,与族外通婚在历史上比较少见。只是近年来与汉族通婚逐步增加。调研中也发现,在同村一汉族聚居组就有一汉族青年娶了一个歪梳苗女子并育有一女。调查中该女子说:现在歪梳苗的姑娘,如果没有外出工作而在家干活的结婚对象还是以本民族居多,如果外出打工或者工作的就没什么规律了,民族成分并不是考虑结婚对象的主要因素。

在日常生活方面,如果该村某户有红白喜事,全村约有 1/3 的村民都会参加。在调查中没发现由于民族关系导致的社会冲突。

整体上看,该村的少数民族聚居组之间以及与杂居组之间民族交融在加强,民族沟通频率在增加,民族团结利好因素在生长。

四、X 村社会团结的重构

以上的分析可看出：由于近年来 X 村公共基础设施不断完善带来民族交流的便利，也带来征地相关的干群冲突和邻里冲突，X 村也将逐步融入更大范围的社会和市场分工中；外出打工人员不断增加带来收入的增长，同时也带来了新的生活方式对传统生活方式的挑战；少数民族聚居地的优秀传统意识继续发挥着社会团结纽带的作用，但是也在面临着被外来因素解构的风险；强制与自愿的社会分工使得家庭成员被纳入到更大范围的资源配置中，但是也带来家庭成员的原子化风险。如果不再对以上风险采取相应措施，这些风险也必将随着国家各项综合改革特别是农村综合改革的深入推进而逐步放大，农村的社会团结危机必将成为影响国家全面建成小康社会的不利因素。根据以上分析，结合涂尔干的社会团结理论：劳动分工是推动社会转型和发展的重要因素，也是导致社会危机的重要原因，在集体意识衰落背景下，需要建立一种适应更高级社会分工下的道德和法律体系，消除反常分工，实现社会结构与功能的协调，社会团结才得以可能。

（一）整合少数民族和汉族优秀传统道德意识并发扬光大

基于我国民族地区的广大农村特点，X 村是一个典型的缩影。X 村少数民族聚居组在公共事务的处理和公共品的提供上有良好的传统和优势。青苗组的队委制在村民自治和社区治理的多元化主体培育上很值得各地借鉴，从另一角度看，队委制实为一种松散的社会组织，村民组长实为联结村级组织与群众的关键节点，上级政策在村级的实施在这个关键节点上被融会贯通，然后通过下面的几个“队员”的传达形成村民组共同可接受的公共意志。这就有利于政策的落实和达到预期效果，避免冲突的发生。实际上，这个队委制中的村民组长相当于传统意义上寨老或者能人。在有些地方被村级组织所替代使之被弱化甚至消失，而在 X 村的青苗组中被完整地保存了下来。在历史上少数民族地区的乡间权威中：藏族有部落头人、土司、活佛、喇嘛，也有具有诚实、睿智、年长的普通草根调解人。[10] 四川彝族的“德古”。[11] 四川羌族的“老命”。[12] 甘肃东乡族的“阿訇”或“学董”。[13] 在 X 村，歪梳苗聚居组和彝族聚居组的互助共济制度和尊老敬老文化，在国家社会保障职能未能惠及大众以及社会保障水平非常有限情况下，他们发挥着最后安全网的作用。

不同的民族有不同的智慧和文化，曾经传统村落的集体意识一直是我国乡土社会得以维系的重要基础。时下，这样的集体意识已被冲击得支离破碎，在相对偏远和封闭的地方隐隐可见其影子。X村的少数民族优秀传统集体意识在当下显得弥足珍贵,可通过各种方式以挖掘在X村存在的各民族优秀文化,大力弘扬优秀传统文化的正能量,其形式可以为举办各种民族节日活动、民族文化展示、民族生活方式的体验与观光等。在X村歪梳苗自然寨也曾经举办过一次苗族节庆活动,但是并没有延续下来。少数民族聚居和杂居兼具的X村在民族文化的挖掘上有非常大的潜力,在民族文化的传播和发展文化旅游上基础条件已具备。要充分发挥优秀民族文化也即涂尔干的集体意识在社会团结上的功能,同时通过发挥示范效应以内化为更多人们自律的行为和行动,填补农村社会团结危机的精神缺口。

(二)根据国家法律法规与当地传统变成乡规民约以使之接地气

在国家治国理政框架中,全面依法治国是其重要的组成部分,全面推进农村社会治理的民主化和法制化也是未来发展的方向和目标,而法律法规如何在农村乡土社会扎根,还需借助乡规民约这个载体。现在的X村有乡规民约,但是很多村民并不了解这样的乡规民约,因为它的产生过程是村干部把一些常规政策与邻里关系编成顺口溜以及照搬了其他地方的一些乡规民约,这并不接地气的乡规民约注定了也只能停留在村委办公室墙上。所以,这样的乡规民约并不是从群众中来,也当然不能走到群众中去。

在当下,乡规民约在诸多少数民族地区纠纷解决上形成了一道独特的风景。中国的乡规民约在适用范围上具有地域性和乡土性、涉及内容上具有丰富性和微观性。各具特色的乡规民约整体流露出德业相劝的教化理念,过失相规的惩罚机制,礼俗相交的治理模式,患难相恤的救助体制。[14]真正来自于生活点滴的实践,被当地族民共同接受的具体行为模式,需要从人们生活中慢慢提炼。当下农村的乡规民约大多是国家相关法律法规自上而下的体现,表现为总则、分则和附则,或者以章、节、条的形成予以体现,实则就是一种政府主导和带有明显恩赐色彩的乡规民约,最终的结果是村民参与度低和认可度不高。时下,也有部分民族地区的乡规民约在村民参与度和认可度上较高,缘于其产生的路径以自下而上为主,成功实现国家政策的乡土化。

在X村的乡规民约制定过程中,建议按照村民组为单位,充分赋予每个村民组村民、特别是村里的权威和老人在乡规民约中的自主权。开始时不要求多而全,关键在能被大家乐于接受以及能成为日常生产和生活中的行为准则。要充分体现X村彝族在养老互助、邻里救助、族民大会等方面的特点、歪梳苗要充分体现在养老上与彝族不同的特点、青苗要突出在社会治理方面的队委制的优势等。村民对乡规民约认同的传统性高于现代性。在中国当下的西部民族地区，大多农民还是属于传统农民，他们不会怀疑“传统”，而是将“传统”视为理所当然的“生活和工作必须遵循的正常方式”。[15]

总之，在信息和基础设施逐步完善的背景下，X 村面临着更广和更深的现代性冲击，维护传统村落共同体的集体意识逐渐衰落，精神危机形成的巨大真空地带带来的社会团结塌陷风险也越发凸显，切实有效的乡规民约是重振集体意识的重要法宝，也是国家政策与农村基层自治有机结合的桥梁。

（三）完善公共服务、消除民族地区农村在社会分工中的不平等

根据调研发现：土地政策的较长时间不变使得土地资源分配越发不公平，由此引发一系列的社会问题。国家掌握着农村居民重要的生存资源即土地，公平的土地资源分配使得农村居民能相对公平地参与市场分工。在 X 村调研中发现：耕地面积少是外出打工的重要原因，家庭主要劳动力外出打工而引发留守老人、妇女和儿童社会问题，从而导致家庭团结危机，严重者演变为社会危机。比如，留守老人面临的生活困难、精神寂寞和无人照料等问题、留守妇女的安全问题、留守儿童的教育和成长问题等。青壮年外出打工带来了劳务输入地的经济增长，但是相对较低的劳动报酬与贡献并不匹配。外出务工人员并没有享受到打工所在地公平的公共服务，一旦出现困难，他们只有回到农村寄希望于户籍所在地给予帮助或救助。

在调研中还发现：X 村有三个外出打工而负伤，得到的赔偿还不足以支付治疗的医药费。最终，一个回来做学校保安，一个沦为贫困，一个到处打零工仅能维持自己的基本生活，而他们的家里也只能依靠低保度日。两个外出打工发生工伤致死，家里为了获得更多赔偿而倾其所有打官司，但是最终获得的赔偿相对于家里还有两个未成年人和两个老年人的生活需要而言太显寒酸，精神的打击更难以言表。所以，在计划生育政策控制人口和土地资源等的分配上需要平衡政策的目标，国家层面上的公共服务应惠及所有国民，劳动力在全国范围内自由流动的同时，也应建立对劳动力输出地的补偿机制。劳动力在输入地应平等享受所在地的公共服务。如今，大量外出打工人员并没参加工伤保险，大多以劳务的形式出现，一旦受伤，业主要作为第一责任人，事发地政府应承担兜底责任，而劳动力输出地政府应承担主动协调的责任或至少主动提供法律救助。也只有这样，农村才不会成为青壮年劳动力的输出地、工伤致残后的“收容所”。当下，一个地区的劳动力流动往往具有一定的规律性，东部发达地区往往是西部民族地区劳动力主要输入地，在对口支援中建议将此作为考虑的因素，从而更有利于劳动者利益的保护和地区间利益的平衡。

当下，农村改革正在紧锣密鼓进行，广大的西部民族地区农村也即将加入到更大范围的劳动分工中。无论是新农村建设、特色旅游乡村规划,还是发展“一村一品”;无论是农村产业结构调整、剩余劳动力转移,还是发展农业适度规模经营。农村在整个市场分工和整个社会分工中本身就处于弱势地位,根据涂尔干的社会分工论,强制的不平等分工是导致社会危机的重要原因,以上谈及的我国民族地区农村干群关系、邻里之间、家庭内部不和谐,部分是由于当地政府或村级组织以国家之名代为村民做主而参与不平等的社会分工所致。X 村也曾经发展过一些产业,但是都失败,这直接导致 X 村在后来产业规划和农业产业结构调整中变得越来越艰难,干群关系也出现危机。所以,一些村干部的一腔热血和一厢情愿极可能带来社会团结的破坏而非可能。任何政策的实施都需要一定的条件和适合的时空环境。计划生育政策的顺利实施需要解决农民的后顾之忧;劳动力的合理流动有利于实现劳动力资源在更大范围内的合理配置,从而有利于经济增长,但是对民族地区而言,需要建立发达地区已经具备而他们不具备的公共服务;公共服务的提供是为了解决村民共同面临的难题,而不能变成增加村民负担的借口,或者成为引发新矛盾的导火线。

总之,在 X 村,当务之急是继续完善公共服务,特别是在医疗、养老上的覆盖范围和水平还应提高,可以尝试通过现有的区位凸显和基础设施改善的条件发展集体经济,以提高公共服务的享受水平。村卫生室在人员配置、硬件设施改善上有很大提升空间;正在修建的村办公楼和生态移民集中点是否可考虑增加为孤寡老人考虑的养老集中点;村级工作人员中缺位已久的社会保障协管员应尽快配备并及时发挥作用,加大社会保障的宣传力度;继续完善村级公共服务和公共项目的公开性和透明性;争取上级部门更多支持或者与相关高校、慈善机构建立长期联系关系,为村级提供心理咨询、社会工作、政策法律的宣传等服务,通过第三方介入以增强干群间、家庭间和民族间的了解与沟通。

参考文献

[1]埃米尔·涂尔干.社会分工论[M].渠东,译.北京:三联书店,2013.

[2]安东尼·吉登斯.资本主义与现代社会理论:对马克思、涂尔干和韦伯著作的分析[M].郭忠华,潘华凌,译.北京:上海译文出版社,2013.

[3]刘卓兵.从涂尔干社会团结理论看单位制解体与社会关系重构[J].太原师范学院学报(社会科学版),2010(1).

[4]包晓霞.基于社会团结的包容性社会——关于当前中国社会管理的若干

理论与实践问题[J].甘肃行政学院学报,2011(5).

[5]吕付华.失范与秩序:重思涂尔干的社会团结理论[J].云南大学学报(社会科学版),2013(3).

[6]李强.论社会团结、社会失范与犯罪控制[J].刑事法评论,2010(5).

[7]张强.通过强化中间团体推进依法治国—从迪尔凯姆的法律演化理论说起[J].中国矿业大学学报(社会科学版),2014(12).

[8]李建新.社会团结、法治与国家治理现代化[J].社会主义研究,2015(2).

[9]说明:在该村调查中村委工作人员反映:在农村,对于五六十年代出生的一代人,他们在年轻时条件艰苦,大多透支了身体,他们到五十多一点身体机能下降已非常明显,所以,以55岁作为老龄化的界限更为合理。

[10]熊征.20世纪以来藏族部落纠纷解决方式研究述论[J].青海民族研究,2013(1).106~110.

[11]何真.合意与治理:彝族地区的纠纷解决机制——新型德古调解的实证分析[J].四川师范大学学报(社会科学版),2013(1).

[12]龙大轩,羌族习惯法中的纠纷解决机制,谢晖、陈金钊,民间法(第11卷)[M].复旦大学出版社,2012.

[13]刘顺峰,关于甘肃东乡族纠纷解决习惯法的实证分析[J].西南民族大学学报(人文社会科学版),2013(7).

[14]党晓虹,中国传统乡规民约研究[D].西北农林科技大学,2011.

[15][法]孟德拉斯.农民的终结[M].李培林,译.北京:社会科学文献出版社,2005.

构建与社会治理需求相适应的公共支出机制研究

王天维[❶]

中共贵阳市委党校　贵州,贵阳　550005

【摘　要】社会治理离不开财政作用的发挥。合理的公共支出规模、支出方式与支出结构可以较好地支撑政府增强社会治理能力、解决社会问题、提升治理效率。当前,我国社会治理财政支出还存在相对规模不稳定、内在结构不优、总体效率偏低,难以满足社会发展需求等问题。提升社会治理支出的效用水平,应避免投入“过度”与“不足”两个倾向,调适维持性支出,增加社会性支出,发挥好资金支持社会多元主体互动发展的功能,利用大数据技术强化资金监管,形成公平与效率相协调的投入机制,更好地服务社会治理创新的新需求。

【关键词】社会治理　公共支出　机制

一、公共支出对社会治理的支撑作用

社会治理作为国家治理体系现代化的重要组成部分,是社会领域事务的管理与自治。目前公共管理领域对社会治理的概念还未完全形成统一的概念,但对社会治理的基本内涵和外延有一定的共识。社会治理具有“过程、调和、多元、互动”特征,是社会领域多元主体对涉及自身利益的社会事务通过协调互动而采取一致行动的过程,目的是维持社会的正常运行和满足个人和社会的基本需要。[❷] 公共财政作为一个国家治理的基础,公共支出直接为社会治理提供支撑。无论是多元主体间互动,还是治理具有的统治与管理功能,均与经济资源的支持紧密相关。社会治理的基本范畴包括维护秩序、改善民生和保障权利,财政对该领域的投入不仅具有促进社会稳定、维护社会公平的功效,还具有拉动社会

❶　王天维(1984—),男,汉族,四川南充蓬安人,管理学硕士,中共贵阳市委党校(贵阳行政学院)社会主义学院工作处副处长,广西大学商学院公共经济学博士研究生,主要从事公共经济与社会治理研究。

❷　唐钧.社会治理的四个特征[N].北京日报,2015-03-03.

消费，推动经济增长的作用。财政在社会领域的投入是典型的公共投入，是对社会领域公共物品的投资。公共支出投入的规模和方向、重点直接影响社会治理的水平，影响社会治理的成效。

（一）公共支出为提升政府社会治理能力提供物质基础

发挥政府在社会治理领域的主导作用，鼓励和支持社会各方面参与，实现政府治理、社会自我调节、居民自治良性互动的关键在于提升政府的社会治理能力。政府在社会领域的主导作用体现在引导和统筹上。公共支出作为政府精准施策，引导社会主体行为的重要载体，其投入规模的大小在一定程度上决定了对社会领域的影响程度。在推动社会多元主体合作过程中，调动社会各方面积极性，经济手段的采用离不开公共支出的直接或间接支持。在风险社会，社会治理的重要任务之一就是要预防和化解社会矛盾，维护公共安全，促进社会稳定与发展。实现这些目标的重要手段一方面在于危急时刻的应急处置，更重要的是平时的预防。无论是危机应对，还是预防均需要相应的财力保障。如何分配有限的公共财力，不同的分配格局在一定程度上形成不同的社会治理能力水平。关注民生，协调矛盾、保障权利，扮演好社会规则制定者、公共服务提供者、社会秩序维护者角色不仅是服务型政府职能的内在要求，更是解决新形势下社会日常事务和急难险重问题的根本物质保障。

（二）公共支出方式成为解决社会问题的重要工具

公共支出的规模在一定程度上决定政府社会治理能力的物质基础，但具体的支出方式与使用效率才最终决定公共支出的效用。相同的目标可以采取不同的方式实现。社会治理从本质上是为了更好地满足社会公共需求，这种需求不同于微观主体的个别需求，是公民社会最基本的安全、秩序基本权利和经济发展的社会条件等，也有别于市场领域的公共需求。从我国社会治理领域看，目前面临政府社会治理压力大，社会缓冲带缺失、有限资源约束下提高治理效率等一系列问题。发挥公共财政资金的杠杆作用，需要合理确定公共支出方向，调动社会多元主体参与，放大资金规模，提高使用效率。对当前社会性基础设施建设领域存在的财政资金不足等问题，巧妙使用 PPP 模式，构建公私合作伙伴关系能很好发挥财政资金的乘数效应。一直以来，我国面临政府机构规模较大，养人办事等支出压力，同时出现社会组织规模小，能力弱，境外渗透等问题，采用政府面向社会组织购买公共服务的方式不仅可以降低财政负担，还可以发挥培育社会组织，挤压非法组织生存空间的功效。此外，面向基本公共服务的投入，解决群众的教育、医疗、养老、就业等问题，将在很大程度上对社会矛盾和风险起到预防作用，将中等收入陷阱阶段可能出现的社会性问题消解在萌芽状态。

(三)合理的支出结构有助于改善治理效率

财政资金用于社会治理各方面的数量、比例及其相互关系形成特定的公共支出结构。合理的支出结构将发挥资金的整体效率,更好地提升治理效率。公共支出支持社会治理主要通过支出结构的内在优化,体现资金的公共性、社会性与效益性,达到治理手段事半功倍的效果。在既定的财政支出规模中,公共支出投入的方向和重点可以直接影响社会群体所获利益的多少,公共服务支出的数量增加或比例提高将改变社会利益结构,形成合理的社会阶层结构,降低整个社会潜在的风险。按照国际惯例,政府提供的服务包含维持性服务、经济性服务、社会性服务。维持性服务的基本点是维护现有的统治秩序,但更重要的是确保国家和社会的稳定,体现最基本的公共安全,满足人类最基本的生存需求。对三类服务支出的不同比重和投入倾向会影响社会的长期和谐稳定。在有限政府支出总额的约束下,经济建设支出与公共服务支出各自的比例直接影响公共支出结构整体效益,进而影响政府对社会问题的预防和解决能力。针对社会中出现的不公平问题,比如贫富差距拉大,不同群体机会能力不均等等问题,政府可以通过对三类支出规模、内在结构的调整,确保社会大局稳定的前提下,优化经济性服务支出与社会性支出的比例,加大公共服务投入,着眼经济社会的近期与长远发展,从而取得社会治理的动态效率。

二、当前公共支出不适应社会治理领域需求的表现

市场经济条件下,政府对社会领域的公共支出可以用社会治理支出进行衡量。关于社会治理支出具体包含的内容,周武星、田发从公共财政的视角选择公共服务产出界定社会治理财政支出,具体指标包括由政府财政支出支撑的公共卫生、基础教育、公共文化、公共基础设施、社会保障与公平、科技发展、城乡事务发展、公共安全及公共环境九个级别的指标;杨浩、南锐根据社会保障、公共安全、公共服务和社会参与四个社会治理重点领域将社会治理支出界定为政府在这四方面支出水平的总和,并结合官方统计年鉴口径和数据的可获得性,将公共安全和社会保障(含就业)支出规模及公共教育、公共文化、科学技术、医疗卫生、公共就业五方面公共服务支出水平作为衡量政府社会治理支出水平的标准。按照国际通行惯例,结合政府主要职能活动,依据2007年我国政府支出功能分类级科目,主要包括一般公共服务、外交、国防、公共安全、教育、科学技术、文化体育与传媒、社会保障和就业、医疗卫生、节能环保、住房保障、城乡社区事务、农林水事务、交通运输、商业服务业事务、其他支出等。从政府提供服务视角我们

可以将公共支出划分为维持性支出、经济性支出和社会性支出，其中维持性支出与社会性支出较集中地体现了政府社会治理支出的基本水平。一般公共服务、外交、国防、公共安全属于维持性支出，教育、科学技术、社会保障和就业、文化体育与传媒、住房保障、医疗卫生、节能环保属于社会性支出，这些数据均可以通过统计年鉴直接获取相关数据。

（一）社会治理支出相对规模不稳定

从表1可以看出，近年来全国公共财政社会治理支出规模总体上保持增长趋势，其中社会性支出保持稳定增长，维持性支出所占比例逐年下降，体现了近年来政府对社会公共服务的重视。从社会治理支出规模所占财政支出比例来看，公共支出对社会领域投入的相对规模还不稳定，公共支出的内部结构不协调。由于2008年遭遇金融危机，经济下行压力逐步加大，政府公共支出有向经济建设领域加大的趋势，四万亿财政投资计划仍在一定程度上挤占社会领域的支出。总体来看，目前社会治理支出基本在公共财政总支出的60%以上，但不稳定。一方面反映了我国社会治理支出领域内部结构的调整及公共服务的刚性增长趋势，另一方面说明我国经济转型背景下政府对市场领域的干预还处于调适期，社会领域还处于不断的改革创新中，导致两者之间呈现出此消彼长的博弈状态。这在一定程度上体现了我国目前还没有完全建立起社会治理资金稳定增长的制度机制，社会领域的支出还有随时降低的可能。

表1　2007—2013年全国社会治理支出总额所占财政总支出份额❶

指标	地区	频度	单位	2007年	2008年	2009年	2010年	2011年	2012年	2013年
全国公共财政维持性支出	全国	年	亿元	15770.59	18275.16	19110.34	20457.45	23629.54	26837.81	29308.29
全国公共财政社会性支出	全国	年	亿元	18236.94	23247.85	28110.04	36096.56	46219.29	55236.79	60316.59
全国公共财政社会治理支出	全国	年	亿元	34007.53	41523.01	47220.38	56554.01	69848.83	82074.6	89624.88

❶ 2007—2009年社会性支出仅包括教育、科学技术、社会保障和就业、文化体育与传媒、住房保障、医疗卫生、节能环保七项，2010年及以后包含的新增住房保障支出项目。即使这样，也并不影响社会性支出和社会治理支出的总体变动趋势。

（续表）

指标	地区	频度	单位	2007年	2008年	2009年	2010年	2011年	2012年	2013年
全国公共财政支出	全国	年	亿元	49781.35	62592.66	76299.93	89874.16	109247.79	125952.97	140212.1
社会治理支出占全国公共财政支出比重	全国	年	%	68.31	66.34	61.89	62.93	63.94	65.16	63.92
维持性支出占全国公共财政支出比重	全国	年	%	31.68	29.20	25.05	22.76	21.63	21.31	20.90

数据来源：2015年10月中经网统计数据库

（二）社会治理支出内部结构不优

尽管改革开放以来我国的经济性支出所占比重逐步下降，社会性支出比重开始不断上升，但维持性支出比重却未随着经济发展呈现明显的递减趋势。[1]从社会治理支出的内在结构看，维持性支出所占的比例逐步降低，但这并不表明维持性支出的内在结构科学合理。保障机关事业单位正常运转，支持各机关单位履行职能，保障各机关部门的项目支出需要，以及支持地方落实自主择业军转干部退役金等一般公共服务是维持性支出的主要组成部分。一直以来，我国社会治理以维稳为首要目标，社会治理支出投入优先保障维稳需求。虽然近年来我国维持性支出比重降低，但是遗憾的是公共安全支出比重却逐年提高，这具体的体现在公共安全支出增长速度快和绝对规模较大上。2014年公共安全支出预算数是2010年预算数的170%左右，公共安全支出预算在5年增长了大约70%，在这五年间，中央本级财政支出的增幅在40%左右。在预算执行环节，2011年预算数比2010年预算执行数增长了17.1%，2012年这一数字是10.2%，2013年这一数字是9%。2014年中央本级支出预算总额达到22506亿元，比2013年预算执行数增加了9.9%。[2] 很显然，公共安全占社会治理支出的比重明显偏大，增速较快，形成了不太合理的维持性支出结构。此外，在主要社会性支出占财政总支出的比重上，我国虽然已经进入了中等收入国家行列，但除教育支出占财政总支出的比重与中低收入国家相当外，医疗卫生和社会保障与就业方面与中等收入国家还有一定的差距，这些直接与民生相关的社会性支出投入偏

[1] 兰宇宁.公共财政框架下财政支出对社会公平的作用[D].天津：天津财经大学，2012：36.

[2] 罗丹阳.5年公共安全支出增长七成[EB/OL][2014-03-26].http://epaper.ynet.com/html/2014-03/26/content_48343.htm? div=-1.

少,在一定程度上不利于通过改善民生为重点推进社会建设(见表2)。

表2　不同收入国家主要社会性支出占财政总支出比重

项目	高收入国家	中等收入国家	低收入国家	中国
教育	11%	14.90%	14.70%	14.88%
医疗卫生	8.30%	7.70%	6.30%	5.40%
社会保障与就业	27.50%	15.70%	4.20%	10.37%

资料来源:IMF:government finance statistics yearbook(1995),中国2014年统计年鉴,其中中国数据为2007—2014年的平均值

(三)社会治理支出的绩效总体偏低

不同的支出方式和管理制度也是影响财政资金绩效的重要因素。虽然我国的社会治理支出领域的规模不断扩大,但是资金能最终使用在所需的对象上才能产生真正效益。从维持性支出的使用对象看,绝大多数主要用于人员的工资福利待遇等方面,并且陷入"资金投入越多社会越不稳"的怪圈。[1] 从社会性支出服务的提供上看,主要由体制内的事业单位承担。但这些传统的事业单位却难以满足群众日益多样化、个性化的需求,养人办事的思维在一些地区还普遍存在。一段时期以来开展的家电下乡、汽车下乡、以旧换新等政策,以及推行的医疗制度改革、统筹城乡低保等措施,需要多部门、各级政府、企业、居民个人等参与,实施成本较高、周期较长、手续较为复杂,财政补贴项目执行成本较高。从公共支出支持和培育社会组织的效果来看,比较广泛存在部分行政性社会组织"当优不优",提供的服务无法满足日益多元的社会需求;一些垄断性社会组织"当让不让",没有发挥好枢纽型社会组织的作用;特别是一些服务性社会组织"有名无实",存在以社会组织之名套取财政资金,影响整个社会组织形象的问题。在扶贫开发,社会保障、社会救济等领域,财政连续加大了对农村贫困地区的福利投入,但是这些财政资金在投入过程中民众参与率低,很多被基层"精英俘获",出现重复参保、骗保现象,真正需要的对象没有得到财政资金的支持与帮扶,违背了社会治理支出保障社会公平和公正的初衷。在社会治理支出的投入决策上,一些项目还缺乏资金分配的具体规范,"跑部进京""部门哭穷"争取资金支持在一些地方比较盛行,资金分配使用自由裁量权偏大,资金管理过程粗

[1] 谢岳在文章《公共安全支出的效益困境及其政治风险》中详细分析了"维稳"支出与"维稳"能力之间的反向生产性(counter-productive)关系,指出了公共安全支出绩效困境是解释"越维越不稳"的原因之一。

放，缺乏有效监管，领导人治意识代替规则意识，在很大程度上消解了财政资金的精准性与效率。

三、提升社会治理支出效用水平的基本路径

（一）调适社会治理支出规模

合理的支出规模是增强政府社会治理能力的重要保障，当前对社会治理支出的投入要避免“过度”与“不足”两个倾向。西方福利国家长期过高比例的福利性支出是造成主权债务危机的重要原因，当前我们在财政支出体制改革过程中要力图避免公共支出过度向社会治理倾斜，造成其他方面支出不足，影响整个经济社会协调发展的现象。同时，也要避免经济建设支出占比过高，忽视社会性支出的倾向。要正确处理好政府与市场的关系，政府与企业、社会各方利益主体的关系，构建有利于经济社会协调发展的支出格局。一是建立与经济社会相协调的社会治理资金稳定增长机制。注重规范不同层级政府间的财政资金支出责任，形成事权与财权相对称的支出体系。对分税制以来形成的中央与地方财政支出责任与财政收入格局进行改革，积极对社会治理领域的财政收支结构进行调试。将维持性支出的责任更多地向上级集中，同时将部分适合地方的公共服务事项交由地方执行，以更好地满足当地民众的需求。二是合理确定维持性支出比例。目前公共安全部分的支出规模总体偏高，产生的效益偏低，很有必要在前期适当压缩行政事业工作经费的基础上，保持该类经费的稳定，将更多的新增财力投入到社会性公共服务上，进而增加公共服务支出规模。三是提高社会性支出的效率。逐步提高民生性支出占财政总支出和国内生产总值的比例，保持民生性支出与经济增长的同步，提高民生支出的边际增长倾向。加大中央财政对地方的转移支付力度，重点支持地方在教育、医疗、社保等领域支出水平的提高，实现支出的稳定性与持续性。

（二）优化社会治理支出结构

维持性支出与社会性支出的各自比例是评判社会治理支出整体结构优化的重要指标。长期来看，我国社会治理支出结构已经逐步显示出维持性支出趋于稳定，社会性支出缓慢增长的趋势。但发挥好各类支出的功效，还需要对具体支出中的类、款、项等进行优化。在维持性支出上，全国性的公共安全经费比例过高，对基层政府的收支造成了较大的压力，也为社会高度关注，很有必要严格遵循“量入为出”的原则，通过公共安全支出体制改革形成适应形势需要的支出规模。特别需要指出，一般性公共服务支出（行政管理支出）在近几年大力削减的

背景下，未来压缩的空间非常有限，要为行政性开支严格设定法定标准和规模，保障其合理的支出，为行政性开支的“开前门，堵后门”，为机关日常运转创造良好的条件。在社会性支出上，要突出重点，加大对教育、社会保障和就业、医疗卫生、住房保障等与民众日常生活紧密相关的公共服务投入，为市场经济条件下各类社会群体平等竞争创造公平的条件，实现起点公平、机会公平，将收入分配差距保持在合理范围内。将新增公共财力投向新形势下出现的环境保护、住房保障问题领域，避免新问题集聚社会风险。

（三）改进社会治理支出方式

提升社会治理支出效益，关键要确保资金的精准性，将财力投入到社会亟须的方面。调整社会治理支出资金的目标理念，摒弃那种将公共支出作为维护社会秩序，确保社会稳定的工具思维，即改变“人民内部矛盾由人民币解决”的思维定式，将其作为为公众提供公共服务，保障其社会权利的物质基础。针对社会矛盾、社会问题处理过程中缺乏缓冲，社会组织发育不完善，能力偏低的问题，调整财政支出政策目标、方式过于效率导向的倾向，高度重视非营利组织的社会功能和社会能力建设。结合当前政府向社会转移部分职能的实际，推行政府机构向社会组织购买公益服务，支持社会组织发展壮大，挤压其商业化、非法化的空间。对基层自治组织，可采取以“权随责走、费随事转”的方式转移部分财力资源，使基层自治组织在承担政府转移职能中获得自我管理、自我服务、自我发展的相应资源。在具体实施过程中，破除非营利组织运作的资金主要来自民间捐赠的认识误区，借鉴发达国家支持非营利组织的经验，建立规范的资助标准和规范，采取整笔拨款、具体项目资助、政府购买、贷款和贷款保证、服务消费券或报销制度平等资助各类非营利组织。[1]

（四）健全资金管理监督机制

社会治理支出能否真正落实到位，核心在于形成规范的财政资金监管机制。确保社会治理支出的社会性、民生性，关键是资金的拨付与使用过程中要公开透明，严格落实资金使用规则，接受社会监督。一是深入推行重点领域财政支出信息公开。从近几年行政管理支出（三公经费）信息的公开情况看，较好地对行政事务支出的膨胀起到了抑制作用。很有必要进一步加大公开力度，提升公开的广度和深度，细化公开信息内容，让社会更好地监督支出的方向和具体用途。二是健全社会力量参与公共服务支出决策的机制。立足当前社会利益主体和利益

---

[1] 王奕萱，陈运雄，许佑民.英美支持非政府组织发展的财税政策及启示［J］.现代商业，2015（6）：270.

诉求多元化的趋势,结合群众自主管理和民主法制意识逐步增强的现实,在财政资金的使用过程积极吸纳公众参与民生资金的分配决策,避免因为资金投入过程中的不透明,不公开引起误解而产生矛盾纠纷。三是利用大数据加大各类资金使用过程监管。将监督关口前移,建立财政资金监管平台,将日常资金使用情况应用到日常财务工作中,对资金拨付、流动过程进行全记录,以数据的记录和监督,及时查处和纠正资金行使过程中的违法违纪行为。积极探索建立不同类别支出的绩效评价体系,将效率与公平相融合作为社会治理支出绩效的重要评判标准,加大对资金的审计力度,确保每一笔资金高效安全使用。

参考文献

[1]杨浩,南锐.社会治理支出与经济增长:抑制还是促进? [J].经济与管理研究,2015(1).

[2]周武星.公共财政视角下的社会治理能力评估[J].重庆社会科学,2015(4).

[3]马俊达.强化政府购买服务的社会治理意识[J].中国社会组织,2013(10).

[4]吴志国.全面深化改革目标下我国非营利组织发展的财政支出制度与政策探析[J].湖南社会科学,2014(6).

广东上海自贸试验区强化事中事后监管的做法及启示

张米良❶

贵州省商务厅　贵州，贵阳　550000

一、广东上海自贸试验区强化事中事后监管的主要做法

（一）行政精简化

（1）广东自贸试验区目前主要进行了三个方面的实践：一是在广州南沙新区片区开展社会信用体系试点，对全区36000多家企业分为A、B、C、D四个类别进行监管，其中A类企业为信用良好企业，有34000多家；B类企业为信用基本良好企业，1000多家；C类企业为信用预警企业，数十家；D类企业，直接予以关闭。通过实施分类监管，既优化了企业服务又减轻了政府负担，实现了行政管理的高效精准集约。此外，在深圳前海蛇口片区，通过招标方式引入第三方力量建立社会信用中心平台和评估机构进行独立运营。二是集中调整下放或委托实施审批权限，第一批调整由广州南沙新区管理机构实施的省级管理权限18项、向广州南沙新区开通"绿色通道"的省级管理事项23项，由横琴新区管理委员会实施的省级管理权限事项21项。三是建立集中统一的综合行政执法体系，相对集中执法事权，建立部门间合作协调和联动执法工作机制，建设网上执法办案系统。探索设立法定机构，将专业性、技术性或社会参与性较强的公共管理和服务职能交由法定机构承担。如横琴综合执法局作为广东省综合执法改革试点，是目前全国综合执法改革最彻底的，整合了31项职能，设有3个内设科室、4个执法大队，对接30个市级部门，行政编制43人。综合执法局同时兼管横琴新区城

❶ 张米良，入选省政协经济委人才库成员，受聘为贵州保监局第二届保险消费者权益保护工作社会监督员。获2012—2013年度全国商务发展研究成果奖研究报告一等奖，省委深入学习实践科学发展观活动领导小组"我为贵州科学发展献良策"二等奖，中国贵州省人口人才素质高峰论坛一等奖，贵阳市"培育和践行社会主义核心价值观，打造贵阳发展升级版"理论征文三等奖，主笔参与省委重大问题调研课题1项并获二等奖，厅级课题2项，校级课题1项，公开发表论文10余篇。

市管理指挥中心,依靠大数据平台根据老百姓的需求实现管理和执法力量的倾斜,实现远程取证直接开出罚单,减少人身接触式执法。注重行政执法和司法审判的衔接,当事人若拒绝缴费,综合执法局将申请法院执行。

(2)上海自贸试验区形成了五项制度体系,国务院已印发国发〔2014〕65 号文件要求各省(区、市)政府借鉴推广:一是建立健全社会信用体系,建立公共信用信息服务平台,出台《公共信息管理使用办法》和《信用信息查询服务规程》,着力形成全面的信用信息记录和披露机制,以及信用信息使用和信用联动奖惩机制。编制完成市场监管局信用信息资源目录,归集 5 个部门 23 类 286 项信用信息和 408 余万条汇总数据。二是建立健全信息共享和综合执法制度,建立信息共享与服务平台,出台《监管信息共享管理试行办法》,用于构建"一口受理、综合办理"服务模式;建立市场监管综合执法体系,成立综合执法大队,将环保、劳动、安全生产、知识产权、规土建设、交通、统计等不同领域的 20 项市场监督执法功能集中起来。三是建立健全企业年度报告公示和经营异常名录制度,出台《企业年度报告公示办法(试行)》和《企业经营异常名录管理办法(试行)》。四是建立健全社会力量参与市场监督制度,出台《促进社会力量参与市场监督的若干意见》。五是建立健全各部门的专业监管制度,出台《反垄断协议、滥用市场支配地位和行政垄断执法工作办法》《经营者集中反垄断审查工作办法》《反垄断工作联席会议制度方案》等。

(二)投资便利化

由于此前上海自贸试验区已探索出可复制的试点经验,广东自贸试验区主要借鉴推广了前者的做法,两个自贸试验区的主要做法基本相同。

一是建立负面清单管理模式。2015 年 4 月 8 日,国务院办公厅印发《自由贸易试验区外商投资准入特别管理措施(负面清单)》,对上海、广东、天津、福建四个自贸试验区实行一张清单管理,清单划分 15 个门类、50 个条目、122 项特别管理措施,比 2013 年首份负面清单减少 68 项,比 2014 版负面清单减少 17 项,开放度和透明度大幅提高。其中广东自贸试验区实行权力清单、责任清单与负面清单相结合的管理方式;上海自贸试验区年内将推出两张清单 2.0 版,年内按照清权、减权、制权的要求制订首次推出"减权清单"。二是实施外商投资和境外投资备案管理制度。负面清单外的外商投资项目核准制和合同章程审批制改为备案制。投资者在自贸试验区设立外商投资企业,可以自主约定营业期限,可以到自贸试验区外再投资或开展业务;自贸试验区内企业的境外投资,也实行备案管理。截至 2015 年 4 月底,上海自贸试验区 28.78 平方千米海关特殊监管区内投资企业累计达 26352 家,163 家世界 500 强企业投资了 305 个项目,其中挂牌后新设内资企业 14741 家、外资企业 3228 家；挂牌后新设外资企业备案率近 90%，累计办结境外投资备案 312 个、中方累计投资额 97.75 亿美元。三是推动商事制度改革。实行注册资本认缴登记制和企业年度报告公示制度，探索企业注册地集中管理改革试点，推进“先照后证”改革，赋予企业更多自主经营权。其中，上海自贸试验区已在扩区后的片区开展住所集中登记改革；广东自贸试验区横琴新区片区实行工商营业执照、组织机构代码证、税务登记证“三证合一”和“一照一码”（统一社会信用代码），推行商事主体电子证照卡等措施。《国务院关于大力推进大众创业万众创新若干政策措施的意见》（国发〔2015〕32 号）、《国务院办公厅关于加快推进“三证合一”等级制度改革的意见》（国办发〔2015〕50 号）等提出要在 2015 年年底前在全国全面推行“一照一码”登记模式。四是实施企业设立“单一窗口”制度。上海自贸试验区实现企业新设、变更和境外投资“一口受理、信息共享、并联办事、统一发证”，正在加载“一照一码”和“一址多照”等服务功能。广东自贸试验区借鉴了上海自贸区的“一口受理机制”，建立企业准入和开业登记并联审批，将外商投资项目核准（备案）、外商投资企业设立和变更审批（备案）、商事主体设立登记、机构组织代码证、税务登记证（地税）、税务登记证（国税）、社保登记号、公章刻制备案等事项纳入企业开业登记并联办理，设立“一口受理”服务平台，统一接收申请资料，统一送达文书。目前，企业最长 2 个工作日内便可拿到证照。五是扩大服务业对外开放。国发〔2015〕18 号文件提出广东自贸试验区要在 CEPA 框架下实施对港澳更深度开放，重点在金融服务、商贸服务、专业服务、科技文化服务和社会服务等领域，暂停、取消或者放宽对港澳投资者资质要求、股比限制、经营范围等准入限制措施。在设立自费出国留学中介服务机构、港澳资旅行社、认证检测业务互认、发展高端医疗服务、粤港澳中医药产业基地、港澳现代服务业集聚发展区建设等方面给予了特殊政策。而上海自贸试验区 2013 年国务院批准的服务业 23 项开放措施，已有 827 个项目落地；2014 年批准的 31 项开放措施，已有 53 个项目落地。

（三）贸易自由化

（1）广东自贸试验区主要围绕粤港合作推进贸易监管制度创新：一是海关总署在创新监管制度、拓展监管功能、新兴贸易业态发展、促进粤港澳深度合作、维护法治化营商环境等方面出台了支持广东自贸试验区的 25 项措施，具体包括通关一体化改革、“单一窗口”和“三互”、跨境电子商务、期货保税交割、融资租赁、分线管理、粤港澳海关合作等。质检总局在体制机制创新、简政放权、贸易便利化、服务产业发展、加快互联互通等方面提出了 22 项支持措施，与支持上海自贸试验区的措施大体相同。此外，国家质检总局之前对广州南沙新区、横琴、前海深港现代服务业合作区也出台了相应支持措施。二是正在抓紧推进国际贸易单一窗口建设。目前,广东自贸试验区通关效率提高了约50%以上,如自行运输和不停车扫描使企业报关时间由几天缩短到了现在的3个小时。

(2)上海自贸试验区结合"四个中心"和科技创新中心建设推进贸易监管制度创新:一是海关和检验检疫在上海自贸试验区新推出了海关执法清单式管理、离岸服务外包全程保税监管、大宗商品现货市场保税交易、"一站式"申报查验作业、"一区注册、四区经营"、美术品便利通关、归类行政裁定全国适用、商品易归类服务等8项海关监管制度创新,以及在体制机制创新、简政放权、贸易便利化、服务产业发展、加快互联互通等方面"快检快放"便捷化监管、第三方检验结果采信、进境空箱查验便捷化监管、"十检十放"分类监管模式(先检后放、通检通放、即检即放、少检多放、快检快放、空检海放、外检内放、他检我放、边检边放、不检就放)、"先进区、后报检"、国检作业全程无纸化等24项检验检疫监管模式创新。二是上海国际贸易"单一窗口"1.0版正式上线运行,覆盖货物进出口申报、运输工具申报、贸易许可申请领、税费办理和支付、信息查询等6个功能板块,涉及海关、检验检疫、海事、边检、国税、外汇、金融、机场、港务等17个部门单位,截至6月底已有近300家企业办理单一窗口登记注册。三是以洋山保税港区进境水果指定口岸为抓手,建立国际农产品商贸综合服务平台。四是开展进口药品电子监管码赋码试点,打造药品集散中心,做强做大区域医药产业。

(四)金融市场化

(1)广东自贸试验区通过四个方面深化金融领域开放创新:一是推动跨境人民币业务创新发展,包括推动人民币作为主要货币、推动与港澳开展双向人民币融资、跨境人民币融资和借款、粤港澳共同设立人民币海外投贷基金等。二是推动适应粤港澳服务贸易自由化的金融创新,包括允许设立外商独资银行、试点设立有限牌照银行、降低港澳资保险公司准入门槛、个人本外币自由兑换、允许设立金融租金和融资租赁公司、发展商业保理业务等。三是推动投融资便利化,包括通过自由贸易账户开展跨境投融资、资本项目可兑换、开展跨境担保业务、发行本外币债券、深化跨国公司本外币集中运营管理改革试点、设立以碳排放为首个品种的创新型期货交易所等。四是建立健全金融风险防控体系,包括构建金融宏观审慎管理体系,探索建立本外币一体化管理机制、建立粤港澳金融消费者权益保护协作机制和解决机制等。

(2)上海自贸试验区通过三个方面深化金融制度创新:一是启动自由贸易账户外币服务功能,21家金融机构接入信息监测管理系统,开立自由贸易账户14118个,账户收支总额2800亿元。二是增强金融服务功能,128家有金融牌照的机构和一批金融服务企业入驻，启动实施跨境人民币结算、双向资金池等金融创新业务，上海国际能源交易中心、上海国际黄金交易中心等一批面向国际的要素市场平台成立运营。三是完善金融监管和风险防范，建立监管协调机制、跨境资金流动监测机制、“反洗钱、反恐融资、反逃税”监管机制等，构建开放条件下的金融安全网。截至目前，“一行三会”在自由贸易账户体系、投融资汇兑便利、人民币跨境使用、利率市场化、外汇管理改革等方面推出了51条创新举措。

二、对我省深化改革创新和扩大开放的几点启示

(1)牢牢抓住关键平台。两个自贸试验区均是在海关特殊监管区、新区等基础较好的区域上设立的，有利于短期内快速推进改革开放举措和形成辐射带动能力。为此，我们一方面要抓好贵安新区、贵阳综合保税区、贵安综合保税区、遵义综合保税区、双龙航空港经济区等新平台，实现新平台有新业绩；另一方面要抓好贵阳国家经济技术开发区、贵阳国家经济技术开发区、遵义国家经济技术开发区等老平台，实现老平台有新作为。在此基础上，培育发展新的开放平台，条件成熟时积极争取设立口岸、内陆开放型经济示范区、内陆自由贸易园区等。

(2)软实力就是生产力。经济新常态下，广东等发达地区也面临着改革发展的阵痛，如出现一些产业向国内其他地区和东南亚转移，面临从政策红利到制度红利、改革红利的转变。为此，特别注重“放水养鱼”，对企业尽量减免各项税费，使企业感受更多的政府服务、更少的行政干预。我省当前已经具备了进一步扩大开放的基础和条件，加快政府职能转变和体制机制创新是决定开放水平的关键因素，在这两个方面走在了前列，就走在了改革开放的最前沿，这就涉及发展的软环境问题。为此，要以改革创新精神推进开放事业，大胆试点、先行先试，不争论、不折腾，着力推动投资贸易便利化，吸引创新创业、投资兴业，真正实现从招商到引资转变。

(3)大力推进“三外”发展。慢开放，慢发展；小开放，小发展；快开放，快发展。进一步扩大开放加快开放型经济发展，才能充分释放要素红利，赢得发展空间和机遇，在更高的层次、更宽的领域、更大的平台借力发展、借梯发展。自贸试验区的改革开放措施，使“三外”发展呈现“井喷式”增长态势，如今年上半年上海合同外资达到341.36亿美元，超过去年全年水平，同比增长134.1%；新设项目2881个，同比增长32.5%。自贸试验区模式给新常态下我们加快外经贸创新发展、培育国际竞争新优势带来启示：要培育外贸竞争新优势，在提高新兴市场、承接中西部地区产业转移、一般贸易、服务贸易和品牌产品等方面提高占比，快速

扩大外贸进出口总量中提升发展层次和质量；要提升双向投资水平，高水平引进来和大规模走出去同步发展，创造更大的话语空间、市场空间和发展空间；培育壮大市场主体，培育壮大一批本土国际化企业，鼓励创新型、创业型和劳动密集型中小微企业发展，围绕重点产业引进一批优强企业和引领性项目，培育发展一批综合服务和创新创业平台；要加强区域合作，用好“一带一路”基础设施互联互通重大机遇，积极引导企业参与孟中印缅经济走廊重大项目建设活动，推进与瑞士、韩国、欧美等国家（地区）共建合作园区或合作联盟，加强与长三角、珠三角发达省市共建产业园区。

（4）高度重视金融开放。金融是经济的命脉，在调节经济中的作用越来越重要，金融先行可以在推动发展经济上抢先一步。两个自贸试验区注册最多的企业就是金融类企业，而我省的短板也在于此。要进一步深化金融改革开放和服务创新，围绕培育差异化金融市场、构建多元化金融体系、完善特色化金融机制和创新金融产品服务、创新金融业务模式、创新金融平台工具，向上争取和主动创新差别化政策，加大金融招商力度，推动担保体系、融资平台建设，加大上市企业培育力度，完善区域性股权交易市场，进一步拓宽直接融资渠道；明确地区金融发展定位，进一步丰富多种类型的金融业态，优化区域金融生态环境。积极发挥金融业在加快调整产业结构、积极稳妥推进城镇化、加强民生保障、深化经济体制改革、坚定不移扩大开放、支持实体经济发展等方面的重要作用。

（5）抓人才就是抓发展。人才是发展之基、转型之要、跨越之本，是最活跃的生产力。树立抓人才就是抓发展的理念，像抓招商引资那样抓招才引智，像承接产业转移那样承接人才转移，打造贵州开放型经济人才新高地。建立健全政策保障机制，有效创新急需引进机制，逐步完善激励评价机制，打造形成平台支撑机制，不断改善服务工作机制，推进开放型党政人才、开放型经营管理人才、开放型创新创业人才、开放型专业技术人才等建设。